M000033263

Lázaro Cárdenas y la Revolución Mexicana

I. El Porfirismo

FERNANDO BENÍTEZ

Lázaro Cárdenas y la Revolución Mexicana

I. El Porfirismo

MÉXICO

Primera edición), 1978
[Segunda edición (Biblioteca Joven), 1980]
Tercera reimpresión, 1992

Av. de la Universidad 975; 03100 México, D.F.

0ISBN 968-16-0456-3 (Gral)
968-16-0457-1 (T I)

Impreso en México

RECONOCIMIENTOS

ESTE intento de situar a Lázaro Cárdenas en el amplio contexto de la Revolución Mexicana ha sido posible gracias al estímulo de la Facultad de Ciencias Políticas y Sociales de la UNAM, si bien debo confesar que mi obra —3 volúmenes titulados *El porfirismo, El caudillismo* y *El cardenismo*— difieren del sentido usual dado a una tarea académica.

También debo expresar mi reconocimiento a doña Amalia Solórzano de Cárdenas, a su hijo Cuauhtémoc Cárdenas y a Elena Vázquez Gómez por haberme permitido visitar Michoacán y proporcionarme informaciones y documentos relativos a la personalidad íntima del general Cárdenas.

Les estoy muy reconocido asimismo a don Ignacio García Téllez, don Eduardo Suárez, don Raúl Castellano, al general Rincón Gallardo, cuatro de sus colaboradores cercanos, y a sus amigos de Jiquilpan, sus ayudantes y choferes quienes me concedieron entrevistas que se prolongaron varios días, las cuales serán recogidas en un libro aparte editado por la Facultad.

No debo omitir en esta lista al historiador Manuel Arellano, que me impidió extraviarme en el laberinto bibliográfico de la Revolución, a Juan Bremer que me cedió a su mejor secretaria, la muy competente señora María Cristina Díaz Ceballos, a la revisión que hicieron de los originales Carlos Monsiváis y José Emilio Pacheco y finalmente, aunque no en último lugar, a la generosidad de mi amigo el ingeniero Jorge Díaz Serrano que conociendo mi horror a frecuentar bibliotecas y archivos apartados me facilitó publicaciones de difícil acceso.

F. B.

PRÓLOGO

Yo soy un periodista y no un historiador, si bien un periodista tiene un estilo claro y una capacidad de sintetizar y de jerarquizar sus materiales que no tienen con frecuencia los historiadores de profesión. Decía Lytton Strachey que se sabe demasiado acerca de la Reina Victoria para escribir una buena biografía de ella y ésta es una verdad tratándose de la Revolución en general y de Lázaro Cárdenas en particular.

Existen millares de fichas sobre el tema, y la sola revisión de las imponentes bibliografías del petróleo y de la reforma agraria, nos hacen llegar a la consideración melancólica de que sería necesario condenarse a trabajos forzados en los archivos con el propósito de devorar y a medias digerir ese inmenso fárrago cargado de implicaciones diplomáticas, económicas y jurídicas. Confieso que carezco de esta loable paciencia y que no he consultado más de 300 libros, una suma irrisoria de acuerdo con las normas actuales, y aún ignoro si esos 300 libros deban considerarse los esenciales.

Por fortuna existen investigadores que han logrado sintetizar procesos de una gran complejidad como Lorenzo Meyer —petróleo—, Berta Ulloa y Gastón García Cantú —relaciones con los Estados Unidos—, Jesús Silva Herzog y Salomón Eckstein —asuntos agrarios—, y trabajos sobre importantes periodos como los de Ross —Madero—, Cumberland —la etapa constitucionalista— y Dulles —los gobiernos de Obregón y de Calles.

Con 100 libros de esta calidad la historia de la Revolución sería un todo coherente y no el caos que representa en la actualidad. Womack es un caso aparte. Añade a su exhaustiva documentación un don de análisis objetivo, pero debemos preguntarnos si en efecto el Zapata exhumado por él de una montaña de papeles es el auténtico Zapata y esta duda resulta aplicable no sólo a Womack sino a todos nosotros porque en la Revolución —y por supuesto en las guerras de independencia—, unos son los caudillos salidos del pueblo y otros los caudillos salidos de la grande y la pequeña burguesía.

Los frailes historiadores del siglo XVI para entender la extraña conducta de los indios debieron inventarse una antropología, cosa que nosotros no hemos siquiera intentado. Nos son comprensibles en cierto modo Madero, Carranza, Obregón, pero tratándose de las masas campesinas y de sus caudillos sentimos que ya no pisamos un terreno firme. Allí hay algo misterioso, algo que se nos escapa y no logramos explicar satisfactoriamente. El hecho de que los zapatistas tomen una bomba contra incendios por una máquina de guerra infernal y la disparen matando a doce bomberos, o armados hasta los dientes llamen a las puertas y pidan por amor de Dios unas tortillas frías quitándose el sombrero o que Villa fulmine a los traidores empleando su temible pistola, constituyen hechos en que el exotismo deviene lo cotidiano. Nosotros no concebimos a Porfirio Díaz o a Venustiano Carranza deshaciéndose personamente de sus enemigos. Díaz, cuando ya adquirió ciertos hábitos civilizados, ordenaba que se les hiciera un proceso amañado a sus opositores y los hacía pudrirse en las tinajas de San Juan de Ulúa, y Carranza por su lado, no logrando aniquilar a Zapata, lo asesinó valiéndose de una infame traición.

Bulnes, Gamboa, Carlos Pereyra, Vera Estañol, son los continuadores de una corriente histórica que parte de Lucas Alamán, el defensor de la colonia española y más tarde de los que propiciaron la invasión francesa y fueron partidarios del imperio de Maximiliano. Pertenecientes a una élite intelectual, los distingue ante todo su odio y su desprecio por el pueblo mexicano. Ellos o sus patrones los obligan a trabajar de un modo afrentoso en los campos, en las minas, en los obrajes o en sus casas, los roban sin ningún escrúpulo, los apalean o los encarcelan y todavía los acusan de ebrios, perezosos, incapaces y criminales. Esa mezcla de odio y desprecio determina su adhesión delirante a la dictadura y su negación de toda posibilidad de democracia.

Cuando Pereyra o Vera Estañol hablan del pueblo en armas, siempre se refieren a las hordas, a la canalla, a la basura y se deleitan detallando sus instintos criminales "natos", su propensión al robo, a la violación y a la revuelta. Creyéndose los rectores de la vida nacional, las mentes de excepción, los más fuertes y los más aptos de acuerdo con las teorías de Darwin que extrapolan arbitrariamente al campo social y político, les resulta insoportable la idea de haber sido derrotados por la chusma y todavía soportan menos que se les acuse de haber contribuido moralmente al asesinato de Madero y de servir a su asesino el ebrio general Victoriano Huerta.

Para librarse de este estigma recurren al sistema de sentar en el banquillo de los acusados a sus acusadores y en proponerse denigrarlos con una saña igual a su despecho. Nunca, en ningún momento, comprendieron que ese pueblo era en parte su obra, la consecuencia de la esclavitud, y lejos de pretender entenderlo o de criticarlo desde adentro, con un sentimiento de redención, lo siguieron injuriando y esperando la hora de la venganza.

Abogados de profesión, no sentían la justicia y en cambio se empeñaban en elaborar alegatos para legitimar su posición o la de sus amos los dictadores. Hombres hechos a la dependencia, creían firmemente que sólo con la represión podría gobernarse a México. Por ello la libertad que les ofreció Madero la utilizaron en su contra, ya que estaban acostumbrados al servilismo y concebían la libertad como algo grotesco.

Sus obras son importantes en la medida en que a partir de ellas se puede concebir una contrahistoria o una antihistoria, donde se imponga la certidumbre de que nuestra realidad y nuestro futuro dependen de lo que es y de lo que será el pueblo, con nuestra voluntad o sin ella.

La Revolución es un poco la historia de Rashomon: cada

uno la cuenta a su modo, desde su punto de vista personal, desde sus intereses de clase, como testigos o participantes, como vencidos o vencedores. Para los porfiristas Madero es un loco a quien se debe matar —"la bala que mate a Madero salvará a México" dijo el Secretario de Gobernación García Granados—, para los huertistas, los carrancistas son bandidos al margen de la ley, para los zapatistas y los villistas, los carrancistas y los obregonistas son los enemigos del pueblo y, para los obregonistas y los callistas, Carranza es el prototipo del reaccionario. La Revolución se divide primero entre el pueblo y la burguesía en el gobierno, luego entre los caudillos militares de la misma clase y más tarde entre callistas y cardenistas hasta que la "familia revolucionaria", desembarazada de Villa, Zapata y del exceso de generales, unifica a los suyos mediante la creación de un partido oficial, les perdona sus pecados, los lleva al Panteón y sólo expulsa definitivamente a Porfirio Díaz y a su rudo continuador Victoriano Huerta.

Ha sido infructuoso que el más grande historiador de México, Lucas Alamán, haya organizado la defensa de la Colonia o que el equipo de Daniel Cosío Villegas publicara cerca de 10 mil páginas sobre la época "satanizada" del Porfiriato, pues son dos fenómenos obsoletos, condenados a la muerte y a la execración en la medida que trataban de prolongar una dependencia externa y una esclavitud interior. A las 10 mil páginas de Cosío Villegas yo opongo las 10 de Luis Cabrera donde sintetiza de un modo inigualable los rasgos fundamentales del porfirismo.

No creo que Gamboa y sus colegas deban considerarse historiadores a pesar de su erudición o de su inteligencia. En un país tan afrentosamente saqueado y dependiente, llevaron a la historia su vida de clase media envilecida, su convicción de ser los irremplazables, los dirigentes por derecho divino de un país de parias degradados y ésta es la razón por la cual sus diatribas han sido el evangelio de la clase media y los que han sido leídos con reverencia durante generaciones.

La Revolución no tuvo historiadores. Cabrera, Palavicini, Pani, Puig Casauranc, eran políticos que trataron de organizar su defensa con mayor o menor fortuna. Los otros fueron hombres de acción, generales en su mayor parte, malos escritores improvisados, recopiladores de documentos que se distinguen a causa de su banalidad o de su comicidad involuntaria. Ejercen de tal modo el vituperio o el ditirambo, manejan el paralelismo histórico de manera tan desaforada que he estado tentado de utilizar sus párrafos a manera de *collages* como la única forma de ilustrar ciertos pasajes y de atenuar su casi inverosímil amontonamiento de horrores. Este procedimiento tentador hubiera convertido el drama en un dramón si bien tendría la ventaja de suscitar una reacción hilarante, contrapunto deseable a la retórica desmelenada de sus cronistas. De cualquier modo no es desechable esta idea. Una antología de los discursos del famoso cuadrilátero y de ciertos libros escritos en serio podría constituir un buen sistema de desmitificación o al menos un monumento del humor negro nacional. Ninguno puede igualarse —con excepción de Cabrera— a las huestes porfiristas que fabricaron la leyenda negra, vigente hasta la fecha, de la Revolución.

Los verdaderos historiadores han sido los novelistas y los ensayistas. Azuela, Martín Luis Guzmán, Rafael F. Muñoz, Vasconcelos, proyectan más luz sobre ese período borrascoso que toda la montaña dejada por los llamados historiadores. El arte, enemigo del fárrago, del lenguaje tartajoso, de la desmesura, al erigir su mundo recrea el pasado, le devuelve a los hechos y a los personajes su vida y su magia, en suma, su profunda, trascendente espiritualidad.

La contribución de los norteamericanos es extraordinaria. Estudiosos profesionales de la historia, dotados de tiempo y de dinero, han sido de alguna manera los antípodas de Manuel Orozco y Berra que ilustraba la situación de los suyos con su propio drama diciendo: "Cuando tengo tiempo no tengo pan y cuando tengo pan no tengo tiempo." Sin embargo, les encuentro graves limitaciones. Dejando a un lado el valor intrínseco de su obra —casi toda ella compuesta de *papers* o tesis escolares—, eluden o minimizan el papel que ha desempeñado el imperialismo de los Estados Unidos en los destinos de México y no comprenden la naturaleza de un país subdesarrollado, multicultural, compuesto de diversas etnias que ha sufrido las consecuencias de la Colonia y de su radical desigualdad. Juzgar a un país así constituido aplicando criterios válidos para otras sociedades supone un falseamiento del que han participado muchos de nuestros historiadores. No es por un azar, ciertamente, que fueran dos excepcionales periodistas norteamericanos, críticos de su sistema imperialista, John Kenneth Turner y John Reed, quienes nos dejaron páginas hermosas y certeras acerca de la esclavitud imperante en el porfirismo o del misterioso carácter de Francisco Villa. A la visión romántica de la conquista española escrita por Prescott los dos juanes enfrentaron la última consecuencia de aquella hazaña: la servidumbre del conquistado. No hay ninguna duda de que la juventud ignora a Prescott y en cambio ama y frecuenta a Turner y a Reed.

A toda descolonización responde una desmitificación y una exaltación de los valores indígenas. En México donde los criollos han sido promotores del mestizaje masivo y a la vez sus deturpadores y sus beneficiarios, este fenómeno no ocurre del modo que pudo ocurrir en las colonias europeas de Asia o de África. Los jesuitas del siglo XVIII inician la revaloración de las culturas antiguas con un sentido nacionalista y aunque toda colonia ya en sí misma es una bestia negra, los horrores de la Independencia hacen que Lucas Alamán juzgue el Virreinato como un singular modelo de sabiduría y prosperidad. Alamán sacrifica al orden cualquier idea de libertad o de justicia y no se debe tampoco a un azar que el XIX sea el siglo de los grandes historiadores de la Colonia.

En la Revolución, los pintores exaltan el valor de las culturas indias y los intelectuales rescatan las artes de la Colonia, pero curiosamente algunos escritores la convierten en una Arcadia donde los señores —es decir los negreros— alientan nobles sentimientos, las damas son modelos de recatado encanto y los frailes, sentados en los salientes de sus ventanas, se entregan a lecturas edificantes mientras oyen cantar a los pájaros de los huertos conventuales. La Colonia es el árbol genealógico de las clases medias, su único título de nobleza y si logran enriquecerse —casi siempre de mala manera— tratan de vivir en una casa colonial rodeados de muebles falsificados y de mal pagados sirvientes al viejo y buen estilo de los pasados tiempos.

No es mi intención describir con la minuciosidad deseada todo lo ocurrido de 1895 a 1970 las dos fechas entre las cuales discurre la vida de Lázaro Cárdenas. Sigo más bien algunas corrientes que han conformado la geografía nacional: La corriente de la violencia o de la sangre, la corriente de la desigualdad, la corriente de la autocracia y la corriente del coloniaje. El que los españoles no prefirieran matar a los indios ni encerrarlos en campos de concentración sino antes bien se empeñaran en adoctrinarlos y en que fueran sus siervos o las madres de sus hijos bastardos, es el hecho fundamental de nuestra historia. De aquí proviene la desigualdad expuesta por el Obispo de Michoacán Fray Antonio de San Miguel, el ser rico o miserable, noble o esclavo de hecho y de derecho, perteneciente a una cultura o a otras culturas; la violencia para mantenerlos sujetos, la autocracia de los virreyes y de los encomenderos, la Colonia en fin que heredamos y prolongamos los criollos y agravó hasta extremos odiosos la codicia de tierras primero y más tarde el imperialismo de los Estados Unidos.

La historia de la Revolución es también como uno de esos grandes espejos de los salones porfirianos que los soldados bajaban a las aceras y frente a sus lunas se pasaban las horas absortos y gesticulantes descubriéndose a sí mismos. Nosotros nos descubrimos en ese drama del pueblo que ha logrado conquistar el poder y no sabe que hacer con él.

—Los hombres que han trabajado más —le confesaba Zapata a Villa en su primera conversación— son los menos que tienen derecho a disfrutar de estas banquetas. Nomás puras banquetas y yo lo digo por mí: de que ando en una banqueta hasta me quiero caer.

—Este rancho está muy grande para nosotros; está mejor por allá afuera —contestó Villa—. Nuestro pueblo nunca ha tenido justicia. Ni siquiera libertad. Todos los terrenos principales los tienen los ricos y él, el pobrecito encuerado, trabajando de sol a sol. Yo creo que en lo sucesivo va a ser otra vida y si no, no dejamos esos mausers que tenemos...

El poder era un rancho muy grande para ellos, un rancho alucinante de espacios clausurados y de aceras en las que tropiezan y caen acostumbrados a la vastedad de sus pardas llanuras y sus montañas azules.

Toda historia es una historia de invasores. Los chichimecas, los bárbaros guerreros del Norte, al no entender el significado de Teotihuacán la entregaron a las llamas. Sin poderosos enemigos y disponiendo de mucho tiempo —siglos enteros—, poco a poco se hicieron de las maestrías de los vencidos y cuando ya formaron un imperio, destruyeron los códices para que con ellos comenzara el nuevo orden de la vida. Fue inútil su intento. La arqueología moderna descubrió la trampa y de inventores de la civilización pasaron a ocupar el rango mucho más modesto de continuadores y usufructuarios de la vieja cultura.

Los nuevos invasores no tenían el tiempo a su favor y sólo pudieron destruir. El espejo nos devuelve la imagen de la destrucción total. Haciendas quemadas, barrios enteros desmoronados, chatarra de máquinas y trenes, siembras y ganados convertidos en humo, fusilados, ahorcados, muertos de hambre y de tifo. Se destruye de los dos lados, se ha destruido desde que el cura Hidalgo tocó una campana y dijo: "Señores sólo nos queda un remedio: matar gachupines." Y los gachupines mataron y asolaron a su vez dejando la

Colonia transformada en una ruina. Luego, el que poseía 20 cañones y 2 mil viejos fusiles se hizo el dueño de la situación. En apariencia se había instalado la irracionalidad absoluta. Tiempo de asonadas, de cuartelazos, de pronunciamientos, de proclamas retóricas. Al levantarse un tal general Lobato, el grito sustituyó a la proclama: "Viva Lobato y lo que arrebato." El horrible proceso de la descolonización —lucha contra la Colonia española, lucha contra el feudalismo de la Iglesia, lucha contra los invasores extranjeros, lucha por el poder, lucha de los ricos contra los pobres y de los pobres contra los ricos, lucha contra la esclavitud, contra el despotismo, contra los imperialismos— en el fondo es el fruto de la desigualdad. La desigualdad nos ha brutalizado, nos ha dividido, nos ha hecho indiferentes al dolor de las masas desvalidas y ha creado una distorsión colosal que nos impide interpretar la historia de México.

Si una parte de la energía y del heroísmo que empleamos en destruir y en matar, la hubiéramos dedicado a construir, seríamos un país diferente. Esto no pasa de ser una quimera. No somos un fragmento de la cultura occidental sino su apéndice. Hemos sido sus víctimas y en el mejor de los casos sólo una pequeña fracción se cree occidental y al pretender imponer los patrones culturales de Occidente, no ha logrado inventar nada —que inventen los otros, gritaba retadora, despechadamente Unamuno—, una gallina o una máquina de escribir, ni siquiera copiar una técnica avanzada, ni construir finalmente una nación porque una nación debe tener cierta coherencia, cierta igualdad, un razonable reparto de las riquezas y de la educación, cierta conciencia común y esto no hemos logrado realizarlo. Pertenecemos al Tercer Mundo y no seremos occidentales en tanto no logremos desterrar para siempre la desigualdad. Cierto. Somos prisioneros de nuestras estructuras si bien Occidente ha tenido la capacidad y la voluntad de superarlas, de crear otras nuevas. El fracaso de México es el fracaso de toda América Latina frente a los Estados Unidos, frente a Europa. No creo en una historia científica; creo en una historia moral, en una historia que refleje lo que hemos sido y lo que no hemos podido ser. La historia no puede reducirse a gráficas ni a estadísticas ni a glosas de planes ni a desmenuzar maniobras políticas para retener un poder irrisorio. Debemos sacar a muchos muertos del Panteón y arrojarlos al basurero, comenzando por Porfirio Díaz y terminando con Obregón y Calles, aunque quizá debamos preguntarnos si el subdesarrollo no puede dar más que héroes subdesarrollados. La Revolución no es la atrocidad que describieron los cónsules norteamericanos —casi todos estúpidos—, los reaccionarios de casa o los cristeros y tampoco es el admirable modelo descrito por sus beneficiarios. En un país religioso la Revolución es un mito generador de mitos. Nosotros hemos de aceptar sus mitos —la única forma válida de contar la historia— y no sus falacias ni sus mentiras.

Cárdenas era consciente de los vicios y de los defectos del pueblo y de las dificultades que opone a un proceso civilizador, pero en lugar de vituperarlo —como fue el caso de los porfiristas— o de engañarlo —como fue el caso de los sonorenses— se empeñó en comprenderlo, en educarlo y en liberarlo de su miseria con una paciencia amorosa que no se prosiguió en los próximos 30 años.

Sacrificar una integración nacional a una industrialización irrisoria ha sido un pecado que está pagando muy caro la nación y pagará más en el futuro. El otro mundo, el desdeñado, ha crecido y se ha convertido en un gigante. No recurramos a las estadísticas. Vayamos a los campos. Los campos no se han vaciado. A excepción de los ranchos privados, de los distritos de riego donde un puñado acapara todas las riquezas, lo demás son aldeas miserables, cabañas y casucas de adobe, hombres enfermos, peones mal pagados, propietarios de minifundios, niños, un hervidero de niños, de jóvenes, de hombres que después de talar sus bosques y erosionar sus tierras, se van de braceros, emigran a las ciudades y aquí levantan sus tugurios, se emplean de criados, de lavacoches, de albañiles y los que sobran, vegetan rencorosos e irritados, aguardando su momento.

No necesitamos erigirnos en profetas para vaticinar que la marea humana no podrá ser frenada en los próximos 25 años o que todos los logros económicos no podrán proporcionar trabajo ni satisfactores mínimos a una población de 120 millones de habitantes, lo cual significa que corremos el riesgo de grandes sublevaciones urbanas o la erección de un Estado fascista capaz de someterlas, un recrudecimiento de la desigualdad y una división más profunda de los dos mundos, al menos —sí, siempre al menos que—, se emprenda a fondo la diferida reforma agraria, se evite la destrucción de las riquezas naturales, el país logre producir industrialmente lo necesario y se apliquen impuestos directos que realmente distribuyan la riqueza.

Yo no pienso que estos logros sean inalcanzables. Se ha conquistado el mar territorial, se ha duplicado la electricidad y el acero, tenemos petróleo —mucho más del que imaginamos— y será a partir de esta base que lograremos producir automóviles y tractores, nacionalizar los medios de comunicación, en manos de comerciantes estultos, atacar en firme los 25 mil ejidos que bombean miseria y población, las 25 mil células cancerosas que amenazan con devorarnos.

No será fácil esta inmensa tarea; deberá movilizar las fuerzas y la energía de la nación, hacer sacrificios, abandonar los paliativos, no dar poco a los muchos, sino lo necesario a pocos estableciendo prioridades a fin de que en 15 años, en 18, estos 25 mil ejidos se trasformen en activos centros de producción colectiva. Entonces seremos un país decente y habremos realizado lo que no pudimos hacer en más de un siglo y medio.

Es así como la historia nos sitúa en el presente y nos fuerza a interrogarnos sobre el porvenir. México no puede ser más una Sudáfrica atenuada. Para que la fuerza de la nación logre derribar el muro que nos divide en dos países divorciados será indispensable que la descolonización se inicie en nosotros mismos.

Devolver a las masas marginadas su confianza, despertar su conciencia creadora, borrar los estigmas de la servidumbre, desterrar de sus almas el afán de destruirse y de envenenar la vida de los suyos, supone una moral, en suma el sentido de la grandeza y de la humildad que caracterizó a Lázaro Cárdenas.

FERNANDO BENÍTEZ

UNO DE LOS PAÍSES MÁS EXTRAÑOS DEL MUNDO

El hombre que huía de la cárcel imperial se vio a sí mismo, como en sueños, delgado y tenso en la azotea de la casa del capellán, junto a la estatua de San Vicente Ferrer. Abajo se adivinaba la calle silenciosa. Aunque no era noche de luna, súbitos resplandores iluminaban el cielo. Se detuvo agazapado, con el temor de ser descubierto por los centinelas franceses y luego de atar su cuerda al pedestal de la estatua inició el descenso. Sin saber cómo, en un momento, sus pies resbalaron y cayó sobre los cerdos de una zahurda que se despertaron gruñendo. El evadido también despertó mirando todavía aquel cielo cargado de misteriosos relámpagos.

Porfirio Díaz abrió los ojos. Frente a él, su ministro de Hacienda, José Ives Limantour, leía el informe del estado financiero de la nación:

—Tenemos un superávit de 72 millones de pesos... Las mayores reservas de la historia...

Bajo los blancos bigotes del ministro se dibujaba una imperceptible sonrisa de burla. Porfirio Díaz advirtió que nuevamente se había dormido en pleno consejo de ministros sin poder evitarlo, mientras Limantour leía su interminable informe. Las manos del financiero volvían las hojas con elegancia y su voz se escuchaba monótona y cadenciosa:

—Nuestro comercio, alcanzó la suma de $ 481 363 388 dejándonos un saldo favorable de $ 14 636 612.

El Presidente pensó que aquellas cifras desusadas, casi recitadas unciosamente y hasta la figura de su ministro envuelta en una levita irreprochable, su alto cuello y su corbata de seda, eran finalmente la consecuencia de aquella fuga ocurrida 40 años atrás.

Le hubiera gustado decir:

—Querido señor Limantour, he caído entre los cerdos

—pero lo hubieran creído loco y debió encerrarse en su altivez distante.

El ministro había concluido su informe y guardaba las hojas en su portafolio de piel de Rusia con broches de oro, cuando uno de los ayudantes se acercó diciendo:

—Señor Presidente, míster James Creelman espera...

La sonrisa irónica de Limantour o quizá la visión de un Porfirio Díaz deslizándose por los tejados oscurecidos, le devolvió su fuerza. Hablaría con míster Creelman, el periodista que había recorrido millares de kilómetros para entrevistarlo y el país entero, el mundo oiría cosas... tales cosas.

La entrevista

Míster Creelman estaba nervioso y conmovido. No a todos los periodistas les era concedido el honor de hablar con aquella figura "la más heroica y romántica del mundo", la más intensamente vigilada por amigos y enemigos de la democracia. Era el soldado, el hombre de Estado cuya aventurera juventud hace palidecer las páginas de Dumas... cuya mano de hierro ha convertido las masas guerreras, ignorantes, supersticiosas y empobrecidas de México, oprimidas por siglos de crueldad y avaricia española, en una fuerte, pacífica y equilibrada nación *que paga sus deudas*.

La figura del Dictador no era ciertamente inferior a su leyenda. Tenía, según lo puntualiza Creelman, la frente alta y amplia que llega oblicua hasta el cabello blanco y rizado, los ojos oscuros, amables o amenazadores "que penetran en el alma", una nariz ancha y fuerte "cuyas aletas se dilatan a la menor emoción", grandes mandíbulas viriles, una formidable barba, cuadrada y desafiante, boca amplia y firme, sombreada por el bigote blanco, el cuello corto y musculoso, los hombros anchos, el pecho profundo y un aire revelador de "poder y dignidad".

Porfirio Díaz paseaba en la terraza del castillo, rozando a su paso las flores del jardín. Abajo, más allá de los sabinos centenarios del bosque, se extendía la hermosa ciudad azul y roja y la nieve de los volcanes.

—Es un error —comenzó diciendo en voz baja— suponer que el futuro de la democracia en México ha sido puesto en peligro por la prolongada permanencia en el poder de un solo presidente. Puedo decir con toda sinceridad que el servicio no ha corrompido mis ideales políticos y que creo que la democracia es el único justo principio del gobierno, aun cuando llevarla al terreno de la práctica sea posible sólo en pueblos altamente desarrollados. Puedo dejar la presidencia de México sin ningún remordimiento, pero lo que no puedo hacer, es dejar de servir a este país mientras viva.

—¿Sabe usted que en Estados Unidos tenemos graves problemas a causa de la elección del mismo presidente por más de tres períodos? —preguntó Creelman.

—Sí. Sí lo sé —respondió—. Es un sentimiento natural en los pueblos democráticos el que sus dirigentes deban ser cambiados. Estoy de acuerdo con este sentimiento. Existe la certeza absoluta de que cuando un hombre ha ocupado por mucho tiempo un puesto destacado, empieza a verlo como suyo, y está bien que los pueblos libres se guarden de las tendencias perniciosas de la ambición individual. Sin embargo, las teorías abstractas de la democracia y su efectiva aplicación práctica son a veces, por su propia naturaleza, diferentes. Esto es, cuando se busca más la sustancia que la mera forma. No veo realmente una buena razón por la cual el presidente Roosevelt no deba ser reelegido si la mayoría del pueblo americano quiere que continúe en la presidencia... Aquí en México nos hemos hallado en diferentes condiciones. Recibí este gobierno de manos de un ejército victorioso, en un momento en que el país estaba dividido y el pueblo impreparado para ejercer los supremos principios del gobierno democrático. Arrojar de repente a las masas la responsabilidad total del gobierno, habría producido resultados que podrían desacreditar totalmente la causa del gobierno libre. A pesar de que yo logré el poder principalmente por el ejército, tuvo lugar una elección tan pronto como fue posible y ya entonces mi autoridad emanó del pueblo. He tratado de dejar la presidencia muchas y muy diversas ocasiones, ya que pesa demasiado y he tenido que permanecer en ella por la propia salud del pueblo que ha confiado en mí. El hecho de que los valores mexicanos bajaran bruscamente 11 puntos durante los días que la enfermedad me obligó a recluirme en Cuernavaca, indica la clase de evidencia que me indujo a sobreponerme a mi inclinación personal de retirarme a la vida privada.

Aquellas frases, dichas a su manera apagada, describían con exactitud la idea que de sí mismo se había hecho Porfirio Díaz. Él era el hombre insustituible, el salvador del país cuyo peso había cargado sobre sus anchos hombros y principiaba a fatigarlo. Sin embargo, ¿cómo podía obedecer a su deseo de retirarse a la vida privada, si una ligera enfermedad había causado la baja de los valores mexicanos en las bolsas mundiales? Y luego, conmovido por el sentimiento de su heroico sacrificio, húmedos los ojos, lanzó su bomba:

—He esperado pacientemente a que llegue el día en que el pueblo de la República Mexicana esté preparado para escoger y cambiar sus gobernantes en cada elección, sin peligro de revoluciones armadas, sin lesionar el crédito nacional y sin interferir con el progreso del país. Creo que, finalmente, ese día ha llegado.

Lanzó su bomba para que explotara y llenara de confusión a los miembros de su gabinete que aspiraban a sucederlo, sin darse cuenta de sus efectos mortales. "¡Qué inolvidable visión teñida de romanticismo y emotividad fue aquella!", exclama el asombrado periodista. Porfirio Díaz precisaba sus afirmaciones inauditas sobre las rocas de la colina esculpida por los aztecas, rodeado de flores ardientes, en el castillo donde la muerte y la locura habían destruido el sueño imperial de Maximiliano y Carlota. Fue la atalaya singular, en torno de la cual desfilaron los conquistadores españoles, los 62 virreyes de la Colonia española, los invasores norteamericanos, los dictadores y los generales en un cortejo ininterrumpido "hasta que Díaz, el héroe de 50 batallas, decidió que

México debería cejar en sus luchas, aprender a trabajar y *pagar sus deudas*".

Era el 10 de diciembre de 1908. Millares y millares de indios y de peones vestidos de blanco, cubiertos de enormes sombreros, descalzos o con huaraches y seguidos de sus mujeres y de sus hijos se dirigían a la Basílica de Guadalupe, visible desde la terraza. Dos días después, Creelman había de tener la oportunidad de presenciar el espectáculo de 100 mil indios —el México cafre como lo llamaba Limantour— arrodillarse sollozantes y transfigurados ante la Virgen tocada con una corona de esmeraldas, rubíes, diamantes y zafiros, por cuya sola hechura los orfebres habían cobrado 30 mil dólares.

Creelman volvió a su tema:

—Es una creencia extendida que resulta imposible para las instituciones verdaderamente democráticas, nacer y subsistir en un país que no tiene clase media.

—Es verdad, México tiene hoy una clase media, pero no la tenía antes —respondió el Dictador—. La clase media es aquí, como en todas partes, el elemento activo de la sociedad. Los ricos están demasiado preocupados con sus mismas riquezas y dignidades para que puedan ser de alguna utilidad inmediata en el progreso y en el bienestar general. Sus hijos, en honor a la verdad, no tratan de mejorar su educación o su carácter. Pero, por otra parte, los pobres son a su vez tan ignorantes que no tienen poder alguno.

—General Díaz —le interrumpió Creelman—: Usted ha tenido una experiencia sin precedentes en la historia de las repúblicas. Durante 30 años, los destinos de este país han estado en sus manos para moldearlos a su gusto; pero los hombres mueren y las naciones continúan viviendo. ¿Cree usted que México puede seguir su existencia pacífica como República? ¿Está usted absolutamente seguro de que el futuro del país está asegurado bajo instituciones libres?

—El futuro de México está asegurado —dijo Porfirio Díaz con voz clara y firme—. Mucho me temo que los principios de la democracia no han sido planteados profundamente en nuestro pueblo. Pero la nación ha crecido y ama la libertad. Nuestra mayor dificultad la ha constituido el hecho de que el pueblo no se preocupa lo bastante acerca de los asuntos públicos, como para formar una democracia. El mexicano, por regla general, piensa mucho en sus propios derechos y está siempre dispuesto a asegurarlos. Pero no piensa mucho en los derechos de los demás. Piensa en sus propios privilegios, y no en sus deberes. La base de un gobierno democrático la constituye el poder de controlarse, y hacerlo le es dado solamente a los que conocen los derechos de sus vecinos. Los indios, que son más de la mitad de nuestra población, se ocupan poco de política. Están acostumbrados a guiarse por aquellos que poseen autoridad, en vez de pensar por sí mismos. Es ésta una tendencia que heredaron de los españoles, quienes les enseñaron a abstenerse de intervenir en los asuntos públicos y a confiar ciegamente en la guía del gobierno. Sin embargo, yo creo firmemente que los principios de la democracia han crecido y seguirán creciendo en México.

—Pero, señor Presidente, usted no tiene partido oposicionista en la República. ¿Cómo podrán florecer las instituciones libres cuando no hay oposición que pueda vigilar la mayoría del gobierno?

—Es verdad que no hay partido oposicionista. Tengo tantos amigos en la República que mis enemigos no parecen estar muy dispuestos a identificarse con una tan insignificante minoría. Aprecio en lo que vale la bondad de mis amigos y la confianza que en mí deposita mi patria; pero esta absoluta confianza impone responsabilidades y deberes que me fatigan cada día más. Sin importarme lo que digan mis amigos y partidarios, me retiraré cuando termine el presente período y no volveré a gobernar otra vez. Para entonces, tendré ya 80 años. El país ha confiado en mí, como ya dije, y ha sido generoso conmigo. Mis amigos han alabado mis méritos y pasado por alto mis defectos. Pero pudiera ser que no trataran tan generosamente a mi sucesor y que éste llegara a necesitar mi consejo y mi apoyo; por eso deseo estar todavía vivo cuando él asuma el cargo y poder así ayudarlo.

Finalmente cruzó los brazos sobre el pecho y habló con gran énfasis:

—Doy la bienvenida a cualquier partido oposicionista en la República Mexicana. Si aparece, lo consideraré una bendición, no como un mal. Y si llega a hacerse fuerte, no para explotar sino para gobernar, lo sostendré y aconsejaré y me olvidaré de mí mismo en la victoriosa inauguración de un gobierno completamente democrático en mi país. Es para mí bastante recompensa ver a México elevarse y sobresalir entre las naciones pacíficas y útiles. No tengo deseos de continuar en la presidencia, si ya esta nación está lista para una vida de libertad definitiva. A los 77 años, estoy satisfecho con mi buena salud y esto es algo que no pueden crear la ley ni la fuerza. Yo, personalmente, no me cambiaría por el rey americano del petróleo y sus millones.

—Y así —concluye Creelman su entrevista— dejé al guía del México moderno entre las flores y los recuerdos de las alturas de Chapultepec.

El guía, incapaz de contener sus emociones, acostumbraba llorar, pero no hablar, y aquella vez habló demasiado. Quiso dejar al mundo la idea de que en el más notable estadista de América Latina alentaba una profunda convicción democrática, de que en realidad no había hecho otra cosa que preparar el advenimiento de la democracia creando una clase media antes inexistente, enriqueciendo y civilizando a un país rijoso y degradado, repartiendo la riqueza, favoreciendo las inversiones extranjeras y pagando religiosamente las deudas acumuladas desde la Independencia.

Por supuesto mentía, como había mentido los últimos 30 años y era muy viejo para prescindir de su hábito más arraigado. Mientras hablaba con los ojos anegados, no tenía la menor intención de abandonar el trono ni a los 80 ni a los 100 años de haberlos vivido, ni saludar como una bendición el surgimiento de una oposición organizada que no le toleraba siquiera a sus más íntimos colaboradores. Se creía inmortal y la convicción de su inmortalidad lo hacía sentirse un dios insustituible. Estoy satisfecho con mi buena salud, había afirmado orgullosamente. Y no sólo de su buena salud —cazaba y montaba a caballo—, sino de estar casado con una joven mujer, de ser el doble héroe de la guerra y de la paz, de su gobierno civilizador, prudente y enérgico, de la forma sagaz en que mantenía sujetos a los ambiciosos, de haber conquistado una fama mundial y de la adoración filial de un pueblo sobre el cual derramó tantos y tan señalados beneficios.

Los viejos buitres

Porfirio Díaz, la "marcial figura", tenía en 1908, cuando lo entrevistó Creelman, 77 años; 82 los secretarios de Relaciones y Justicia, y 77 el general Manuel González Cosío, secretario de Guerra. El más joven, el poderoso secretario de Hacienda, rebasaba los 54. La edad de los miembros del gabinete sumaba, incluidos don Porfirio y los gobernadores de los estados, una cifra astronómica. El de Tlaxcala tenía 78 años, 76 el de Tabasco, los de Michoacán y Puebla 75 y 73, los de Guanajuato y Aguascalientes 68 y 70 y muchos de ellos habían ocupado el cargo más de un cuarto de siglo.

La época de la *senectus* imperaba en México. Según las cuentas de Bulnes, el presidente de la Suprema Corte de Justicia había cumplido 81 años y "el 60 % de los magistrados pasaba de los 70". Había diputados de 80 y 90 años mientras en el ejército figuraban generales y coroneles muy ancianos. "El senado era una colección de momias sin pensamiento, en permanente estado comatoso."

El trasfondo necesario de arteriosclerosis, reumatismos, sorderas y presbicias, prostatitis, fatigas y desarreglos seniles, constituía un secreto de Estado. Las canas, las arrugas, las calvicies, los pasos vacilantes, lo que no podía ocultarse a las miradas de un pueblo joven, se llevaba con cierta gallardía y el primero en saberse sobreponer a los achaques y a las vicisitudes de la vejez era el propio Díaz. Su lenta deificación, su doble naturaleza de héroe de la guerra y la paz, la conciencia de su poder, hacían de él un ser invulnerable al tiempo y a las leyes que rigen el destino de los hombres comunes y corrientes.

Dos años después, ya cercano a los 80, el Centenario de la Independencia le dio una ocasión única de mostrar al mundo su imagen cesárea. Su cabeza altiva, de profusos bigotes blancos y ojos oscuros y severos emergía naturalmente de un uniforme sobre el cual destacaban, con las altas charreteras y los laureles bordados de oro, las cadenas, placas y cruces con que lo habían condecorado los reyes y los presidentes de casi todo el mundo. Manejaba con idéntica maestría el gorro montado y la espada de general que el sombrero alto, la levita y el bastón cuando la etiqueta le exigía abandonar su atuendo militar. Siempre se le vio erguido, impenetrable como una esfinge y él era el que imponía su sello peculiar a un gobierno de viejos y a una sociedad de arribistas regida por las buenas maneras, *the manners* como acostumbraban decir los hijos de los millonarios educados en Stonyhurst, el colegio inglés de jesuitas.

Tolstoi, contemporáneo del dictador, desde Yasnaia Poliana, atraído por una figura lejana que tanto se le parecía a causa de su vigor extraordinario, lo llamó acertadamente "prodigio de la naturaleza". Andrew Carnegie exigió que fuera "admirado como un héroe de la humanidad" por su talento, su valor y sus dotes de mando y el presidente Theodore Roosevelt, escribió que Porfirio Díaz era el "más grande estadista vivo y el que había hecho más por su país que cualquier otro en país alguno". Se le comparaba en Estados Unidos y en Europa con Aníbal, con Bismarck, con Pedro el Grande y a esta glorificación contribuían las biografías, las historias, los folletos laudatorios, que se editaban por cuenta del gobierno en las mejores imprentas de Norteamérica, donde se exaltaba su sabiduría de gobernante, la grandeza moral de su carácter y su ardiente patriotismo.

En las resplandecientes ceremonias del Centenario, el mundo estuvo presente. El marqués de Polavieja, enviado de Alfonso XII, le devolvió a México el uniforme y la espada de Morelos que España guardaba como un trofeo de guerra y lo condecoró con la Gran Cruz y el Collar de la Orden de Carlos III, privilegio concedido a la nobleza; el embajador de China regaló un ajuar precioso y los enviados del Káiser, del Zar de Rusia, de Francia, de Inglaterra y de los países latinoamericanos, en ininterrumpidas ceremonias le llevaron presentes y se inclinaron ante la imagen del impasible dictador. Se inauguraron cárceles, manicomios, monumentos, una fábrica de pólvora y un teatro de mármol italiano —inacabado— que tenía pegasos de bronce, estatuas de diosas griegas y un telón de cristal de 22 toneladas, salido de los talleres de Tiffany. Los bailes donde los hombres vestían de frac o de uniforme y las mujeres aparecían cubiertas de alhajas y de creaciones francesas, el desfile de carruajes, soldados y carros alegóricos, los banquetes en que se consumían langostas, pavos, ostras, lechones, jabalíes, faisanes, vinos y champaña, las músicas, los adornos florales eran descritos por los reporteros "como un cuento de hadas".

Por supuesto se habían tomado medidas para que los demonios no interrumpieran la cadencia de ese cuento mágico. Los mil doscientos mendigos oficiales con que contaba la ciudad no pudieron ejercer su antiguo oficio por órdenes de la policía, a los indios se les prohibió la entrada para que sus andrajos no deterioraran tan grandioso espectáculo y se importaron miles de toneladas de trigo y de maíz a fin de que los ilustres huéspedes no vieran las colas que se formaban frente a las tiendas.

La noche del 15 de septiembre, culminación del Centenario, el embajador especial de Alemania Karl Bunz, deseoso de contemplar la rareza de aquella escena —bajo la catedral y los palacios coloniales iluminados millares de gentes tocaban guitarras, gritaban y saltaban— se había instalado en un balcón acompañado de Federico Gamboa, subsecretario de Relaciones, cuando en la bocacalle de Plateros se arremolinó la gente alrededor de una efigie que oscilaba con violencia, escuchándose dos detonaciones inconfundibles.

—¿Tiros, verdad? —preguntó alarmado Bunz.

—Posiblemente —repuso Gamboa—, "sin sangre". Cohetes o tiros disparados al aire por el júbilo que la fecha provoca. El remolino se abrió paso hasta llegar a corta distancia de Palacio y Gamboa pudo divisar claramente que la efigie, motivo del tumulto, era la de Francisco I. Madero, un opositor del gobierno, enmarcada en paños tricolores, y escuchar los gritos y los vítores de los aguafiestas.

—¿Qué gritan? —inquirió Karl Bunz—. Y el retrato ¿de quién es?

—Del general Díaz —dijo Gamboa sin perder su aplomo.

—¿Con barbas?

—Sí, las gastó de joven y el retrato es antiguo.

Al día siguiente, reunido el gabinete con Porfirio Díaz en el salón de acuerdos antes de reanudar las diarias solemnidades, Gamboa cometió la imprudencia de relatar el incidente de la víspera. Los secretarios de Estado lo devoraban con ojos airados y uno de ellos le tiró los faldones de su casaca bordada para acentuar la reprobación general. El Dictador escuchó el relato de su diplomático sin mover un músculo y al terminar dijo en tono seco:

—Vamos, señores —y todos se encaminaron al "calvario" de las festividades.

Ese día —16 de septiembre— se temía un atentado terrorista y la policía se vio obligada a cambiar el itinerario de la comitiva oficial y a redoblar la vigilancia de las calles, pero los más allegados al Presidente consideraban como un desacato imperdonable decirle la verdad.

Lo que a todos desesperaba y confundía era el hermetismo distante de Porfirio Díaz. Le había pasado un poco lo ocurrido al sol en las viejas religiones que conservando el papel de dios principal, su lejanía, su inmutable presencia lo habían ido transformando en un *Deus Ociosus,* símbolo del poder supremo, si bien otros dioses más pequeños y activos sustituían y acaparaban sus funciones. El amante de la democracia se había reelegido 8 veces y según la pintoresca frase de Bulnes, desde 1886 se temía más a ser señalado candidato presidencial que ser acusado de parricidio, incendio o traición a la patria. Pasaba la mayor parte de su tiempo en maquinar intrigas y en vigilar que el equilibrio del gobierno no sufriera alteraciones. No temía los peligros de una opinión pública inexistente, sino los cabildeos y las maniobras de los llamados "científicos", un grupo formado y enriquecido a la sombra de su insustituible secretario de Hacienda, José Yves Limantour y del grupo mucho más débil que encabezaba el astuto general Bernardo Reyes, su secretario de Guerra.

Los grupos rivales espiaban los signos de una muerte próxima —sus sueños inoportunos, sus lágrimas, sus ausencias— atentos e implacables pensando en sucederlo y Porfirio Díaz con todo su poder no era otra cosa que un emplazado, un hombre moribundo rodeado de aves de rapiña. Sin embargo, se aferraba como loco a la silla y su mano manchada y temblorosa seguía moviendo las piezas del ajedrez político al modo antiguo, porque no había aprendido nuevas jugadas.

Estaba petrificado y lo que tocaba se convertía en piedra. Su ejército, ataviado con cascos alemanes y penachos se había cubierto de herrumbre en la prolongada paz; los diputados, vestidos de frac, habían borrado el no de su vocabulario y asentían como autómatas; los gobernadores que sufrían el mismo mal del Dictador eran serviles y tiránicos y los secretarios de Estado fingían obediencia y conspiraban entre sí para destruirse.

La política era un privilegio del gobierno y la dictadura se justificaba aduciendo siempre la paz y la prosperidad material en un país donde había reinado el caos y la miseria. El milagro económico representaba una inmensa fachada; detrás, un pueblo esclavizado, sufría también parálisis, pero era una parálisis hecha de hambre, de esclavitud, de ignorancia, de crueldades y vejaciones insoportables.

La Ley y la economía

En el sistema "científico" del porfirismo la ley era extremadamente cruel para el mexicano pobre y extremadamente benigna para el extranjero. Sin exageraciones, el extranjero vivía en un verdadero paraíso. El español don Íñigo Noriega, terrateniente multimillonario, era el defensor oficial y oficioso de los españoles; Limantour, por su ascendencia, el de los franceses; Sir Reginald Tower, ministro de la Corona Británica el de los ingleses, y como era de esperarse el embajador de los Estados Unidos Henry Lane Wilson, el de los norteamericanos en particular y de los extranjeros en general. Todas las mañanas un abogado de la embajada americana montaba guardia en los corredores de la Suprema Corte de Justicia, con la misión de presionar a los magistrados y de vigilar que los amparos solicitados por su clientes se resolvieran favorablemente. "Puede decirse —escribe Luis Cabrera— que, en materia de protección a la persona y a los intereses de los extranjeros, no solamente contaban con la que las leyes concedían (mientras esas leyes nunca se cumplieron para los mexicanos), sino que tenían además la protección del favor y del servilismo oficial y, como última instancia, la protección diplomática que por supuesto raras veces se hacía sentir en forma oficial, porque ya antes se había dado al extranjero mucho más de lo que era suyo.

"Fundándose en 'altas razones de conveniencia pública' los honorables magistrados y jueces expropiaban tierras para que pasaran las vías de los ferrocarriles o las líneas de transmisión eléctrica, condenaban a los pobres rancheros que reclamaban sus terrenos petroleros enajenados o a los pueblos que luchaban contra los hacendados por recobrar sus propiedades comunales."

Una cosa era la ley y otra la influencia política que se hacía sentir de un modo inexorable. Cabrera recuerda el litigio de ciertas minas entre un mexicano y un norteamericano ya fallado por la Suprema Corte en favor del primero. Viéndose perdido, el norteamericano otorgó a un abogado de su país el 50 % del negocio, éste se hizo de una carta de recomendación del presidente Taft para el general Díaz y "el foro fue testigo del caso más vergonzoso de su historia, pues el tribunal supremo deshizo precipitadamente todo el procedimiento pisoteando la cosa juzgada".

¿Y qué más? Un norteamericano, estando en un restaurante, sacó la pistola y asesinó a un negro "porque así mataban a esos perros en Estados Unidos". El racista fue llevado tres veces al jurado y para nadie fue una sorpresa saber que salió absuelto finalmente.

Se guardaban las formas. El Estado era consciente de que el extranjero —principalmente el norteamericano— constituía un gran peligro pero al mismo tiempo no veía otro camino para salir del atraso y la miseria que recurrir a su tecnología. Ante el dilema de enfrentársele y perecer o hacerse su amigo y su socio, optó por la segunda opción y se subió para seguir la imagen de Justo Sierra a la formidable locomotora yanqui, partiendo rumbo al porvenir.

El viaje no resultó muy placentero. El que construía y manejaba la locomotora, el que ocupaba el comedor, los coches dormitorios y el que cobraba el pasaje, era el norteamericano y el mexicano debía viajar en los carros de segunda y conformarse con el resto de los banquetes.

La arrolladora máquina nos llevó no al radioso porvenir en que soñaban los "científicos" sino a otro tipo de colonia y de vasallaje. Si los científicos habían hecho suya la teoría evolucionista del más fuerte y del más apto y con esta poderosa arma se enriquecían y despreciaban al pueblo, ahora los yanquis les aplicaban a sus amigos y socios la misma receta. ¿Querían luz? ¿Querían ferrocarriles? ¿Querían puertos? ¿Querían industrias, pozos petroleros, refinerías? ¿Querían acrecentar su comercio? Todo eso lo tendrían a condición de que fueran ellos los propietarios y los gerentes de los nuevos medios de producción. Como los mexicanos eran ante todo hacendados, se les dejaría el manejo de sus tierras y ellos se encargarían de comprarles los productos agrícolas necesarios y de transportarlos en sus propios barcos y ferrocarriles, y como el que no fuera hacendado pertenecía a la corte y el número de los cortesanos no era excesivo, bien podrían aprovecharse de una parte del inmenso pastel mexicano.

Para otorgar concesiones ilimitadas de tierras petroleras, de minerales o de industrias y mantener sujetos a millones de campesinos y de obreros, en una palabra para que toda esa inmensa maquinaria de explotación funcionara adecuadamente, se hacía indispensable la existencia de un gobierno fuerte capaz de acabar con el reinado del caos, del cuartelazo y del pronunciamiento, sin veleidades revolucionarias o falsamente democráticas en un país de indios analfabetos. Este gobierno, por fortuna, ya existía y lo encabezaba, no un hombre cualquiera, sino un general austero, virtuoso y patriota que había hecho su bandera de la paz y del progreso.

Porfirio Díaz fue el creador del primer "milagro económico mexicano". Temiendo siempre al vecino y socio, trató de atenuar su influencia abriéndole la puerta a los ingleses, antiguos acreedores de México sin que este hecho pareciera molestar demasiado a los americanos. El vertiginoso progreso causaba una euforia delirante. Se veía al inglés Pearson, después elevado a la categoría de Lord Cowdray, como una especie de Santa Claus, de cuyo enorme saco, brotaban sin cesar nuevos ferrocarriles, nuevos puertos, nuevos pozos petroleros. La comunicación interoceánica a través del istmo de Tehuantepec era una realidad; la transformación de la árida península de Yucatán en el primer productor mundial de fibras duras era una realidad; la erección de un imperio petrolero donde antes se extendían bosques tropicales infestados de malaria era una realidad; las minas de los desiertos norteños, las fábricas de hilados de la cordillera oriental, el nacimiento industrial de Monterrey, eran una realidad demasiado visible y tangible para que ningún insensato se atreviera a dudar de ella.

En los últimos años de su reinado Porfirio Díaz era una totalidad inabarcable. Cuando un día acostumbraba decir "me duele Tlaxcala" señalando su dedo meñique o "me duele Oaxaca" apoyando la mano sobre su corazón, no era precisamente que en Tlaxcala o en Oaxaca surgieran problemas —desde luego los había— sino que su cuerpo, a semejanza de un extraño mapa anatómico, estaba repartido en fracciones de territorio. Ya no tenía cabeza, tronco, extremidades, como todos los hombres comunes y corrientes. Animal político por excelencia, la situación anómala de cualquier estado repercutía en una parte de su organismo y le bastaba expresar su dolencia para que el aparato defensivo se movilizara con la finalidad de eliminar lo que perturbaba el equilibrio de sus augustas funciones.

Identificado con la patria, siendo la patria misma, obedecía a una tradición mítica según la cual gracias a las hazañas del héroe creador, México había salido de las tinieblas, accedió a un nuevo orden y este orden debía prolongarse indefinidamente sin alteraciones ni mudanzas. Sin embargo, la edad había petrificado sus nervios y sus arterias e ignoraba las verdaderas causas de su malestar. Hacía lo que él quería hacer, pero no lo que debía hacer, enfermedad crónica de los dictadores y de los dioses.

Hundido en su sueño mesiánico, Porfirio Díaz ignoraba también que su fin y el de su imperio estaban cercanos. No podía prolongarse más aquel universo de arribistas disfrazados de aristócratas, de soberbios y rapaces extranjeros, de esclavos y señores feudales, de cárceles repletas y de hambres periódicas.

Las rebeldías de una Europa en plena crisis encontraron un eco en esa sociedad para la cual nada importaba la vida y sobre todo, en los hermanos Flores Magón que no esperaban ni anunciaban la Revolución sino que la hacían a su modo y con sus medios tratando de fundar un orden de libertad y de camaradería universal. La entrevista que sostuvo el dictador, seguro de su inmenso poder, con el periodista James Creel, habría de ser su última engañifa y a la vez el fuego que prendiera la mecha de una serie de elementos explosivos por él acumulados en 30 años de infamias y de un progreso en el que sólo participaban unos cuantos privilegiados.

El México de la tierra

El país en 1908-1910 era uno de los países más extraños del mundo. Los 22 mil kilómetros de ferrocarriles construidos y terminados entre 1875 y 1895, habían descubierto a los ojos de los mexicanos su propia tierra.

Aquellos viajes en diligencia a lo largo de caminos polvorientos y de mesones desmantelados, o el lento discurrir de los atajos de mulas cargadas de mercancías, principiaban, con todas sus tradiciones, a hundirse en el pasado. Era posible viajar en unas cuantas horas a los distantes puertos del Golfo y del Pacífico, a las principales ciudades del altiplano y alcanzar sin fatiga la frontera de los Estados Unidos, cruzando los desiertos del extremo norte, antes inaccesibles.

Un país formado de pequeños países replegados en sí mismos, cortados siempre por altas barreras montañosas, se integraba poco a poco aunque todavía la península de Yucatán fuera una isla y permanecieran desconocidos inmensos bosques y desiertos.

Como resultado de un proceso histórico que se inició algunos siglos antes de la Conquista, la mayoría de la población, de la economía, de los recursos, estaban concentrados en las mesetas.

Las ciudades importantes eran muy pequeñas. Conservaban las catedrales, los monasterios, las viejas casas del siglo XVIII y una parte considerable de su antigua cultura. Cada provincia, en su aislamiento, había logrado crear un estilo propio con sus comidas regionales, sus músicas y canciones, sus vestidos, su arquitectura y sus letras. Sin embargo, en 1908 la ciudad de México imponía sus nuevos patrones sin alterar profundamente el fondo nacional de la vida. Los nuevos "hoteles" franceses, los pasajes cubiertos de cristales, los adoquines de las calles —muchos importados de Francia—, los modernos ayuntamientos y palacios de gobierno, se veían más bien como parches dentro del conjunto colonial. Los ricos seguían siendo los nuevos o viejos hacendados. Las haciendas más cercanas a la ciudad de México ya comunicadas por el ferrocarril, no habían perdido los torreones y los altos muros almenados que les daban un aspecto de fortaleza. La casa del dueño formaba un todo con los establos, las caballerizas, bodegas y oficinas, pero conservaba su independencia. En realidad, fuera del administrador y de los criados de confianza, nadie tenía acceso a la "casa principal", una serie de patios, jardines, miradores, huertos, albercas y enormes estancias que componían la mansión del señor feudal.

Por supuesto había diferentes clases de haciendas. La tradicionales, en los soleados valles del altiplano, a pesar de las innovaciones finiseculares, asomaban sus torres, sus balcones y su ancho zaguán en el fondo de una larga avenida de fresnos y eucaliptos. A su alrededor se extendían los sembrados de maíz, de alfalfa, de trigo o de cebada. Cambiaban las estaciones y cambiaba el paisaje. Antes de las grandes lluvias, araban la tierra con bueyes y mulas; luego venía la siembra y al comenzar el otoño los campos se llenaban de indios que venían de sus lejanos pueblos a levantar la cosecha.

La hacienda, aunque fuera muy extensa, tenía pocos peones fijos, a los que se les daba el nombre de acasillados por tener sus chozas en la cercanía de la "casa principal", siempre vigilada por un hombre armado.

Otro tipo de vieja hacienda se entregaba de preferencia a la producción del pulque en los áridos llanos del norte de la ciudad. Allí, la enorme fortaleza, más sombría y amenazadora, estaba circundada no de extensos y variados cultivos, sino de millares y millares de agaves, las plantas carnosas del desierto, que se defendían de la sequía con sus espinas y sus cortezas impermeables.

Esta planta, amputada de su tallo floral, herida de muerte, acumulaba el resto de la savia en su cavidad —tan parecida a la vasija llena de agua con que los códices representaban a la luna— y la leche de los cuatrocientos pechos de la diosa Mayahuel era absorbida mediante el hueco calabazo del tlachiquero y llevada al tinacal, el sanctosantórum de la hacienda, donde se fermentaba.

Los indios tlachiqueros de la hacienda se reunían en el

tinacal al caer la tarde y con voces quejumbrosas cantaban el Alabado. Sus rostros oscuros, iluminados por el resplandor de las velas encendidas frente a los santos, componían un friso antiguo, una galería de dioses que más tarde debería asociarse a los cuadros que recogió la cámara de Sergio Einsenstein, recreando una vieja mitología. Los peones, a la menor falta, eran sepultados hasta los hombros y sobre sus cabezas corrían en tropel los caballos de los mayordomos.

En la lejana península de Yucatán otro agave milagroso, el monarca mundial de las fibras duras que ataba las cosechas de trigo, también circundaba haciendo horizonte al pesado edificio de la hacienda. Millares de indios mayas, de yaquis rebeldes deportados y algunos coreanos, alimentaban a diario las voraces máquinas raspadoras, cortando pencas, bajo el palo de los capataces. El periodista John Kenneth Turner visitó los galerones en que encerraban a los esclavos durante la noche, registró los latigazos con que los castigaban públicamente y admiró los palacios franceses levantados en el Paseo Montejo como una imitación bien lograda de los palacios que sus colegas capitalinos habían levantado en el Paseo de la Reforma.

Los ingenios azucareros del estado de Morelos y las haciendas henequeneras constituían la última palabra en materia de agricultura moderna. En las tierras fértiles, la casa del dueño estaba rodeada de inmensos cañaverales que concentraban sus mieles al sol de los trópicos. Los propietarios, parte de la aristocracia y del reducido grupo gobernante, no eran tan conservadores como los grandes hacendados del altiplano. Importaban maquinaria moderna, hacían que sus hijos estudiaran en los colegios de Inglaterra y se mostraban abiertos a toda innovación técnica, pero ellos, a semejanza de los feudales señores del interior o de los beneficiarios de los oasis dispersos en la República, mostraban no sólo un desprecio total hacia los peones, sino una voracidad creciente por adueñarse de las tierras de los pueblos.

La hacienda, en 1908 era un monstruo que devoraba hombres y tierras. Apoyada en sus propios guardias, en las fuerzas políticas y armadas del régimen, ningún peón era libre siquiera de elegir un nuevo dueño. En cada hacienda funcionaba una tienda que les vendía a crédito las mercancías indispensables o les adelantaba algún dinero para sus casamientos o sus entierros, y la deuda acumulada mantenía a los peones sujetos al propietario y aun sus hijos la heredaban, de modo que antes de nacer ya estaban condenados a la esclavitud. Hablando de las haciendas de Yucatán escribía Turner: "Basta con que tomen algún dinero, que se adeuden, y ahí está el hombre atado de pies y manos, a disposición del hacendado."

La desigualdad entre el hacendado y el peón —la palabra esclavo estaba proscrita— era inconmensurable. Mientras había haciendas tan grandes como un pequeño Estado europeo casi nunca sembradas enteramente, existían millones de hombres que sólo trabajaban a medias la tierra del dueño, disponían de un pedazo de tierra o del minúsculo ejido comunal y naturalmente no había ninguna proporción entre los millones y la cultura de los hacendados y la miseria y la cultura de los peones.

Se creía que un caballo o una mula tenían un valor y a veces una inteligencia muy superiores a la de los peones. Se les juzgaba perezosos, derrochadores y ebrios hasta la náusea, por lo que era necesario hacerlos trabajar a la fuerza, escatimarles el dinero y confinarlos a la benevolencia del sacerdote, parte integrante de la hacienda. No les reprochaban su ignorancia con tal de no verse obligados a darles escuelas, ni su mansedumbre, que ellos fomentaban, aunque su carácter impenetrable no dejaba de provocarles recelos y temores.

El hacendado clásico era más bien estúpido, reaccionario, iletrado, y no se interesó en conocer lo que él llamaba "la indiada". Desconcertaba su impasibilidad, sus respuestas ambiguas —"no sé", "quién sabe"—, el que no pudiera hablar español o el que perteneciera a una raza inferior, según lo había demostrado desde la Conquista. Bastaba verlo con su cabellera piojosa nunca visitada por el peine, sus ojos oscuros y misteriosos, su camisa y su calzón de manta, parchados, rotos y sucios, sus cabañas ennegrecidas y miserables para medir la distancia que los separaba de un hombre vestido de levita que vivía en un castillo, comía como príncipe y era capaz de leer los periódicos y de administrar su creciente fortuna.

Todo lo que olía a indio le repugnaba. Sus artesanías, su sentido de clan, su religiosidad, sus ceremonias, su cortesía distante, su carácter impasible. A un hacendado, por ejemplo, cada vez que el criado le anunciaba una visita diciéndole: "Señor, que ahí lo busca un señor", acostumbraba preguntarle: "¿Un señor como tú o un señor como yo?"

Señalaba una diferencia demasiado obvia sin darse cuenta que tenía la punta del hilo capaz de guiarlo a través del laberinto, pues el indio consideraba un señor al amo y un señor al más pobre de los suyos.

El México desconocido

Si bien los indios, según los definió Porfirio Díaz, estaban acostumbrados a guiarse por aquellos que poseen autoridad, en vez de pensar por sí mismos, una era la autoridad impuesta a la fuerza y otra muy distinta la que regía su comunidad y emanaba de ellos. Los que finalmente gobernaban su vida moral y religiosa eran los principales, los que habiendo servido gratuitamente a los intereses del grupo durante largos años se habían ganado su confianza y ocupaban los más altos cargos. El problema, desde luego, no consistía en que hubieran declinado la facultad de pensar por sí mismos, sino que pensaban de acuerdo a sus inalterables patrones culturales. El poder emanaba de los muertos, de los principales pasados y tenía un carácter místico que se traducía en la posesión de los bastones de mando. Este poder, el único verdaderamente democrático, normaba la conducta interna del grupo, constituía una fuerza moral y religiosa a la que se oponía y se opone hasta nuestros días la fuerza política establecida.

El gobierno indio, aun mutilado y oscurecido, contribuía a mantener la cohesión del grupo y a establecer una jerarquía de valores incomprensibles para el blanco. El indio amenazado, cercado y envilecido, poseía además un fuerte sentimiento de solidaridad. Aunque el avanzado sincretismo del centro del país hubiera ido sustituyendo sus viejas deidades por las católicas, la totalidad de su visión del mundo, su tendencia a sacralizar las actividades humanas fundamentales no habían sido alteradas. Para él la tierra, el agua, la siembra, el trabajo mantenían un carácter divino. Las cosas habían sido creadas por los dioses y debían permanecer inalterables hasta el fin. Mantenían intacto su pensamiento mágico y, como carecían de médicos, de escuelas o diversiones, los mitos regían su conducta, en sus enfermedades recurrían a los chamanes y a los curanderos y un sistema de economía primitiva basado en el regalo y en el contrarregalo lo llevaba a organizar costosas ceremonias —entierros, casamientos, festividades de la divinidad tribal— que aumentaban el monto de sus deudas.

México era un mosaico de lenguas y de razas dispersas desigualmente un poco en todo su territorio. Las densas masas del altiplano, de Chiapas o de Yucatán —las que sufrieron todo el peso de la Colonia— eran bien conocidas desde el siglo XVI, pero había una multitud de grupos ignorados en las dos cadenas montañosas, en los desiertos del norte o en los bosques del sur. El explorador noruego Carl Lumholtz, al terminar un largo viaje por la Sierra Madre Occidental, pudo escribir un libro donde recogía sus observaciones y titularlo con justicia *El México desconocido*, porque en 1910 enormes extensiones se habían convertido en una tierra incógnita.

Millones de seres vivían una existencia "salvaje", de la que ya no se guardaba memoria alguna. Incluso los vestigios de remotas evangelizaciones se habían modificado dando origen a nuevos rituales. En el sigilo de las altas montañas o de las selvas, los chamanes se sentaban alrededor del Abuelo Fuego y cantaban los mitos de fundación durante la noche. Se rendía culto a los señores de los animales, a los venados azules y bermejos, a los peces y a las águilas —las que vuelan alto y todo lo ven y todo lo saben— cuyas plumas conferían sus poderes al chamán. Muchas tribus emprendían ascensiones místicas tomando drogas alucinantes o pasaban una parte de su vida visitando los lugares donde los dioses habían realizado sus hazañas creadoras o sacralizando sus tierras y sus cosechas. Ellos se sentían contemporáneos y colaboradores de los dioses en la tarea de mantener el equilibrio del mundo, y su mayor preocupación consistía en reconstruir, mediante su sacrificio, el tiempo y el espacio sagrados, como la sola posibilidad de trascender el amargo tiempo profano. El mundo celeste estaba cargado de significación. Quetzalcóatl, la Estrella de la Mañana, seguía matando con sus flechas a su hermano Tezcatlipoca, la Estrella de la Tarde, haciendo el día; el sol y los muertos recorrían el camino del inframundo y la nostalgia del paraíso los hacía conservar su modelo simbólico en los campos ceremoniales. Un inmenso tesoro de ciudades devoradas por la selva, de mitos, de cantos, de danzas, de preciosos objetos rituales, de ceremonias esotéricas yacía ignorado y sólo interesaba a unos pocos antropólogos extranjeros.

El México subterráneo

Cuando sobre los médanos de Veracruz los embajadores de Moctezuma levantaron ante los ojos de Hernán Cortés el gran sol de oro y la gran luna de plata que le enviaba el señor azteca, en ese momento se decidió no sólo el destino de Tenochtitlán, sino el de todo México. A partir de entonces habría de ser, durante cuatro siglos, la tierra más pródiga en metales preciosos del Nuevo Mundo.

Desde luego, interesaban mucho las vegas de los ríos y los valles —los españoles se apoderaron de ellos inmediatamente— pero importaba mucho más lo que yacía en las entrañas de la tierra.

Siguiendo las indicaciones precisas de los mapas de tributos —verdaderos planos de tesoros ocultos— los conquistadores se lanzaron a localizar filones, estuvieran en los lejanos desiertos del norte, en las montañas escarpadas del altiplano o del remoto sur, y así fueron surgiendo ciudades tan apartadas como Zacatecas, San Luis Potosí, Guanajuato, o tan cercanas como Taxco y Pachuca.

Gambusinos y aventureros archipobres se hacían millonarios casi de un modo milagroso. No les arredraban los viajes por territorios hostiles, ni las peleas con los indios flecheros, ni las hambres o las fatigas. La fiebre de oro constituía una especie de droga, una seducción infernal que positivamente los enloquecía. Ya en el siglo XVI principió a delinearse el tipo del minero afortunado. Alonso de Villaseca, vecino de la ciudad de México, tenía un palacio, lo seguía una corte de criados y aduladores, y poseía tantos metales que incluso sus bacines eran de plata.

Las mujeres de los mineros se dirigían a la iglesia en una silla de manos seguidas de dueñas y de limosneros, los cuales se abrían paso a voces y a garrotazos entre una multitud de frailes mendicantes que rezaban plegarias agitando sus alcancías y muchedumbres de naturales semidesnudos.

Se creía en los avisos celestiales —indios que recibían una limosna revelaban la existencia de una mina fabulosa—, en las varas dotadas de magia, en las corazonadas. Muchos vivían en las tabernas, jugaban a las cartas o reñían a puñaladas. Algunos que se habían enriquecido descubriendo una veta, se empobrecían por seguir un indicio falso, y como todos sabían que sus vidas estaban gobernadas por el azar, derrochaban fortunas en construir iglesias y palacios maravillosos o en organizar comelitones diarios a los que se invitaba con campana.

Don José de la Borda, el famoso minero constructor de Santa Prisca, habiéndose arruinado, le pidió prestada al arzobispo la custodia cuajada de piedras preciosas que regaló en los tiempos de prosperidad, y aprovechando una veta logró hacerse de nuevo millonario. Fue inútil este último golpe de la fortuna. Ya viejo y deseoso de que su único heredero varón fundara un mayorazgo destinado a perpetuar su nombre, obligó a una hija suya a meterse de monja contra su voluntad, pero como el sucesor abrazara más tarde la carrera eclesiástica, Borda murió amargado, viendo convertirse sus sueños de grandeza en humo y en cenizas.

A fines del siglo XVIII, en vísperas de la Independencia, el auge de las minas había creado un extraño paisaje del que era prototipo Guanajuato, un rincón desértico dominado por los oscuros basaltos de la cordillera. En ese lugar, parecido a un papel arrugado, se había edificado una ciudad de iglesias con altares recamados de oro, monasterios y palacios. Los condes y los marqueses ataviados con sus pelucas empolvadas y sus bordadas casacas se reunían en tertulias donde se escuchaba música, se danzaba o se hablaba de los derechos del hombre.

Podían incluso darse el lujo de jugar con ciertas ideas peligrosas, confiados en la estabilidad de su mundo, sin que nadie se diera cuenta de lo que significaba la presencia de aquella ciudad o de ellos mismos —los más ricos del mundo—, ataviados con traje de corte, sobrepuestos a un inmenso hormiguero humano en el que millares de indios y de mestizos casi desnudos, recorrían interminables galerías subterráneas llevando en las espaldas su pesada carga de plata, y cuando llegaban a la bocamina, los capataces les registraban sus traseros para comprobar que no ocultaban un poco del metal sustraído a los señores que hablaban de la igualdad humana.

Lo que ocurría a finales del XVIII —había ocurrido a mediados del XVI— era que esos grupos tan refinados no guardaban ninguna relación con su medio. La Ilustración florecía como una planta de invernadero en sus salones, y en torno suyo proliferaban los esclavos, las carnosas cactáceas o los sombríos picachos del basalto. Con todos sus horrores, la minería originaba una agricultura próspera, también semejante a la europea, y una arriería considerable; los mineros fundaban montepíos, hospitales, casas de beneficencia, iglesias centelleantes de oro y suntuosos monasterios.

Otras sorpresas del México subterráneo

Cien años después, México era todavía el primer productor de plata en el mundo pero la situación había cambiado radicalmente. La plata, el oro, el plomo, el cobre, con que la naturaleza trató de compensar la aridez de las montañas y de los desiertos, dejó de ser patrimonio de los criollos y había pasado en su mayor parte a manos de los extranjeros.

La minería no originaba ya ciudades tan bellas como Zacatecas, Guanajuato o Taxco, sino aldeas miserables dominadas por las chimeneas de las fundiciones donde vivían algunos millares de obreros descontentos. "De las 943 empresas establecidas hacia 1906, 310 eran mineras y fundidoras; su capital representaba el 20.28 % de todas las inversiones. Los dividendos distribuidos por las 14 mayores compañías no tenían precedente en país alguno: de 1899 a 1909, por ejemplo, la compañía Peñoles repartió a sus accionistas el 2 876.66 %, y la Dos Estrellas el 2 520 % [1].

Los mexicanos, por ricos que fueran, no podían competir con los grandes monopolios y trabajaban pequeños fundos o se resignaban a figurar en el mejor de los casos como socios minoritarios. La minería mexicana, que había sostenido durante siglos el carcomido trono español, alimentaba la poderosa industria de los Estados Unidos y de la Gran Bretaña. Aquí quedaban salarios, discriminaciones, mineros enfermos y agujeros vacíos.

El México subterráneo reservaba otras sorpresas. Las densas selvas de las costas del Golfo, antes de la llegada de los españoles, habían sido vencidas por los indios. Construyeron ciudades de ensueño y tenían cortes refinadas de sacerdotes y de príncipes vestidos con pieles de jaguar y adornos de oro, de cristal de roca y de jade. Ellos conocían una sustancia negra, llamada chapopote, que fluía naturalmente en algunos parajes, con la cual pintaban sus ídolos y sus rostros. Andando los años las ciudades fueron abandonadas a la selva y no fue sino hasta fines del XIX que el chapopote atrajo la atención de algunos aventureros. Era la época en que la noche principiaba a ser vencida y las ciudades surgían de la oscuridad brillantemente iluminadas.

Al principio, diversas compañías británicas y audaces pioneros gastaron algunos miles de libras esterlinas tratando de aprovechar aquella oscura exudación de la tierra sin ningún resultado y las selvas volvieron al olvido.

En 1900, Mr. A. A. Robinson, presidente del Ferrocarril Central Mexicano, viendo que su línea a Tampico no producía dinero por falta de industrias, invitó al rico petrolero Edward L. Doheny a explorar las selvas contiguas. La expedición sufrió mucho debido al calor, la humedad y las plagas del trópico. De tarde en tarde hallaban un caserío de campesinos, y estaban a punto de regresar desilusionados, cuando en un lugar situado a 30 kilómetros de Tampico, los ojos de Doheny advirtieron una colina de donde brotaba el petróleo. "Comprendimos que estábamos en una región aceitífera que habría de producir, en cantidades ilimitadas, aquello de que el mundo tiene mayor necesidad: petróleo... Compramos, por supuesto, el rancho Hacienda de El Tulillo en donde estaba situada la colina y también, por supuesto, compramos el rancho vecino hacia el oeste —la Hacienda de Chapacao—, en el cual encontramos, asimismo exudaciones de aceite... Nuestro primer pozo fue localizado en marzo. Construyóse una torre y se comenzó a perforar el primero de marzo de 1901. El catorce, el perforador nos despertó de madrugada diciéndonos que a la profundidad de 545 pies había salido aceite en tal cantidad que había expulsado la maquinaria e interrumpido la perforación."

El oro negro se anuncia por medio de un incendio

El 15 de marzo de 1906 estalló un incendio en plena selva. No era un incendio de los que provocan anualmente los indios a fin de sembrar su milpa, sino más bien algo parecido a la explosión de un volcán —espectáculo no desusado en México—, pues las llamas se levantaban a inmensas alturas formando una cúpula de fuego. Se asistía al renacimiento mítico del Abuelo Fuego, el gran dios civilizador de Mesoamérica. La naturaleza del incendio era totalmente desconocida para los mexicanos. Cien millones de barriles de petróleo crudo y posiblemente otros 100 millones de metros cúbicos de gas alimentaron la hoguera durante largos días y sólo pudo extinguirse cuando la última gota de aquella materia negra se consumió en una pira cuyo costo podía cubrir con desahogo varios años del presupuesto nacional. Lo que había ocurrido era muy sencillo. La técnica rudimentaria de los ingenieros norteamericanos encargados de perforar el pozo llamado Dos Bocas, el desconocimiento de la potencia de los mantos petrolíferos en comparación a los del país vecino, provocaron el incendio, y las llamas fueron la señal de que México poseía en sus entrañas incalculables tesoros. Nuevamente se apoderó de los hombres la fiebre del oro, si bien este oro era negro y estaba dotado de un espíritu nefando que no tuvo la plata reposada ni su imperio de cuatro siglos.

El 11 de septiembre de 1910, cuando todo el país se disponía a celebrar el primer centenario de la Independencia, brotó el pozo Casiano 7, que produjo un total de 75 millones de barriles; el 23 de diciembre brotó el Potrero de Llano 4, el cual durante 28 años rindió 117 millones de barriles, y el 21 de febrero de 1914 principió a fluir el Zurita 3, que por espacio de 14 años le dio a su propietaria, la Sinclair, unos 21 millones de barriles.

El Cerro Azul 4, se venía perforando desde fines de 1914. La mañana del 10 de febrero de 1916 las dos toneladas de acero de la barrena de perforación, como un martillo gigantesco golpeaban rítmicamente la blanca caliza a una profundidad de 535 metros. De pronto, el cable que la sostenía al balancín se aflojó y la tierra emitió un sordo gemido. En pocos segundos se produjo una explosión y la barrena, la válvula ya instalada en la superficie, los cables, los fragmentos del balancín y de la torre salieron disparados por el aire. El estallido se escuchó a 30 kilómetros y entre las ruinas de la torre se levantó una gruesa columna de petróleo que alcanzó una altura de 200 metros formando un extenso lago.

Durante 10 días centenares de trabajadores lucharon contra el géyser tratando de instalar una nueva válvula y al cerrarse finalmente el día 19, el petróleo fluía a un promedio de 260 858 barriles diarios. La Huasteca, su propietaria, construyendo zanjas y presas logró salvar más de un millón de barriles, y de 1916 a 1937 el Cerro Azul había rendido 84 millones de barriles. Hasta la fecha, como un testimonio de aquella bonanza, puede verse la barrena clavada en el suelo ennegrecido de la selva semejante a una jabalina disparada por el gigante de Goya.

Estos pozos, situados en la región boscosa comprendida entre los ríos Tuxpan y Pánuco llamada la Faja de Oro, son los colosos. Nunca, en ninguna parte han aparecido pozos petroleros tan ricos y tan agresivos. El Potrero del Llano y el Cerro Azul pueden compararse a las vetas de la Vizcaína en Real del Monte, Hidalgo, o de la Valenciana en Guanajuato, y el total de la producción petrolera hasta 1937, calculada por su valor comercial en cerca de cuatro mil millones de pesos, no resulta inferior al total de la plata extraída hasta 1805 de las minas mexicanas según las estimaciones de Humboldt.

Esto explica por qué una producción de 10 mil barriles en 1901 aumentara en 1911 a 12 millones y medio y en 1921 a 93 millones, una cifra máxima que hizo del país el segundo proveedor mundial de petróleo. No figurando aún Venezuela ni el Medio Oriente, nuestro aceite fue de una importancia decisiva para que los aliados ganaran la primera Guerra Mundial.

Hasta el cielo y hasta el infierno

El nuevo imperio del petróleo descansaba en un complicado aparato jurídico. La Corona Española consideró siempre que todas las riquezas del subsuelo —incluidos los bitúmenes o jugos de la tierra— formaban parte de su patrimonio, y esta soberanía la heredó México al hacerse independiente. Los mineros no eran propietarios de las minas, sino meros usufructuarios de concesiones reales, sujetos a pagar un quinto de su producción al monarca y a trabajarla, so pena de perderlas si no cumplían estos requisitos. "En México —escribía el doctor Mora con su preciso estilo— no se da al propietario, como en Inglaterra, posesión de un terreno desde el cielo hasta el inferno, sino sólo de la superficie, pues las minas colocadas bajo la propiedad de un particular no se comprenden en ella. . ."

Sin embargo, el año de 1884, la tendencia liberal a proteger la propiedad privada sobre los intereses nacionales determinó que una legislación secular se modificara y por primera vez el dueño de la tierra se consideró propietario absoluto de lo que hubiera arriba de su suelo hasta el cielo y abajo de él hasta el infierno.

La ignorancia es el menor cargo que puede hacerse a los redactores del código de 1884. El año de 1859 Drake había perforado su primer pozo en Pensilvania, y en 1865 la industria creció tan rápidamente que en los Estados Unidos ya existían millares de pozos, centenares de pequeñas refinerías, extensos oleoductos, y la producción de kerosene y lubricantes alcanzaba la cifra de 2 500 000 barriles. En 1870 funcionaba la Standard Oil Company, fundada por Rockefeller, y 10 años después sus barcos recorrían los mares llevando el petróleo refinado a los más lejanos confines de la tierra.

De acuerdo con la generosa ley petrolera de 1901, a la empresa inglesa de S. Pearson And Son Limited —antecesora de la compañía El Águila—, a la Huasteca Petroleum Company, propiedad de Doheny, y a la Compañía Trascontinental de Petróleo, se les permitió expropiar los terrenos baldíos y nacionales comprendidos en la Faja de Oro liberándolos de impuestos. Sólo debían pagar el muy pequeño del timbre, un 7 % de sus ganancias líquidas a la Tesorería General de la Nación y un 3 % al Estado de Veracruz. De hecho se les regalaban las tierras costeras del Golfo de México. Sin embargo, ni aun estas concesiones bastaban. El contrato que firmó el gobierno con Pearson el 18 de enero de 1906, debía ser aprobado por la Cámara de Diputados, y el 23 de abril, de modo subrepticio se le añadió una cláusula que el secretario de la Cámara leyó "rápidamente" y en voz baja. Esta cláusula, que pasó inadvertida, otorgaba la facultad de "explorar y explotar terrenos de particulares donde se localizaban los mantos más ricos." [2] Pearson se valió de ella para no pagar el 10 % convenido ni los derechos de importación y exportación de que lo dispensaba el contrato por más de 20 años. Este contrato que tantos millones le hizo perder a México lo negoció el licenciado Lorenzo Elízaga, representante de Pearson, influyente político y pariente del general Porfirio Díaz.

La política de las empresas, por lo tanto, se orientó en aquellos primeros años a la adquisición de las tierras petroleras de rancheros, de pequeños propietarios, muchos de ellos indios o mestizos analfabetos y pobrísimos, lo cual dio origen a una serie de historias folletinescas recogidas más tarde por novelistas y cineastas. Centenares de abogados y tinterillos —no tan honorables como el señor Elízaga— engañaron a los propietarios, les compraron sus tierras a precios irrisorios o simplemente los despojaron de ellas utilizando el chantaje, la intimidación de los pistoleros, el secuestro y el asesinato. Sólo en el caso del predio Toteco, la International Petroleum ganó de 1922 a 1935 doscientos sesenta y cuatro millones y pagó a sus numerosos dueños en ese periodo, cincuenta mil pesos [3].

Es así como un don de la naturaleza se trocó en una pesadilla. De hecho, la presencia del petróleo no fue un don celestial, porque esas selvas se convertirían en un Estado extranjero dentro del Estado. Ahí prevalecían las leyes de las compañías, su propio ejército de guardias que protegían sus caminos, sus pozos, sus refinerías, sus muelles y sus barcos.

Una gran parte de la historia posterior debía centrarse en el petróleo, en librar al país de aquellas concesiones ilimitadas y fraudulentas, de aquel coloniaje degradante y atroz donde sólo ganaban algo los mercenarios mexicanos y sus aliados los abogados defensores del imperio petrolero.

Tal era el México subterráneo en 1908, cuando Porfirio

Díaz, en la terraza de Chapultepec, le daba la bienvenida al capital extranjero y lloraba al evocar su obra de civilizador y de patriota.

El extraño Norte

El lejano Norte de sierras abruptas y llanuras resecas, sin indios dóciles, sin grandes ciudades y sin una Iglesia poderosa, era todavía en 1885 un mundo bárbaro. Nunca estuvo muy poblado. Las excursiones de los indios apaches en el oeste, el rigor del suelo y del clima desalentaron la colonización, y no fue sino hasta la aparición de los ferrocarriles que ese desierto inmóvil principió a cobrar vida y a dar muestras de un increíble dinamismo. El auge de los nuevos mineros y de las antiguas haciendas agrícolas y ganaderas, atrajo a grupos numerosos de colonos y ya en la primera década del siglo XX, aquella región desolada presentaba rasgos que la diferenciaban del altiplano y del sur de México. En Tamaulipas habían surgido inmensas haciendas de mexicanos y americanos; Monterrey, la capital de Nuevo León, se había convertido en el primer centro industrial del país gracias al duro e inteligente gobierno del general Bernardo Reyes; Coahuila estaba dominado por el imperio agrícola e industrial de la familia Madero, pero fueron Chihuahua y Sonora los que, antes del auge petrolero, debían transformarse en dos gigantes.

Desde luego, las reglas del desarrollo no eran muy distintas. En Chihuahua Luis Terrazas y su yerno Enrique Creel, fundador del grupo científico, político y banquero, consolidaron una oligarquía familiar que regía la vida económica y política del estado. El binomio Terrazas-Creel tenía cincuenta haciendas, que ocupaban más de dos y medio millones de hectáreas, quinientas mil cabezas de ganado y una red de minas, bancos, seguros, industrias, hipódromos, hoteles, cantinas, así como el monopolio total de la política. Utilizando su influencia, la familia lo mismo disponía de la gubernatura, la legislatura estatal y las presidencias municipales, que de privilegios fiscales y créditos que favorecían exclusivamente a sus numerosos miembros y a sus aliados los capitalistas extranjeros.

Terrazas-Creel representaban, por sus proporciones, una combinación de agricultores, banqueros, industriales y caciques que no se daba en otros estados. Creel no sólo era accionista y funcionario de los ferrocarriles, sino dueño, con su suegro, del Banco Minero de Chihuahua, el principal de México. Algunas de sus minas o madererías estaban asociadas a las empresas extranjeras o su personal técnico y administrativo era de americanos. "En 1906 el complejo industrial Terrazas-Creel, sin contar las tierras, estaba constituido por 26 empresas, que representaban una inversión de 26 millones", y la norteamericana era de 50 millones de dólares sin contar los ferrocarriles, centrada en minas, tierras, bosques y comercios [4].

Entre las ocho o nueve empresas que aportaban el 60 y el 70 % de la producción minera de Chihuahua sobresalía la American Smelting and Refining Company (ASARCO), propiedad de la familia Guggenheim, dictadora del precio de la plata e imperio tan grande e inexpugnable "que fue capaz de soportar la Revolución".

En materia de bosques y de tierras, el senador Hearst y su hijo William, el futuro magnate de la prensa, considerados como el "hermano" y el "hijo" de Porfirio Díaz, poseían el rancho Babícora —400 mil hectáreas con una inversión de 1 333 333 dólares—; el senador Teller y el banquero J. P. Morgan reinaban sobre enormes feudos; doce haciendas yanquis, listadas por el investigador Wasserman, comprendían más de 3 millones de hectáreas y sólo a la Sierra Madre Land and Lumber Company se le habían concesionado 950 mil hectáreas de bosques. A su vez, los ingleses invirtieron 800 mil libras esterlinas en 39 compañías mineras; el Barón Rothschild adquirió 800 mil hectáreas y la Madera Company, 230 mil [5].

El binomio Terrazas-Creel, en su calidad de gobierno, le concedía préstamos al empresario y el empresario a su vez le prestaba al gobierno beneficiándose con privilegios y contratos de obras públicas que aumentaban su poder indefinidamente.

En Sonora, cuyos habitantes eran llamados "los yanquis de México" a causa de su vigoroso desarrollo económico y de sus estrechas relaciones con los norteamericanos", la situación no era diferente. Allí, el monopolio político lo ejercían el vicepresidente Ramón Corral, traficante de indios yaquis, hacendado y dueño de plantaciones en los trópicos, su compinche el torvo y cruel gobernador Rafael Izábal y el viejo general Torres, comandante militar del estado, hacendado también y protector de los intereses norteamericanos.

La llegada de los ferrocarriles asimismo provocó el auge de la inversión norteamericana, sobre todo minera y abrió al cultivo los valles del sur regados por los ríos Sonora y Yaqui. Según ocurrió a fines del siglo XVIII en Guanajuato, las necesidades de la minería y de la industria exigieron un aumento acelerado de la producción agrícola. Si en Chihuahua 50 mil indios tarahumaras permanecieron aislados en el interior de las montañas, sin beneficiarse del auge de la madera, en Sonora, los indios yaquis se enfrentaron al despojo de sus tierras con las armas en la mano. Porfirio Díaz no estaba dispuesto a tolerar que una tribu rebelde interfiriera con su modelo de progreso y ordenó una guerra de exterminio y deportaciones en masa que a pesar de su ferocidad no logró doblegarlos.

"Tanto en el sur (sólo los hermanos Richardson repartieron 40 mil hectáreas de tierras pertenecientes a los yaquis y 83 kilómetros de canales entre rancheros californianos) como en el valle que rodea Hermosillo, se sembraba fruta, tomate y garbanzo, que era embarcado con rumbo al mercado de California. Hacia 1902 diversas firmas norteamericanas poseían casi un millón de hectáreas en Sonora y todavía más en el vecino estado de Sinaloa." [6]

Este conjunto de circunstancias modelaron la fisonomía del norte de México como una típica región de frontera vinculada a los Estados Unidos. Fuera de la gran hacienda se multiplicaron pequeñas y medianas propiedades y aun dentro de ellas funcionaba una multitud de pueblos donde prevalecían medieros, ganaderos, comerciantes y artesanos. La ausencia del peonaje determinó que los mismos colonos trabajaran la tierra y se enfrentaran a la dureza del medio con un carácter emprendedor y moderno de que carecían los agricultores del centro o de Yucatán.

Por otro lado, los obreros de las empresas mineras iban adquiriendo una conciencia de clase, como lo demuestra la huelga de Cananea, una de las minas de Green, prototipo del empresario yanqui. La huelga, resultado de una dirección revolucionaria, estalló no a causa de que se les pagara mal a los mineros, sino por la discriminación de que eran objeto en relación a los trabajadores norteamericanos.

El hecho de que el gobernador usara tropas extranjeras contra los mexicanos en territorio nacional, la magnitud y la violencia de la represión descubrieron el verdadero carácter de la oligarquía. Todo marchaba bien en tanto se aceptaran las reglas del juego, pero si los trabajadores, los pequeños propietarios y ganaderos trataban de exigir más de lo que se les daba, afrontarían la ametralladora, la cárcel y el destierro y serían tratados como los mismos indios yaquis. Esto era más de lo que podían soportar unos hombres cuyo carácter templaron la adversidad y el trabajo. En millares de pueblos de adobe y de madera, en las cercanías de las fundidoras y de los aserraderos, en los ricos campos cultivados se incubaba un sentimiento revolucionario que sólo esperaba una oportunidad para manifestarse. No sería casual que la revolución se iniciara en Chihuahua y en Sonora, y que fueran los hombres del Norte los llamados a gobernar el país y a imponerle sus leyes y su estilo.

Una ciudad de príncipes cercada de espectros

El tono de la vida capitalina era triste. El individualismo parecía concentrarse en unas cuantas figuras de la aristocracia, de artistas y de intelectuales que destacaban sobre una masa fatalista y sombría.

Sobresalía, por el porte altivo de su cabeza, su desdén universal y su mirada de miope, el multimillonario Nacho de la Torre, yerno de Porfirio Díaz, "réplica en nuestra sociedad del príncipe de Sagan parisiense", "verdadero carácter de *sportman*" que acostumbraba ofrecer inolvidables festines en su palacio de la Plaza de Carlos IV o en su hacienda de San Nicolás Peralta, siempre bajo su lema profiláctico de "juntémonos pero no nos revolvamos".

José Juan Tablada recuerda que después de una comida —filete de venado con puré de castañas, servido en vajilla *vermeil*— don Nacho los condujo a la sala de fumar a través de su vestidor, donde se alineaban desde los claros trajes matinales y las solemnes levitas Prince Albert —negras para las ceremonias, grises oxford para las tardes— hasta *smokings* y fracs, sin olvidar las casacas rojas destinadas a la "caza de la zorra", entonces de moda, el traje azul marino y botones dorados para navegar en los yates, los *caps* británicos compañeros del saco *norfolk*, el *clac* de seda y el alto sombrero gris, "que sólo se luce en las tribunas del *turf* hípico o tripulando un *mail coach*" [7].

Abajo se alineaban "todos los zapatos que puede calzar el pie de un hombre moderno y elegante". Al mirarlos, un invitado exclamó:

—Pero válgame, mi señor don Ignacio, ¡qué cantidad de zapatos!

El prócer sonrió y exclamó resignado:

—Dicen que ésta es... mi biblioteca.

Don Guillermo de Landa y Escandón, otro millonario, sólo podía distinguirse por su *coram vobis* y sus singulares patillas británicas; Gonzalo de Murga, a causa de su monóculo y su conflicto interno entre los negocios y las artes, ya que para entregarse a las operaciones bursátiles debía guardar su corazón de poeta en una caja fuerte, y otra serie de socios del Jockey Club, se caracterizaban por sus amoríos, sus grotescas aventuras en París o como aquel Alfredo Guzmán, "prototipo del *gentleman*" que dominaba el inglés y conocía a fondo las normas de la vida social y deportiva británica... sin haber estado nunca en Europa.

Un aire brumelesco y de dandismo soplaba sobre aquella sociedad que trataba de escapar al tedio y a las normas brutales de la dictadura, estableciendo ficciones muy elaboradas de la vida europea. No pudiendo mandar planchar sus camisas a Londres, se resignaban a encargar su ropa en verano y en invierno a los agentes venidos exprofeso de Inglaterra que les garantizaban la exclusividad de los *home spuns* o de los *tweed*. Sin embargo, los redingotes de los ministros, los chalecos drapeados, los pantalones a cuadros de los "leones" y de los *pekins*, salían de las tijeras de Duvernard, Chauveau y Sarre, tres sastres franceses cuyo reinado alcanzaba lo mismo a los viejos solemnes que a los *juniors* del tiempo.

Comían trufas con champaña en el Café de la Concordia, ostras y patés en Chez Montaudon, salían a los paseos nocturnos de Chapultepec —"coches iluminados por la luna, que descubría la espuma del champaña y cabelleras negras que se deshacen entre negros rizos y flores de escarlata"—, a Ixtacalco, donde resbalaban sobre el lago de los espejos entre canciones de guitarras o volaban "bajo los brazos de Afrodita y Dionisos horas danzarinas con músicas habaneras, de compás ritual 'sobre un ladrillo', breve pedestal para la estatua de Afrodita, entonces trémula..." [8]

El cuartel de Venus ocupaba el centro de la ciudad, un barrio equidistante entre el Palacio Nacional y los palacios de los cortesanos, de los banqueros y de los hacendados. Había serrallos nórdicos "glaciales y metódicos" reservados posiblemente a los extranjeros y serrallos de daifas populares, mujeres mestizas, de nalgas duras y enormes pechos que se ganaban la vida destruyéndose. José Clemente Orozco las pintó sentadas en sus fúnebres lechos o entregadas a la danza y compuso con ellas una galería de monstruos tristísimos y lamentables. Las cortesanas aristocráticas, desfilaban ataviadas lujosamente en sus carretelas por la vieja y estrecha calle de Plateros, y las damas toleraban su presencia y aun se resignaban a que las amantes de sus maridos les sacaran la lengua y se burlaran de ellas cínicamente.

Si bien Plateros carecía de árboles, el "afrancesamiento a ultranza", hacía que los jóvenes bohemios lo llamaran *boulevard*, y a la hora vespertina del paseo, la hora verde, en "recuerdo del ajenjo de Musset".

Una de las figuras clásicas del *boulevard* era el poeta Manuel Gutiérrez Nájera, el Duque Job, hombre pequeño que fumaba puro y llevaba una flor en el ojal de la solapa. Iniciador y cabeza del modernismo, fue el primer escritor y periodista profesional de México. Escribía cinco o seis artículos, cuentos y poemas semanariamente para sostener a su familia y como recurría al estimulante del alcohol, murió como las prostitutas, a los 36 años, aplastado bajo el peso de su inmenso trabajo.

El humorista Chucho Rábago, flagelo nada honorable de aquella sociedad de arribistas, intocables políticos, actrices y prostitutas, fue también otra de las figuras clásicas de Plateros. Sus víctimas, muchas veces le hicieron pagar sus crónicas de los lunes en el periódico *Las Novedades*, cubriéndolo de injurias o mandándole administrar golpizas vejatorias. Otro Chucho, el poeta Jesús Valenzuela, que se enriqueció vendiendo terrenos y dilapidó su fortuna organizando orgías descomunales, pasaba en su *char à bancs*, tirado por soberbios caballos, vestido de charro, "como un extraño Musageta indígena que a nuestros ojos ofuscados —escribió Tablada— parecía regir el propio carro del sol." [9]

"El poeta que alentó siempre ideales nobles y generosos —concluía Tablada— se daba perfecta cuenta de sus posibilidades, de las fuerzas en él latentes; de su decisiva y amable influencia sobre los demás y de lo inútil de ese tesoro dinamogénico, sin aplicación bajo el exclusivismo porfiriano, donde imperaba una sola voluntad incontrastable, y ése fue el drama de su vida, la tragedia íntima de una existencia cuyas debilidades mismas no fueron en rigor tales, sino el único derivativo posible de energías nunca sublimadas en los vastos y fecundos altruismos de que hubieran sido capaces."

"En realidad —como escribió José Emilio Pacheco— para quienes se aislan de la historia, y niegan el progreso o son negados por él, el arte se convierte en otra religión sustitutiva." [10] Los poetas, enfermos de *spleen*, rodeados de los hombres "egoístas, violentos, ambiciosos, materialistas", que creó el positivismo, se refugiaban en mundos exóticos, en el erotismo y en el arte por el arte, pero aun ese arte de minorías era imperdonable para las convenciones morales de la alta burguesía que toleraba la prostitución y el alcoholismo, y estigmatizaba la Misa Negra de Tablada. Los Científicos y la misma esposa del anciano dictador, doña Carmen Romero Rubio de Díaz, se alarmaron de que el poeta tratara de oficiar una misa sobre el cuerpo desnudo de una mujer, visto como una custodia, y trasformara en ara su pecho y su alcoba en capilla, de un modo sacrílego, aunque ese sacrilegio después de todo fuera la consecuencia natural del positivismo.

Lo trágico es que hombres de Estado, negociantes, hacendados, escritores y artistas habitaban mundos ficticios. Vivían a semejanza del Príncipe de Sagan y eran unos señores feudales rodeados de millones de espectros, creían en la libertad y gemían bajo la dictadura, amaban el progreso nacional y habían entregado el país a los extranjeros, se escapaban creando un lenguaje, una bohemia, un tedio ajenos y en el fondo sentían que, como lo expresó en un poema Manuel Gutiérrez Nájera,

Descienden taciturnas las tristezas
al fondo de mi alma,
y entumecidas, haraposas brujas,
con uñas negras
mi vida escarban

El mundo industrial de Europa y de los Estados Unidos se iba haciendo con el dolor y el sacrificio de los trabajadores y a semejanza de México, iba generando una riqueza, pero aquí las ganancias acumuladas no contribuían a consolidar nuestro progreso sino el de las naciones extranjeras y este hecho tan simple no podían o no querían entenderlo los "científicos".

Los demonios

La otra cara de la moneda fue la que nos dejó el grabador José Guadalupe Posada, un indio extraño porque era muy gordo y de poderosa cabeza. Había instalado su taller en el zaguán de un palacio colonial destartalado, a muy corta distancia de donde funcionó la primera imprenta traída al Nuevo Mundo aunque la calle, significativamente, se llamara de la Moneda por la enorme casa donde se acuñó la plata y el oro de la Colonia.

Si Tablada es el modernista, el innovador del arte literario y el cronista de una sociedad que amaba la belleza, Posada es el pintor de un pueblo "criminal nato", imagen de la pereza y el desorden, que debía ser manejado con mano de hierro. El orgullo nacional lo ha comparado a Durero, a Goya o a Daumier, pero esto no pasa de ser un buen deseo. En una época dominada por el academismo y la preocupación de la forma, Posada dibujaba genialmente mal. Millares de sus grabados están dedicados a ilustrar naipes, juegos populares, estampas de santos, modas femeninas, anuncios de cigarros o medicinas, y no es en el naciente arte publicitario que logra una expresión sobresaliente, sino cuando describe la vida peculiar del pueblo mexicano. Precursor de Orozco, tiene como él una tendencia caricaturesca saturada de humor negro. Puede, claro está, dibujar una dama vestida a la parisiense, a un grupo de señores con sus altos sombreros, sus fracs y sus largas boquillas o a una artista en quien se confunden la cirquera y la cantante de ópera, pero él no pertenecía a este mundo. Su mundo es el mundo demonizado, el que trata de conjurar el porfirismo vistiéndole pantalones, el mundo de los borrachos, de las puñaladas, de los fusilados, de los milagros, de las víctimas de los caciques, de los prestamistas, de los caseros, de los enganchados, en una palabra, el mundo de los condenados de la tierra.

Ese algo inabarcable, misterioso, donde reside la poesía y la originalidad de México, vive de modo extraordinario en la obra de Posada.

El nuestro ha sido siempre un pueblo muy novelero, última forma de un carácter religioso donde los dioses y sus dobles, los príncipes guerreros, realizaban hazañas mitológicas y por lo tanto normativas de su conducta. Macario Romero, Heraclio Bernal, Benito Canales, bandoleros generosos del XIX cuyas vidas profusamente ilustradas por José Guadalupe, debían encarnar más tarde en Emiliano Zapata —Posada tuvo tiempo de dibujarlo, ya que murió el 20 de enero de 1913—, en Villa, el compadre Urbina, Benjamín Argumedo y otros muchos guerrilleros salidos del pueblo y muertos trágicamente [11].

La muerte que borra las culpas de los delincuentes, suscita una gran piedad y es tomada como ejemplo moral. Un tal corneta Bruno, acusado de insubordinación, que sufrió mucho aguardando el indulto, se lamentaba en esta forma:

Al encerrarme en capilla,
mi esperanza vi perdida
y un eterno adiós le di
desde entonces a la vida.

Con cuánto afán contemplaba
a los que en tiempos mejores
fueron fieles compañeros
y ahora son mis guardadores.

Pronto mi cuerpo sangriento
tendréis ante vuestros ojos,
siendo ya de un compañero
los miserables despojos.

Y así fue en efecto. Posada fijó a Bruno tendido en su

ataúd, descalzo, vestido de camisa y calzones de manta. A sus pies, un plato recogía las limosnas que pagaran los gastos del entierro. Dos gendarmes evitaban posibles desórdenes y algunas mujeres cubriéndose el rostro con su rebozo lloraban abrumadas de dolor. Bruno, según la regla, había sido cogido de leva o purgaba en el ejército alguna rebeldía *y el extravío de un momento / su muerte vino a causar.*

El extravío de que habla el coplero no era momentáneo sino permanente, como en toda sociedad brutalizada. Posada describe a los peones fugitivos cazados por los guardias rurales, a los enganchados, a los hundidos en la cárcel y a los que atados de los árboles sufren una tanda de latigazos.

No hay piedad tampoco para los obreros de las fábricas, los artesanos y los que practican algún oficio. Albañiles, carpinteros, herreros, panaderos, palafreneros, faltan a su trabajo, hacen del lunes un día de tormentosas disipaciones —existe una pulquería llamada *El Mero Lunes*—, se embriagan como locos, riñen a puñaladas y terminan en el hospital y en la cárcel o en el mejor de los casos despilfarran su salario y el martes deben recurrir a las casas de empeño. La violencia está en los burdeles, en las fiestas caseras o en las grandes ceremonias religiosas que dejan un saldo impresionante de muertos, de robos, o de niños perdidos.

Los nuevos dioses son pueriles o tan espantosos como los antiguos. Posada se ve obligado a producir una vasta galería de santos que satisfagan la necesidad de amparo y de consuelo que experimenta un pueblo miserable y escarnecido: Cristos barbados y yacentes en sus urnas repujadas, cristos flagelados, curiosos niños de Atocha, vírgenes semejantes a muñequitas y numerosas reproducciones de San Antonio de Padua, incomparable proveedor de maridos, según lo muestra la hoja titulada: "Tiernas súplicas con que invocan las jóvenes de 40 años al milagroso San Antonio de Padua pidiéndole su consuelo", y donde una serie de grotescas solteronas arrodilladas y con las manos en alto, claman a su protector:

San Antonio bendecido,
Santo de mi devoción,
por tu santa intercesión
dame por Dios un marido,
sea viejo, manco o tullido,
que me quiera en todo caso
y si no un soldado raso
o un recluta de cuartel
para casarme con él,
¡que me paso! ¡que me paso!

De tarde en tarde, para afirmar la fe, los pícaros le hacen la competencia al clero, grabando santas imágenes en los magueyes y en los troncos de los árboles, que los campesinos toman como pruebas fehacientes de la misericordia divina. El apetito del pueblo por lo sagrado, la magia negra o blanca, las historias de aparecidos o los crímenes truculentos, parecen no tener fin y los impresores de la época procuran satisfacerlo generosamente. Al ámbito de la Colonia pertenecen los espantos, esqueletos cubiertos de hábitos frailescos que erizan los cabellos y hacen gritar de horror, o figuras semejantes a la de Pachita la Alfajorera, empeñada en matar de miedo a un pobre nevero no se sabe bien con qué siniestros designios.

Las hojas volantes recogían los sucesos relevantes y se vendían a millares, pero la clase de noticias que ofrecía aquella prensa popular era de una índole muy especial. Seguramente Posada se divertía ilustrando hechos tan curiosos como el de la mujer que a los ojos de la gente se dividió, convirtiéndose en una serpiente y en una bola de fuego, o de la que dio a luz tres niños y cuatro animales, enteramente kafkianos. Mientras la parturienta yace muerta en el fondo, los tres niños han sido puestos sobre una mesa y los pequeños monstruos circulan por la habitación helando de espanto a los familiares. También era común que un alma en pena, tomando la forma del esqueleto, para librarse de sus pecados, tuviera la osadía de penetrar al interior de la iglesia del Carmen y se arrodillara en el confesionario sin importarle que los feligreses se desmayaran o emprendieran la fuga.

Los crímenes y las tragedias recuerdan los infiernos de Dostoyevsky. Los pobres se suicidan ahorcándose o disparándose pistoletazos, las mismas cortesanas se aniquilan entre sí como fue el caso de la Chiquita que asesinó a la Malagueña a las 6:20 de la mañana después de un baile de máscaras. La tragedia de Belén Garrido muerta por su marido a los diez días de casada, se cantaba con música de vals y llevaba según la costumbre una moraleja y una invitación a rogar por el alma de Belencita:

Ya Belén está en la gloria,
Hipólito en el presidio
y el Juez de su Tribunal
leyéndole su martirio.

Toda la gente decía,
que lo iban a fusilar,
a la presencia de Dios
la debe y debe pagar.

Y aquí, señores, se acaba
este trágico corrido:
rueguen a Dios por el alma
de Belencita Garrido.

Y éste es el pueblo, un pueblo que vivía en el horror y se alimentaba de horrores para escapar al horror. Los intelectuales, testigos, actores y cómplices del sistema, lo despreciaban profundamente y no lo creían apto para realizar cualquier tipo de democracia o de tarea civilizadora moderna. Sencillamente no creían en el pueblo y sabían que se escapaba a todo intento de definirlo, si bien cuando se trataba de sus intereses políticos hablaban del pueblo o de una opinión pública incompatible con su negación de toda coherencia nacional. Por todas partes relucen los puñales ensangrentados, las peleas de los miserables ebrios y desesperados y alguna vez esta furia salvaje cede su lugar al duelo entre caballeros, donde el rito de la muerte se lleva a cabo de modo tan civilizado, entre aquel desorden de seres andrajosos, que parece un dramón teatral. El duelo Verástegui-Romero, ocurrido la tarde del 9 de agosto de 1894, a un costado del cementerio español, fue uno de ellos. En un grabado aparecen los rivales con el brazo izquierdo pulcramente doblado a la espalda y el derecho extendido disparando su pistola, vestidos, como los jueces y los padrinos, con negras levitas y chisteras; en el siguiente, uno de los duelistas con la barbada cabeza caída sobre el pecho está a punto de desplomarse y su rival lo mira entre acobardado y desafiante, guardando las distancias, pues aún la furia homicida respeta las formas y no se califica lo mismo la muerte digna del señor que la oscura y repugnante del miserable.

Posada pertenece a un mundo que mantiene su relación con los dioses y los muertos y esta coherencia antigua él sabe expresarla grabando milagros —nuestra patente de la comunicación celestial— o ficciones y alegorías populares de la muerte.

Los dos primeros días de noviembre, a los muertos se les permite abandonar sus moradas subterráneas, visitar a sus parientes y participar del banquete funerario. Son días en que se condensa y cobra un significado preciso el sentimiento de lo sagrado. Desde el amanecer de Todos Santos las campanas llaman sin cesar a los muertos y con las flores amarillas se trazan senderos hasta las puertas, para que no extravíen el camino. El muerto llega, se posesiona de las casas, habla, come en el altar aderezado de platos, de velas y de incensarios y vuelve al más allá —especie de antimundo en que ellos hacen lo contrario de lo que hacían en la tierra— pero también los vivos salen en busca de los muertos y llenan los cementerios y ahí comen y se embriagan echados sobre las tumbas.

Desde luego el culto mortuorio ofrece los matices y gradaciones propias de un país que despliega una vasta gama de culturas. En algunos pueblos indios los muertos andan por las calles y son ellos los que otorgan el poder a los gobernantes; en las ciudades, donde los lazos se aflojan, los vivos acuden a las iglesias y a los cementerios, comen calaveras de azúcar o panes especiales donde figuran huesos, y los niños juegan con esqueletos, ataúdes y procesiones mortuorias. Tienen una gran demanda esos días los papeles festivos en que todos los mexicanos, los más humildes y los más encumbrados, aparecen como esqueletos contando las razones o sinrazones por las cuales han muerto.

La ficción no sólo constituye una burla sino una venganza de proporciones colosales. El presidente, el ministro, el general, el hacendado, el rico, el prestamista, el cacique, inexorablemente han muerto y desde la sepultura lamentan los pecados y las atrocidades que cometieron en vida. No pueden protestar porque están muertos y ellos se ven como estarán pronto —pues casi todos son muy viejos— y los versos que acompañan sus figuras pueden ser tomados como un epitafio anticipado.

En este género sobresale el arte de Posada. Su *Calavera catrina*, es decir el gran esqueleto, ataviado con el inmenso sombrero, la boa de plumas y el suntuoso vestido francés reservado a las damas, es tanto el espectro de la sociedad porfiriana, como el símbolo de un país gobernado por la muerte.

La *Calavera catrina* fue la versión mexicana de los cuatro jinetes del Apocalipsis. Había gobernado con su mano huesosa, sofocando toda igualdad, todo deseo de libertad y se acercaba el fin de su largo imperio. Detrás de ella asomaba su cara descarnada, Coatlicue, la diosa de la tierra que se alimentaba con el corazón de los sacrificados.

El mundo de los espectros

Desde luego, la oposición a la dictadura no la simbolizaba el apacible orate don Nicolás de Zúñiga y Miranda que todos los cuatrienios aspiraba a la presidencia sin dinero y sin partidarios, ni el general Reyes, demasiado domesticado, ni el aristocrático señor Limantour, jefe de los "científicos". La oposición real se gestaba sorda y dolorosamente en el último círculo del infierno grabado por José Guadalupe Posada.

Como otros monasterios expropiados al clero, el de San Antonio Abad se había convertido en una enorme casa de vecindad muy semejante a la que describiría 80 años más tarde el antropólogo Oscar Lewis. Doña Chole, la del 12, al oír los gemidos de un perro muerto de hambre se santigua exclamando: "Eso quiere decir que alguien se va a petatear esta noche. Aullido de perro, muertito seguro. ¿A quién le tocará? Tal vez a don Chon o a doña Piojienta; andan los pobres muy encanijados y no es difícil que la pelona se los lleve en un rato."

La mujer reza después la magnífica, un padrenuestro y tres avemarías para conjurar a la muerte que rondaba sin cesar la vecindad. Ahí vivían zapateros, albañiles, vendedores ambulantes, artesanos, carniceros, viejas desamparadas y una multitud de tipos de la picaresca mexicana.

Los jóvenes se agarraban a pedradas y a chavetazos con las mafias enemigas de los barrios contiguos de Niño Perdido y del Rastro. En las fiestas del santo patrono, las familias olvidaban su miseria y sus agravios organizando verbenas que duraban una semana. Tocaban famosas charangas, repicaban las campanas, disparaban bombas, las luces de bengala iluminaban de tarde en tarde las casas grises y las iglesias del barrio. Ninguna verbena cumplía sus fines si no dejaba un saldo de cinco "muertitos" y una buena trifulca de gritos, sombrerazos, pedradas y charrascazos en que un ciudadano de calzón y huaraches se alejaba arrastrando las tripas y jurando vengarse entre mil maldiciones cuando le cosieran la barriga. En el mundo de los ofendidos y humillados la furia se volvía contra ellos mismos, incapaz todavía de volverse contra la policía y el ejército de la dictadura. Pero era buena gente. Habiendo tantos ladrones, nadie robaba siquiera una aguja, los menos pobres ayudaban a los más pobres quitándose el bocado de la boca, y siempre que no mediara el pulque o los celos, la vecindad podía dar lecciones de solidaridad a los científicos y a los altos funcionarios que desconfiaban de todo y de todos por ser las víctimas de la política porfiriana condensada en el lugar común del "divide y vencerás".

En aquella diminuta corte de los milagros habitaba un indio mixteco de San Antonio Eloxochitla, llamado Teodoro Flores. Este hombre había sido principal o "Tata" de los indios de la Sierra y a la cabeza de ellos luchó contra los americanos en el 47, contra los "mochos" en la guerra de Reforma y contra los invasores franceses. Después de combatir más de 20 años —alcanzó el grado de teniente coronel— Juárez premió sus servicios dándole tres fincas campestres, pero Teodoro Flores, no conociendo la propiedad privada, las cedió a los suyos y con ellos las trabajó comunalmente.

Los mixtecos pertenecían a las altas culturas de Mesoamérica. Antiguos príncipes, condenados a vivir en pequeños valles estériles, fueron joyeros y artesanos, pintores de códices históricos, comerciantes y guerreros. Durante siglos combatieron por adueñarse de los ricos valles centrales de Oaxaca —los valles del maíz y de los frijoles— en poder de los zapotecos y terminaron venciéndolos. Se adueñaron también de la ciudad sagrada de Monte Albán y vaciaron las elaboradas tumbas de sus enemigos para sepultar a sus príncipes muertos, vestidos con trajes de oro y rodeados de joyas maravillosas. Después vinieron los españoles y vencidos y vencedores fueron echados en el mismo saco. Ya al mediar el siglo XVI los príncipes descendientes de Quetzalcóatl andaban descalzos y fueron siervos de los encomenderos, pero muchos conservaban sus tierras y sus sistemas comunales.

Teodoro había conocido a su mujer Margarita Magón cuando los franceses sitiaban la ciudad de Puebla en 1863. Le sorprendió que una joven criolla de largo pelo castaño y piel blanca y rosada, erguida en una azotea situada a corta distancia de las trincheras, llena de cólera les gritara a los soldados sin hacer caso de las balas: "Compatriotas, adelante, salvadores de México, derroten al invasor." [12]

Teodoro —alto como un pino, fuerte y temerario— se enamoró de Margarita y prometió volver por ella. Derrotados, Porfirio Díaz logró escapar. Teodoro, en cambio, fue hecho prisionero y en el camino se deshizo de su guardián arrojándose a un barranco. Más tarde, sangrante y magullado emprendió la marcha hacia Teotitlán, lugar de dioses. Desde ahí le escribió a Benito Juárez: "Señor Presidente, estoy listo para combatir donde usted lo ordene." En 1867, derrotado Maximiliano, el resto del ejército imperial se había refugiado en Puebla y el sitiador era Porfirio Díaz. Recordando a su antiguo camarada le envió un mensaje: "Teodoro Flores, necesito urgentemente su brazo y el de sus valerosos compañeros."

Teodoro Flores, una vez más reunió a 300 indios y marchó con ellos a Puebla. Al verlos el general Díaz exclamó: "Aquí viene Teodoro Flores. Ahora, por Dios, que les quitaremos esa maldita trinchera."

La trinchera en cuestión, situada en el barrio de San Juan, era el punto clave para la toma de la ciudad. Los hombres de Flores venían agotados y hambrientos. Antes de dar el asalto, Teodoro les propuso que comieran una cazuela de frijoles y un montón de tortillas.

—Tata —contestaron los indios—, tomemos la trinchera. Después comeremos.

Díaz los estimuló:

—Teodoro Flores, tus hombres tienen hambre de trinchera.

A machete limpio los indios se lanzaron al ataque y tomaron la trinchera. Teodoro, como otros miles de soldados y oficiales, fue dado de baja al concluir la guerra —percibía una pensión de $ 2.00 diarios— y regresó a Teotitlán casado con Margarita, la única mujer blanca de la serranía. En 72, nació Jesús, el hijo mayor, Ricardo en 74 y Enrique en 1877. En ese año la situación había cambiado. Juárez, tratando de civilizar a los mixtecos —él pertenecía a los zapotecos vencidos— mandó "jueces y leguleyos" a la sierra. Los jueces anularon la autoridad patriarcal india, y los leguleyos, "para quedarse con las mejores tierras, las repartieron estableciendo la propiedad privada, totalmente ajena a las tradiciones indias, pues la propiedad comunal los ligaba con un sentimiento de igualdad".

Al nacer Enrique —Teodoro se hallaba fuera combatiendo al lado de Díaz—, Margarita tomó la decisión de que sus hijos estudiaran en México la carrera de abogados para contrarrestar las artimañas y picardías de los leguleyos. Su idea era una locura. Con sus ahorros sólo podía comprar un boleto y por lo tanto, decidió meter a los mayores en dos grandes cestos y llevar consigo al más pequeño. Ya cerca de la ciudad el inspector del tren tropezó inadvertidamente con el cesto donde dormía Jesús. El niño asomó la cabeza bostezando. El inspector, ante aquel fraude, se dirigió al otro cesto y abriéndolo sacó por los pelos a Ricardo. La mujer debía bajarse en la próxima estación con sus críos o pagar el importe de los boletos. Los pasajeros de segunda, primero divertidos, luego indignados, hicieron una colecta —un compadecido pasó el sombrero— y Margarita logró continuar su viaje.

En la capital, el teniente coronel Flores, ya licenciado del ejército y a punto de volverse al pueblo, debió resignarse ante la voluntad de su mujer. Un general que había obtenido de Juárez la propiedad del convento y era su amigo, lo nombró cobrador de sus casas y la familia pasó a ocupar el lugar ruinoso que en otras épocas habitaban los ricos frailes antoninos.

Una lección de comunismo primitivo

Los tres niños, Jesús, Ricardo, Enrique, estudiaban y libraban sus terribles batallas con los chicos de los otros barrios. Del padre y de la madre no tenemos otras noticias que las dejadas por Enrique, el cronista de la familia, como lo llama Ralph Roeder [13]. Teodoro, perdidos sus rangos y preeminencias, debía vegetar oscuramente en una sórdida vecindad mezclado a los parias de la barriada. Así y todo podía comprar algunos libros y sufrir el exilio con tal de educar a sus hijos.

Cierta vez que Teodoro andaba en la calle acompañado de Enrique, un viejo conocido suyo, asombrado de su aspecto miserable, le preguntó porqué no vendía las tres fincas que le había regalado Benito Juárez.

—No, señor —respondió Teodoro—, en mi pueblo las tierras son del que las trabaja... Yo no tengo derecho a nada.

—¿Ni aun a la parcela?

—No, señor, ni siquiera a la parcela.

El hombre se alejó creyéndolo un estúpido o un demente. Enrique, a quien alucinó la visión de las tres fincas, muchas veces preguntaba por ellas. El padre guardaba silencio. Al fin, una noche, subió con sus hijos a la azotea del convento y sentándose en una silla de tule, bajo las estrellas fugaces que doña Chole tomaba por ánimas en pena, les dijo:

—En Teotitlán todo se posee en común, menos las mujeres. La tierra es de la comunidad entera. Al amanecer salíamos a los campos. Trabajábamos con alegría pues nos daba fuerza saber que nuestro trabajo era para el bien común. Cuando llegaba el tiempo de las cosechas, cada uno recibía una parte de acuerdo a sus necesidades y nadie pensaba siquiera quitarle al vecino lo suyo. Entre nosotros no hay ricos ni pobres, ni ladrones, ni mendigos, como ocurre aquí en México. Dicen que yo mandaba porque era su "Tata". Si, yo era el jefe, pero nunca di órdenes abusivas. Sólo servía de árbitro y consejero. No se nos imponía la autoridad ni hacía falta. Vivíamos en paz, respetándonos y queriéndonos como hermanos y amigos. Si llegaba un forastero yo le daba la bienvenida en nombre de todos. Le elegíamos un pedazo de tierra y la tribu construía su casa.

El relato del padre recreaba en la vecindad repleta de ladrones y de mendigos el paraíso que los indios evocaban en sus rituales situándolo al oriente de sus campos ceremoniales y a diario lo vivían. En realidad Teodoro Flores les contaba uno de sus mitos ejemplares y los muchachos lo escuchaban fascinados.

—Aquí en la capital —seguía diciendo el expulsado del paraíso— vean el miserable estado de los obreros. Trabajan 12 horas al día en una sucia fábrica ¿y qué ganan? 25 centavos diarios, 75 si son especializados. El campesino trabaja de sol a sol y le dan 12 centavos, un poco de maíz, un poco de frijoles y algunos latigazos del capataz.

Muerte de Teodoro

Andando el tiempo, Enrique obtuvo el primer lugar en la escuela y asistió a una ceremonia de premiación. El presidente Díaz, dotado de una memoria prodigiosa, recordó su apellido.

—Flores... ¿No es tu padre el teniente coronel Flores?

—Sí, señor.

—Dile que venga a palacio o a mi casa. Me daría mucho gusto recibirlo. Es un hombre sobresaliente —le dijo dándole diez pesos y una bolsa de dulces.

El chico llevó la invitación pero el Tata comentó:

—Ese hombre nos engañó. Fuimos a la revolución por él; muchos murieron en campaña y otros más salieron heridos y mutilados para elevarlo al poder, y una vez encumbrado hizo todo lo contrario de lo que ofreció. Como político chicanero y sinvergüenza que es, asesinó, se reeligió y hasta se puso del lado de los frailes. ¡Y busca ahora comprarnos! ¡No voy! ¡Yo no voy!

—Tal vez te quiera para gobernador de Oaxaca —intervino la madre—. Muy bien sabe de lo que eres capaz.

—No, no. No quiero ser cómplice de la burla y escarnio que ha hecho y está haciendo de ese pueblo que ha confiado en él. No quiero que me vuelva a dar atole con el dedo. No, no, no. ¡Nunca, nunca!

El padre no resistió el exilio. Privado de la vastedad azul de la sierra, de su fragancia, hablando otra lengua, lejos de los suyos, encerrado en una celda maloliente cayó enfermo de pulmonía.

—Margarita, mi vida, creo que voy a morir.

—No digas eso, Teodoro. Te pondrás bueno Dios mediante.

—Va de veras —dijo Teodoro con su conocimiento indio de la muerte—. Tú has sido mi consuelo. Muchas veces, en medio de las mayores desventuras, me bastaba pensar en ti para volver a la vida.

—No hables así, Teodoro. No hables. Eso te agota.

—Pude haberte dado muchas cosas buenas y sólo te di pobreza y te dejo en la pobreza. Por ello te pido perdón. No podía hacerlo de otro modo sin dejar de ser un hombre. Y ustedes —añadió dirigiéndose a sus hijos— dejen de llorar y óiganme. No permitan que el tirano les robe su hombría. Recuerden siempre que son hijos del soldado que sirvió a Benito Juárez con honor en la causa sagrada de la libertad del pueblo. Recuérdenlo.

Tal era Teodoro Flores. Un héroe como él estaba destinado al fracaso. Si no hubiera sido por Enrique nada sabríamos de él y se hubiera hundido con otros millares en el olvido total. Sólo las guerras del XIX lograron sacar de la masa anónima gentes de ese temple y darles una oportunidad de sobresalir. Después, la dictadura pareció anular cualquier tipo de hombría.

Primer periódico y primera cárcel

Los estudiantes, en la atmósfera de cobardía y fatalismo imperante desde la época de Manuel González, habían sido el alma de los movimientos populares, situación que los hermanos lograron aprovechar al máximo. Para asistir a la escuela de jurisprudencia y a los bufetes de abogados en que se sostenían muy precariamente trabajando de pasantes, les era necesario vestirse como la "gente decente", y traicionar a su clase en alguna medida, lo cual después de todo no era un obstáculo, ya que la "plebe" reconocía a los estudiantes por sus libros, los consideraba sus líderes naturales y los seguía hasta el sacrificio. "Es decir —resume Enrique—, que en aquella época (1892) los estudiantes fuimos el cerebro del pueblo, como el pueblo habría de constituirse en los brazos del estudiante."

Los estudiantes, excitados por los tres hermanos, recorrían los barrios hablándole al pueblo de sus derechos escamoteados, de sus sufrimientos, organizando mítines y desfiles frente a palacio en que se gritaba: "No reelección para Díaz." Los agitadores sumaban cientos y el mismo Enrique, que apenas tenía 15 años, organizó en la plaza un violento mitin que degeneró en batalla. La policía montada, mató a 35 trabajadores, hirió a muchos y Enrique recibió un sablazo en la espalda. Dos carniceros lo llevaron cargado a su casa. Margarita, la madre, sólo acertaba a decirles:

—Que Dios se los pague, que Dios les pague el haberme traído a mi hijo.

A pesar de estas revueltas, conducidas heroicamente, Díaz se reeligió, no juzgando conveniente alterar su política. "Beatíficamente siguió vendiéndoles concesiones a los extranjeros y fomentando el analfabetismo y el vasallaje del pueblo."

En 1893 un grupo de estudiantes compró *El Demócrata*, un semanario de escaso tiraje, y una pequeña imprenta de segunda mano.

—Al fin podemos hacer algo —exclamó Ricardo—. No atacaremos a Díaz personalmente. Metámonos primero con los tribunales corrompidos, con esos hacendados salvajes y con los barrigones dueños de fábricas que les pagan a sus trabajadores salarios miserables. ¡Les pegaremos con toda nuestra fuerza!

A partir de entonces serían agitadores y periodistas de oposición dentro de la ley. De acuerdo con la Constitución no podían acusarlos de calumnia, pues lo que escribían, lo escribían apoyados en la verdad, con buena fe, en interés del pueblo. Jesús, Ricardo y otros se encargaron de escribir los editoriales y a Enrique se confió la tarea de dar forma a las numerosas cartas que afluían a la redacción narrando las vejaciones y las trampas de que eran objeto los trabajadores y los peones de las haciendas.

Afluía el dinero —había peones que sacrificaban su salario enviando 50 centavos— y el tiraje subió a 10 mil ejemplares. El milagro no podía durar indefinidamente. Al cuarto número, el temido jefe de policía Miguel Cabrera, irrumpió en la redacción con la pistola empuñada, seguido de agentes.

—Manos arriba. ¿Dónde está Ricardo Flores Magón?

—Salió hace media hora sin decir adonde iba —respondió Jesús.

Ricardo se puso un mandil de los operarios y comenzó a entintar los rodillos de la prensa. Cabrera, después de correr a Enrique, juzgándolo un mocoso entrometido, invadió el taller.

—¿Quién de ustedes es Ricardo Flores Magón?

—Nosotros somos trabajadores. El señor Ricardo estuvo aquí un momento y dijo que regresaría en un par de horas. Su hermano Jesús está en el otro cuarto —respondió Ricardo.

—¿Y qué hay con su hermano Jesús?

—¿Por qué no le pregunta a él?

—Cállese —respondió Cabrera—. Y ahora salgan todos de aquí. Largo.

Ricardo dobló cuidadosamente su mandil y ganó la calle. Jesús fue llevado a la prisión de Belén.

La madre

Con un hijo prófugo y otro en la cárcel, la madre cayó gravemente enferma pasando un mes y medio en cama. De acuerdo a la tradición familiar no tenían un centavo. Los pocos libros de Teodoro y sus palos viejos se habían vendido de mala manera y para sostenerla Enrique jugaba al trompo y a las canicas en la vecindad y después los vendía a sus antiguos dueños ganándose unos centavos diarios.

Cierta noche apareció Jesús. La madre pasaba las manos por las mejillas hundidas de su hijo diciéndole:

—Ya hace nueve meses que te llevaron, nueve largos meses, pero Dios es bueno. Todos los días le recé y ya ves, me ha contestado. Estás en los purititos huesos. ¿De qué crimen te acusaron?

—De ninguno. Me tenían ahí por el capricho de Díaz y me soltaron cuando le convino a ese sinvergüenza. El carcelero sólo nos dijo: "Señores, pueden irse. Están perdonados."

A los seis meses apareció Ricardo. Había servido de amanuense en Pachuca y la nostalgia lo hizo volver aun a riesgo de ser aprehendido. La madre se veía consumida y ese espectáculo era más fuerte de lo que los nuevos revolucionarios podían soportar.

—Te preocupas mucho, mamacita —dijo Ricardo—. Estás enferma. Creo que por el momento voy a dejar todo eso.

—No —respondió ella—. Recuerda las palabras de tu padre. Yo te ruego que escuches la voz de tu conciencia. Te prometo no preocuparme.

—Bueno, si tú lo apruebas...

Doña Margarita se volvió a Jesús y a Enrique:

—¿Y ustedes dos?

—Queremos hacer lo mismo. Juntar dinero y comenzar una nueva publicación.

—Nuestros amigos, los que estuvieron presos conmigo, se han dejado comprar por el gobierno —dijo Jesús—. Más vale que nos olvidemos de pedir ayuda con tal de mantener el control del periódico.

—Pero nosotros solos vamos a tardar años en reunir suficiente dinero —saltó Enrique. Ricardo se dirigió a Jesús:

—Quizá tengas razón. Haremos lo que tú dices.

—Y hasta un ángel del cielo tendrá que probarnos su pureza antes de confiar en él.

—Jesús, no digas blasfemias —reconvino la madre, levantando sus brazos blancos cruzados de venas azules hacia el techo de la celda.

Durante seis años, privándose de novias y de paseos, ahorraron centavo a centavo para comprarse una imprenta y una casita. Fueron años duros que completaron su formación y suavizaron la vida de la madre. Estudiaban, trabajaban, se fortalecían para enfrentarse a un Porfirio Díaz que cobraba proporciones monolíticas. Enrique, contador y auditor de una empresa, ingresó en el club atlético Tinero. Ahí aprendió a boxear, a ejercitarse en la lucha libre y en la esgrima como si adivinara que sólo con buenos músculos podría resistir las pruebas que se avecinaban.

El 7 de agosto de 1900, en el umbral del nuevo siglo y entre las campanas y los cohetes de una verbena, nació *Regeneración*, un periódico destinado a luchar "Contra la mala administración de la justicia". Siendo todos abogados, conocían en sus menores detalles el mecanismo del poder judicial y sobre ese blanco dirigieron sus primeros tiros.

Una noche de diciembre, ya teniendo un periódico importante, tomaron lo que Enrique llamaría una decisión fatídica: dirigir la puntería de sus cañones directamente contra Porfirio Díaz.

—Mamacita —advirtió Ricardo—, debo decirte que la nueva actitud puede traer consecuencias desagradables.

Doña Margarita eludió la respuesta:

—Les propongo cambiar el lema de *Regeneración*. Tal vez sería más adecuado ponerle "Periódico Independiente de Combate".

—Magnífico —aprobó Ricardo.

—Y deberían escribir un artículo que pintara el carácter cruel de Porfirio Díaz.

Enrique reclamó el honor de encargarse del tema y escribió: "Para las gentes, el Presidente es un enigma y se preguntan por qué hace gala de tanta severidad. Nosotros creemos que obedece a un rasgo hereditario. Piensen en Chepe, su padre, el domador de caballos. Caballo que no lograba amansar con su látigo dotado de una estrella de acero en la punta, era caballo que mataba. Cuando niño, Porfirio Díaz, para vengarse de su hermano Félix, por una disputa cualquiera, ¿qué fue lo que hizo? Esperar a que se durmiera y ya dormido le rellenó las narices de pólvora, prendiéndole fuego. Desde entonces al hermano se le llamó el

Chato Félix. Porfirio Díaz, ya en la presidencia, hizo gobernador de Oaxaca a su hermano, pero el Chato Félix era borracho y cruel. Le gustaba ultrajar a la gente y la gente lo mató en Juchitán. Dos semanas más tarde, los juchitecos oían un concierto en la plaza y apareció el ejército disparando. Hirieron y mataron a todos, sin importar que fueran niños o mujeres. ¿Era un incidente aislado en la naturaleza del Presidente? De ningún modo. Durante la rebelión de Lerdo de Tejada, el gobernador de Veracruz Mier y Terán, arrestó a nueve sublevados y le telegrafió a Díaz solicitando sus órdenes. El Presidente respondió con una frase histórica: 'Mátalos en caliente' ".

—Quiero decirte Enrique que éste es un plato muy fuerte —comentó Ricardo después de leer el artículo.

—Así quiero que se imprima, palabra por palabra, sin omitir nada. ¿Tienes alguna objeción?

—Al contrario, me agrada —aprobó Ricardo poniéndole una mano en el hombro.

Jesús se limitó a decir:

—Creo que se podría endulzar. Sabes Enrique, me gustaría que *Regeneración* durara un poco más.

Jesús, que más tarde, quebrantado por las cárceles y deseoso de establecer un hogar se apartó de sus hermanos, dedicándose con éxito a la abogacía, no estaba equivocado. El mismo artículo de Enrique demostraba que un dictador tan propenso a la crueldad era incapaz de tragarse un plato cargado de especies tan picantes cuando su reputación de "Héroe de la Paz", su solemnidad y el estilo cesáreo de su gobierno se afirmaba. Recordarle al monarca que su padre había sido Chepe, el cruel domador de caballos, o que había dejado chato a su hermano rellenándole de pólvora las narices, constituía una sátira plebeya imperdonable. Incluso muchos lectores escribieron a la redacción quejándose de la línea editorial adoptada. "'¿Por qué atacan ustedes a nuestro gran Presidente? Es un Presidente fuerte que mantiene el orden. No perturben la paz de la Nación."

La levadura fermentaba. La sátira plebeya, más que el

análisis y la crítica, daba en el blanco. Los lectores, sí amaban esos platos picantes, esas caricaturas corrosivas que desacralizaban al Dictador. Tomaban conciencia de su servilismo, de su silencio y el valor suicida de sus escritores los hacía recobrar el valor perdido, vislumbrar que no estaban condenados para siempre y los opositores se fueron convirtiendo en sus mejores partidarios.

Una salida del bárbaro Ricardo

Los hermanos no limitaron su acción al periodismo. El 6 de junio de 1900, el obispo de San Luis Potosí, Monseñor Montes de Oca y Obregón, poeta y erudito que vivía o al menos pretendía vivir como un cardenal del Renacimiento, declaró en París que la Iglesia mexicana había alcanzado su prosperidad actual gracias a la benévola política del general Díaz y al apoyo de las mujeres mexicanas. Ciertamente quedaban algunos liberales irascibles pero no causaban problemas. La nueva élite había reconstituido un poder ilimitado sobre la economía, la política e incluso sobre el mismo clero. Las leyes de Reforma no eran otra cosa que un montón de leños apagados.

Las imprudentes declaraciones de Montes de Oca provocaron el furor de los liberales, sobre todo en la misma ciudad de San Luis Potosí, sede del obispado donde existía un grupo de liberales encabezados por Camilo Arriaga, rico pariente del gran liberal Ponciano Arriaga. Ingeniero de minas, diputado federal, perteneciente a una familia de políticos juaristas y porfiristas, Camilo, fundador del Club Liberal Ponciano Arriaga, fue "el alma" de un importante movimiento político. En su casa se reunía con varios jóvenes y juntos se entregaban al estudio de los autores revolucionarios de la época: Kropotkin, Eliseo Reclus, Bakunin, Proudhon y Marx. Entre sus amigos figuraba el joven Antonio Díaz Soto y Gama, el escritor Juan Sarabia y el profesor Librado Rivera, llamado el Fakir a causa de su extraordinario poder de concentración que le permitía leer de pie en medio de las mayores perturbaciones.

Arriaga, para contestar las declaraciones del obispo, convocó al Primer Congreso Liberal que se celebró el cinco de febrero de 1901 en el Teatro de la Paz de San Luis Potosí. Díaz lo dejó hacer. La caldera política, a causa de sus reelecciones, había alcanzado una excesiva presión y resultaba convenientemente liberar un poco de vapor que finalmente se traduciría en inocuos discursos anticlericales.

Ricardo Flores Magón consideró que había llegado el momento "de darles una zancadilla a los clubes liberales" y se presentó en San Luis. Al llegarle su turno subió a la tribuna y con voz alta y enfática, principió:

—Lo que debemos atacar es al gobierno de Díaz. No es más que una madriguera de ladrones.

Todos aquellos profesionistas liberales de la vieja escuela que no pensaban en atacar ni directa ni indirectamente a Porfirio Díaz, quedaron estupefactos. Luego, una rechifla descomunal se levantó como la respuesta adecuada a la blasfemia del orador.

Flores Magón, imperturbable, afirmó nuevamente:

—Porque el gobierno de Díaz es una madriguera de ladrones.

A la segunda afirmación volvieron a escucharse silbidos acompañados de voces iracundas:

—Traidor, provocador. Échenlo de aquí. Esto es intolerable.

—Porque el gobierno de Díaz es una madriguera de ladrones —repitió Flores Magón descargando un puñetazo sobre la barandilla de la tribuna.

Los silbidos se trocaron entonces en aplausos y el orador pudo continuar. "Hablemos como hombres. Yo les pregunto, ¿cómo vamos a convencer al pueblo de que el Partido Liberal es su partido, que se propone reparar las injusticias que se hacen contra él? Sólo hay una contestación posible: señalando directamente, así, con el dedo condenador al que maneja la administración nacional, esa máquina monstruosa que aplasta bajo sus ruedas sus esperanzas, sus aspiraciones y sus cuerpos."

Describió las condiciones del obrero y del campesino, las confiscaciones y robos de los políticos, el poder de la autocracia y propuso que el pueblo debería votar libremente y expulsar a Porfirio Díaz sustituyéndolo por el Presidente de la Suprema Corte de Justicia.

Las tropas del dictador, situadas afuera del Teatro, no se movieron y el Congreso pudo terminar sus tareas: "Nada más allá del anticlericalismo y de unas declaraciones de democracia formalista destinadas a cumplir las prescripciones de la siempre violada Constitución de 1857."

Ricardo, en un receso de las sesiones del Congreso, tomó una Constitución de la biblioteca de Arriaga y comentó:

—Mire, Camilo, qué cosa tan hermosa. Pero es letra muerta... tendremos que acudir a las armas para hacer frente a Porfirio Díaz, pues este viejo no soltará el poder por su voluntad y aunque él quisiera no se lo permitiría la camarilla que lo rodea.

Arriaga, a pesar de su rompimiento en 1904, conservó su admiración por Ricardo. "...Sus exhortaciones y advertencias posteriores —escribió— son también una extensión de sus temores de entonces de que la Revolución fuera aprovechada por los pícaros. Yo nunca dejé de admirar y querer a Ricardo ¡Pero era un bárbaro!"

Y, en efecto, era un bárbaro. Fue el primero en comprender que sólo con las armas podría derribarse a la Dictadura. Debía hacerse la Revolución y sobre la marcha entregar las tierras y las fábricas a los campesinos y a los obreros, lo cual rebasaba los propósitos de Camilo Arriaga, un revolucionario que combatía dentro de la ley y del aparato estatal. Con todo, Arriaga también se radicalizó. El segundo Congreso, organizado para el 5 de febrero de 1902 fue disuelto a la fuerza y Porfirio Díaz suprimió la mayoría de los 150 clubes que funcionaban en la República, encarceló a los líderes principales y clausuró sus periódicos.

Al salir de San Luis Potosí, Ricardo y su hermano Jesús

fueron sorprendidos por la policía en las oficinas de *Regeneración* y llevados a la cárcel de Belén. Enrique se ocupó del periódico, hasta el 7 de octubre de 1901, que lo cerró la Dictadura.

Muerte de la madre

Doña Margarita, no pudo resistir tantos golpes. Se acercaba el fin. Algunos amigos gestionaron ante el mismo Porfirio Díaz que los hermanos despidieran a su madre. La petición fue rechazada y sentado Enrique al lado de la cama donde yacía extenuada la mujer que en el sitio de Puebla animaba a los defensores con su ardiente boca de labios temblorosos y los hermosos cabellos castaños agitados por el viento, mascullaba colérico:

—Maldito monstruo, negarle a mi madre el último consuelo de decirle adios a Jesús y a Ricardo. Tengo otra deuda más que cobrarle.

Margarita volvió la cabeza y abrió sus grandes ojos:

—¿Dijiste algo, Enrique?

—Pensaba en Jesús y en Ricardo.

—Yo también ahora mismo recordaba el día en que los traje de Teotitlán, metidos, como pollitos, en dos cestas. Y el inspector queriéndonos echar...

Su decisión de hacerlos abogados para que defendieran los derechos de los indios, había ido demasiado lejos. Causó la muerte de Teodoro y quizá causaría la muerte de sus muchachos. El hijo de Chepe los perseguía agitando su látigo armado de una estrella de acero cortante.

Llamaron a la puerta y Enrique la abrió. Era un hombre de levita, sombrero alto y zapatos de charol. Pidió hablar con la señora Flores Magón. Margarita lo hizo entrar y le ofreció una silla.

Perdone usted —le dijo—, me cuesta mucho trabajo hablar.

—Sólo tengo el honor de hacerle una propuesta de parte del presidente don Porfirio Díaz.

—¿De veras? ¿De qué se trata?

—El Presidente le promete, bajo su palabra de honor, que en menos de media hora sus hijos quedarán en completa libertad.

—Enrique, parece que he juzgado mal al Presidente.

—Sí, mamacita. Yo también le debo excusas por esta generosidad.

—Que vengan pronto, señor. Temo que no duraré mucho tiempo.

—Espero que no...

—Por favor, no pierda un minuto —rogó ella.

—El señor Presidente los dejará libres con una pequeña condición.

—Una condición que yo tengo que cumplir, ¿no es eso?

—El Presidente sólo quiere que usted le pida a sus hijos, como su última voluntad, que dejen de atacarlo.

Afuera caía la lluvia. Margarita habló con voz tranquila.

—Dígale al presidente Díaz que prefiero morir sin ver a mis hijos. Y lo que es más, dígale que prefiero verlos colgados de un árbol a que se arrepientan de lo que han hecho o retiren una palabra de lo que han escrito.

El hombre, levantándose, respetuoso, salió en silencio, subió a su coche y partió. Nada había que añadir. Hasta el último minuto, la madre decidía la suerte de sus hijos. Había vencido la adversidad y ella encarnaba todo lo que un pueblo humillado podía dar de sí en las peores calamidades.

—Mis hijos, mis hijos —decía tendiendo su mano helada a Enrique que la tomó frotándosela suavemente.

Media hora después estaba muerta. Una dulce paz invadió su rostro atormentado.

Los revolucionarios en acción

Suprimido *Regeneración*, los dos hermanos rentaron *El Hijo del Ahuizote*, una revista satírica que por la enfermedad de su dueño, Daniel Cabrera, sobrevivía penosamente. Su política editorial seguía consistiendo en ridiculizar por medio de crueles sátiras y de caricaturas a Porfirio Díaz.

Otra oportunidad se las dio el 21 de marzo de 1902, aniversario del nacimiento de Benito Juárez. Como todos los años, Díaz asistió a la tumba del hombre a quien había traicionado y como todos los años lloró copiosamente. En un momento, "desdobló su pañuelo, miró a su alrededor para ver si sus compatriotas lo estaban mirando y se enjugó las húmedas huellas de la emoción. Eran lágrimas sinceras ¡bien lo sabemos! porque en cada aniversario del natalicio de Benito Juárez, corren con la misma fuerza incontenible, acompañadas de un pañuelo diferente".

Al preparar el próximo número los burlones respondieron a varios lectores quejosos nuevamente de exponer al Presidente a una luz extraña. ¿Por qué extraña? En 1876, al rebelarse contra Lerdo de Tejada, derrotado en la batalla de Icamole, se echó a llorar y algunos de sus partidarios, asqueados, le dieron la espalda. "Por nuestro honor —escribían los directores— nos apresuramos a declarar ante el mundo que este dramático desahogo de su exaltada naturaleza le valió, justamente, el famoso título de el Llorón de Icamole."

El hecho de que el heroico e invencible soldado llorara su derrota o de que el Presidente abriera el grifo de sus lágrimas convertido en la plañidera oficial de cualquier ceremonia, provocó una carcajada nacional y la circulación subió de 250 ejemplares a 26 mil, situándose a la cabeza de la prensa de oposición.

El palacio enmudeció y este silencio inquietaba a Ricardo:

—No puede estar muy lejos el día en que la bota de Porfirio Díaz nos aplaste —comentó.

—Que se vaya a la chingada —estalló Enrique.

A Enrique lo pinta de cuerpo entero la exclamación. Su lenguaje escrito y hablado era el de un hombre del pueblo. Había logrado canalizar la burla y el valor suicida de las vecindades al periodismo y el pueblo lo entendía. Desacralizar de golpe al guerrero para transformarlo en el Llorón de Icamole, estaba en la línea de Posada y trazaba un débil sendero hacia la crítica y la democracia. ¿Cuánto duraría? Muy poco en verdad. El general Reyes, secretario de Guerra, para sustituir el sistema de leva, había formado una segunda reserva compuesta de voluntarios y Enrique decidió ingresar a esta reserva para escribir lo que hoy llamaríamos un reportaje. Pronto se dio cuenta que los oficiales se reunían misteriosamente en una barraca del campo militar y cierto día, con el pretexto de limpiar el uniforme de un tal capitán Figueroa, logró descubrir una conjura a favor de Reyes. Advertida su presencia, fue sacado a patadas —se le creyó un idiota recluta— y Enrique escribió con su estilo humorístico una denuncia sensacional. Puede ser que no existió la conjura, que se tratara de un desahogo o de simples deseos de oficiales partidarios de Reyes, pero la denuncia no cayó en el vacío. La idea de organizar militarmente a 200 mil hombres cuando el ejército y la policía no sumaban 60 mil, era más de lo que el Dictador —desconfiaba hasta de su propia sombra— podía tolerar. Sin duda el reportaje de Enrique le hizo ver el futuro peligro y desde entonces preparó con su habitual lentitud, la ruina del antiguo amigo cuya popularidad entre la clase media crecía explosivamente.

Mientras preparaba el aniquilamiento de su poderoso secretario de Guerra decidió ajustarle las cuentas a los Flores Magón. Toda la redacción en masa fue aprehendida en las oficinas de *El Hijo del Ahuizote* y conducida al cuartel del 24 Batallón, donde se les encerró en el cuarto de banderas. El centinela recorría una y otra vez el vano de la puerta marcialmente, golpeando el suelo y gritando: "Centinela alerta."

Enrique sin poder dormir lo injurió con el peor lenguaje de la vecindad, inútilmente. El centinela siguió pateando el suelo hasta la mañana siguiente en que 150 soldados los condujeron a la prisión militar de Santiago Tlatelolco por las calles semidesiertas. Ricardo y Enrique, en medio de la tropa alzaban los brazos y gritaban con todas sus fuerzas:

—Muera Porfirio Díaz. Muera Bernardo Reyes. Muera la tiranía.

Hombres y mujeres salían a los balcones con sus camisones de dormir y mucha gente, ante aquellos mueras inauditos, seguía a la tropa. El capitán, abriéndose paso entre las bayonetas, ordenó colérico:

—Respeten al ejército.

—A la chingada tú y tu ejército —respondieron los hermanos.

El capitán se inmovilizó. La ira y la confusión lo cegaban. Aquellos dos hombres que para conducirlos de una prisión a otra requerían 150 soldados, debían ser muy importantes y después de pensarlo, retorciéndose el bigote prusiano, ocupó su lugar al frente de la columna. Los hermanos, muy divertidos, entraron a la prisión gritando siempre y fueron encerrados en dos oscuras celdas llamadas las cartucheras, porque no podían contener otra cosa que el camastro y la letrina.

Se hizo la nada. Enrique, desde niño, había aprendido a concentrarse y a crear ensueños que compensaran el mundo de los niños barrigones, de los hombres y mujeres enfermos y pálidos, de los mendigos, ciegos y sarnosos. En la "cartuchera" cerraba los ojos y se le aparecía la sala de conciertos, el director en el *podium* empuñando la batuta y alzarse de las sombras, con suavidad, la dulzura de los chelos iniciando el primer movimiento de la Sexta Sinfonía de Beethoven.

A los dos meses Reyes permitió que los presos estuvieran juntos en una galera. Los soldados los veían con odio creyéndolos oficiales, ya que Tlatelolco era una cárcel militar. Enrique devaneció el equívoco: "No, ellos eran los hermanos Flores Magón, los escritores de *El Hijo del Ahuizote* y estaban en la cárcel por atacar a los oficiales del ejército". Los soldados contaron historias. Peones rebeldes, artesanos pobres cogidos de leva, los oficiales los trataban despóticamente; ganaban un sueldo de veinticinco centavos diarios y les daban raciones miserables. Muchos eran enviados a combatir contra los indios yaquis o contra los mayas en las zonas palúdicas de Yucatán donde morían por centenares. Los oficiales se servían de ellos como criados.

Enrique y Ricardo organizaron en el mismo cuarto de guardia su redacción y *El Hijo del Ahuizote* reapareció denunciando la descomposición del ejército, considerado como un ejemplo de disciplina y de patriotismo.

Después de muchos meses Enrique fue llevado ante el juez militar. Sobre él pesaban 25 cargos —insultos al Presidente de la República, insultos al secretario de la Guerra, insultos a la segunda reserva del ejército, sedición, daños, calumnias— uno solo de los cuales bastaba para que se pudriera en Belén o en las tinajas de San Juan de Ulúa.

El juez, Telesforo Ocampo, era un joven gordo de infautado.

—¿Cómo se llama? —inició su interrogatorio.

—Enrique Flores Magón.

—¿Edad? —preguntó mirándolo con insolencia.

—25 años.

—¿Profesión?

—Abogado.

—¿De modo que es usted abogado? —dijo frunciendo desdeñosamente los abultados labios.

Enrique, perdida la paciencia, se disparó.

—No tengo nada más que decir a un chango como usted.

El juez permaneció unos segundos abriendo y cerrando la boca "como un pez sacado del agua". Amenazó:

—Conteste con respeto o le irá mal.

Enrique por toda contestación tomó un tintero y se lo arrojó a la cabeza. Telésforo Ocampo esquivó el golpe dejándose caer bajo el escritorio gritando histéricamente:

—Llévenselo, llévenselo, llévenselo.

Dos agentes lo sacaron de la sala y antes de abandonarla Enrique se volvió. El juez permanecía invisible y el público no lograba reprimir la risa.

Contra aquella dictadura tan sabia y pacientemente construida los hermanos Flores Magón oponían su plebeya vitalidad, descubrían todo el horror que se ocultaba detrás de la fachada de la prosperidad y se esforzaban de un modo excepcional porque el pueblo abriera los ojos y recobrara su valor perdido desde los días de la liberación.

Apenas salidos de la prisión de Tlatelolco, con motivo de

un nuevo aniversario de la Constitución, la casa de *El Hijo del Ahuizote* apareció con un gran letrero entre dos banderas orladas de negro que decía: "La Constitución ha muerto", que atrajo a un número considerable de curiosos. Los redactores, mezclados entre la gente, escuchaban los comentarios.

—¿Qué es la constitución? —preguntaban muchos.

Entre los curiosos, uno respondió:

—¿No saben? Es la gran ley del país. La constitución debe garantizarnos nuestros derechos como ciudadanos mexicanos.

Juan Sarabia comentó:

—Piensa nada más Enrique lo que 26 años de la brutalidad de Díaz le ha hecho al hombre de la calle. Ha descendido al nivel del burro. No puede leer, no sabe lo que está haciendo. Sólo debe trabajar hasta que muera.

En otro aniversario, el de la batalla del 2 de abril de 1867 ganada por Díaz que acostumbraba celebrarse con un desfile de obreros y campesinos a quienes les daban un peso y un poco de tequila acarreándolos en trenes y en carros desde los campos y las fábricas, los redactores del periódico decidieron transformarlo en una manifestación contra Díaz. Llevando cajones y carteles de "no reelección", se apostaron en diversas calles donde aguardaban su turno los trabajadores para sumarse al desfile y comenzaron su trabajo. Enrique subido a un cajón gritó:

—Hermanos, ¿dónde está su dignidad y su hombría? Sus padres la tuvieron bajo Benito Juárez. Ustedes ya no la tienen.

Cesaron las risas y las pláticas. Un descamisado cerró los puños y se encaró con el deslenguado:

—Eh, tú, cabrón, ¿qué te propones insultándonos así?

—Hermano —respondió Enrique exaltado—, no creas que quiero insultarte, pero estoy diciendo la verdad cuando digo que tú y todos los demás son esclavos del tirano de nuestra patria, "No sigan de rodillas. ¡Párense como hombres! Hermanos, con el ejército y la policía, Díaz tiene el control de los criminales, de la afrenta —y señalándolos a ellos— de ustedes, de ustedes, sí de cada uno de ustedes."

Y los agitadores siguieron hablando. Al principio eran diez, luego de un modo incontenible aquel pequeño grupo creció hasta sumar 3 mil. Entonces avanzaron por el Paseo de la Reforma, la avenida Juárez, San Francisco y Plateros, gritando siempre, agitando delirantes sus pancartas de "no reelección".

Al llegar a la vasta Plaza de Armas se escuchó el ruido de los sables y de los cascos de los caballos de la policía montada.

—Vienen a disolver el desfile, a aplastarnos —gritó Enrique—. ¡Malditos sean!

—No, mientras lo podamos evitar —respondió Ricardo—. Rompan filas. Corran por detrás de la gente alineada en las aceras. Lleguemos a Palacio.

La contramanifestación, dividida, logró infiltrarse en la muchedumbre que llenaba la plaza. La policía no era capaz de disolver a los rebeldes sin provocar una hecatombe y se hizo un gran silencio.

En el balcón central de Palacio se erguía el Dictador, rodeado de generales y ministros. De un balcón surgió un grito aislado:

—Viva el presidente Don Porfirio Díaz.

—No. No. Muera Porfirio Díaz —exclamaron 100 mil hombres.

Porfirio Díaz no quitaba los ojos de los hermanos Flores Magón. Un minuto después dio media vuelta y entró al salón del trono seguido de la corte. El pueblo acogió su desaparición echando a volar millares de sombreros. Se cambiaron los papeles. La multitud siguió a los hermanos que hablaron largo y duramente desde los balcones de *El Hijo del Ahuizote.*

—Por fin —le dijo Enrique a Ricardo— estamos progresando. Tenemos miles de partidarios. Con la influencia creciente del periódico nuestro movimiento cobrará mayor fuerza.

—Sí, con suerte, es decir, si no nos meten a la cárcel podremos encender una buena hoguera.

Por supuesto la suerte los abandonó pronto y la hoguera se apagó. Unos días más tarde Ricardo, Enrique, Juan Sarabia, Santiago de la Vega y Alfonso Cravioto quedaban alojados en la cárcel de Belén.

La máquina trituradora

Belén como tantos otros edificios públicos o privados de la ciudad había sido monasterio. La fundó un sacerdote devorado por la pasión extraña de redimir a las mujeres de la "mala vida". Las sometía a una reclusión y a unas penitencias tan crueles, reinaba en Belén una atmósfera tal de flagelaciones y de martirios carnales que las mujeres se volvieron posesas. Unas, en pleno delirio se mataban arrojándose de los claustros superiores, unas copulaban con el diablo y unas llegaron a desnudarse en la capilla durante la elevación y se tiraban al suelo retorciéndose y lanzando impuras blasfemias. El guardián, en la tarea de exorcizarlas perdió la poca razón que le quedaba y él mismo se convirtió en otro poseso lamentable. El convento debió dedicarse a fines de redención menos peligrosos. Al estallar la revolución de Independencia, las autoridades coloniales encerraron en Belén a la rica y hermosa criolla doña Leona Vicario y de ahí fue raptada por sus amigos los insurgentes. Pasados los años, Belén de las Mochas, fiel a su sino, había de ser una de las cárceles más temidas de la dictadura.

"De todas las celdas —dice Enrique— la mía era la peor." Situada en los sótanos, se hallaba cubierta de un lodo sucio y frío que le llegaba a los tobillos. Las paredes resumaban humedad y del techo caían gotas viscosas y heladas. Una alcantarilla abierta despedía olores nauseabundos y en la celda no había un catre, una silla o una manta.

La primera noche, Enrique trató de dormir apoyado en la pared. La humedad le traspasaba la camisa y decidió sentarse sobre sus talones. Vencido, se hundió en el fango y durmió. A la media noche le despertó un dolor en la pierna. Una rata se escapó de su mano después de haberlo mordido y las historias de los presos que perdieron los dedos o las narices en iguales circunstancias le hizo considerar el horror de su situación.

A oscuras caminó por el fango con las manos extendidas repitiéndose sin cesar: "No te duermas, Enrique, no te duermas." Sin embargo, este hombre atlético, acostumbrado a ejercer un dominio absoluto sobre sí mismo no se sentía alarmado sino colérico. Porfirio Díaz se cobrara uno a uno todos los agravios recibidos de los hijos del antiguo soldado con su modo expedito e implacable. Ni siquiera el Zar de todas las Rusias amenazado de muerte por los terroristas se conducía tan duramente con los prisioneros políticos. Dos o tres meses en los calabozos de Belén o en las Tinajas de San Juan de Ulúa bastaban para que los enemigos perecieran a causa de la poca comida, las ratas, el frío, el calor o las pestes.

A los Flores Magón los salvó su carácter y el hecho de que su hermano Jesús les enviara diariamente la comida. Una noche, Enrique escuchó una voz muy débil.

—Hola, amigo, ¿está despierto?

Pensó que se trataba de un delirio.

—Amigo, amigo, ¿está despierto?

—¿Dónde está? —preguntó Enrique rehaciéndose.

—Justo encima de usted. ¿Quién es usted? ¿Por qué está preso?

Enrique le contó su vida y la razón de su encarcelamiento. El hombre de la voz era un simple ratero, un hombre como tantos otros, dueño de una historia folletinesca.

—Robar bolsillos es un oficio peligroso que no tiene nada de respetable —concluyó Enrique.

—Cuando pueda ganar suficiente dinero —contestó la voz— y mantener a mi familia, entonces dejaré de ser ratero. Eso será en el otro mundo, señor Flores Magón, no en éste.

El obseso Enrique tuvo una idea:

—Me pregunto si será posible comunicarse con la gente del exterior. No, es una tontería. Sólo vemos a los guardias y no creo que pueda recibir ninguna ayuda.

—Se equivoca usted.

—¿Qué, es posible?

—Es sencillo. El hombre que está encima de mí, también tiene un agujero en el suelo. Le pasará a los otros lo que usted mande y llegará a su destino. ¿Qué quiere usted?

—Necesitaré velas, cerillos, papel, plumas y lápices para escribir y saber si lo escrito llegará a su destino. ¿Puede averiguar eso también?

—Tardaremos un poco. Es cuestión de esperar.

A los tres días, lo pedido descendía atado de una cuerda. Enrique se sentó en una piedra cercana a la letrina. Con una mano sostenía la vela y el plato vuelto al revés y con la otra escribió un terrible artículo sobre la condición de los indios yaquis. Desde hacía siglos descientos cincuenta mil indios cultivaban sus inmensas llanuras regadas en Sonora. Corral, Izábal, Torres, decidieron quedarse con ellas y vender una parte a los americanos. Les hicieron la guerra. Los mataron, violaron a sus mujeres, los vendieron como esclavos a Yucatán y a Valle Nacional. Un genocidio. ¿Y qué piensa Porfirio Díaz? Es el precio que debe pagar para retener la obscena lealtad de sus colegas asesinos, cuyas manos manchadas de sangre se avalanzan sobre la posesión de sus víctimas. ¿Y ustedes qué piensan, compatriotas? —terminaba el artículo.

Otra decisión fatal

Porfirio Díaz antes de dejarlos en libertad se aseguró de que no podían seguir molestándolo. Un decreto castigaba a cualquier impresor interesado en publicar sus escritos con dos años de cárcel, cinco mil pesos de multa y la confiscación de la imprenta, lo cual significaba amordazarlos para siempre.

Sin embargo, los dos hermanos invirtieron 65 mil pesos —una fortuna ganada con el periódico— en comprar ocho imprentas, distribuidas en barrios lejanos y reiniciaron la publicación utilizando diversos títulos: *El Hijo del Ahuizote, El Nieto del Ahuizote*, manteniendo su descendencia no más allá de tres generaciones porque la nube de policías y de agentes secretos fueron localizando las imprentas y destruyéndolas. Al desaparecer la última, el cuerpo de redactores tomó una decisión que ellos mismos calificarían de fatal: incapaces de luchar por medios pacíficos y legales, debían preparar la revolución. ¿Desde dónde? Desde el extranjero, lo cual después de todo era el camino que ya habían seguido los revolucionarios de la Rusia Zarista.

El mes de enero de 1904, Juan Sarabia, Enrique y Ricardo, con la venta de una máquina de escribir tomaron el tren a Laredo. "La suerte estaba echada." Ahora sólo faltaba saber cómo los recibirían los Estados Unidos a los que llegaron con un capital de 50 centavos.

Comenzó entonces una cacería tal vez única en la historia de los exiliados políticos. Perseguidos y acosados por los cónsules mexicanos y las autoridades yanquis, recorrieron Laredo, San Antonio, San Luis Missouri, Canadá, Alaska, Nueva York, y otras muchas ciudades. Enrique llegó a dominar cuatro idiomas: inglés, italiano, portugués y francés y seis profesiones, abogado, contador, periodista al menos en dos lenguas, músico, intérprete, traductor y una multitud de oficios menores. Dotado de una energía sobrehumana cambiaba siempre de nacionalidad, de idioma, de cara, de profesión. Llegó a desarrollársele una sensibilidad especial para reconocer a los polizontes y burlarlos. La larga mano de Porfirio Díaz llegaba a los más apartados lugares, lo tomaba del cuello y en compañía de su hermano y de sus redactores los arrojaba a la cárcel. Comían pan duro remojado en agua y trabajaban de criados o de peones para ahorrar un poco de dinero y fundar *Regeneración,* su nuevo periódico que llegó a tirar 30 mil ejemplares. Lo leían los obreros o se lo hacían leer los campesinos y los indios acogidos en el silencio de los desiertos o de las montañas. Los robaban; el correo prohibió que *Regeneración* gozara el privilegio de ser considerado artículo de segunda clase y tuvieron que apretarse el cinturón todavía más a fin de pagar la nueva cuota y que siguiera preparando la revuelta. Al final, los descubrían siempre y eran echados a la cárcel.

El honor de un luchador

Enrique, al contarle su vida a Samuel Kaplan, nos dejó su biografía y la de su familia. Ricardo no tuvo esa fortuna. Conocemos algo más de él gracias a las cartas que escribió desde sus diversas prisiones. Unas, nos revelan el amor que le tenía a su mujer y a su hija. Otras, nos hablan de la firmeza de sus convicciones políticas y de la coherencia de una vida consagrada a las tareas revolucionarias.

Al estallar finalmente la ansiada Revolución en 1910, Ricardo no se sumó a ella según era de esperarse. Hombre de todo o nada, acostumbrado a luchar solo contra un inmenso aparato de poder del que formaban parte los Estados Unidos, y a no hacer concesiones, trató de organizar su propia revuelta. John Kenneth Turner logró reunirle un puñado de hombres que encabezados por José María Leyva y Simón Bertohld tomaron Mexicali en enero de 1911.

Ricardo Flores Magón veía realizarse sus sueños. Ya flotaban las banderas rojas del anarquismo en territorio mexicano, pero toda aquella acción había de volverse muy pronto contra él. Una vez más se había equivocado. Desde hacía mucho tiempo los norteamericanos de la frontera consideraban la Baja California como una tierra que debía formar parte de la Gran California conquistada por sus antepasados y había llegado el momento de pasar a la acción.

Se abrieron en forma nada clandestina oficinas de reclutamiento, los aventureros —gentes a sueldo de las empresas ya instaladas en el norte de la península, antiguos combatientes de la guerra de los boers, desertores del ejército y de la marina— bien pertrechados de armas y municiones invadieron territorio mexicano. A ninguno de esos mercenarios le interesaba apoyar a los escasos aliados de los revolucionarios, sino fundar una república independiente que más tarde debería anexionarse a los Estados Unidos siguiendo el ejemplo de Texas.

Flores Magón, aislado en Los Ángeles, no entendió que Pierce, uno de sus improvisados generales, lo engañaba. Cinco meses después, en junio de 1911, cuando los últimos mercenarios fueron echados de México, Pierce, el instrumento principal de la conjura quedó libre y Ricardo, Librado Rivera y Anselmo Figueroa fueron sometidos a un juicio fraudulento y condenados a 23 meses de prisión en la Isla Mc Neil.

Nunca Ricardo estuvo tan cerca de una acción efectiva y nunca tampoco afrontó un mayor fracaso. Las revoluciones no se hacen a distancia ni a través de agentes sospechosos. El gobierno de Porfirio Díaz con toda razón calificó de filibusteros a los invasores y Ricardo Flores Magón no sólo quedó incluido en este cargo de parte de México sino que de parte de los Estados Unidos, promotores interesados de la revuelta y ostensibles violadores de la ley, se le castigó aduciendo que era culpable de quebrantar la sagrada neutralidad.

Sin embargo, irónicamente, Ricardo, que fue siempre encarcelado en relación con México, debió su última condena a un manifiesto publicado en *Regeneración* el mes de marzo de 1918 donde condenaba la guerra, llamaba al proletario a la lucha y sostenía que "el anarquismo aspira a establecer la paz para siempre entre todas las razas de la tierra por medio de la supresión de esta fuente de todo mal: el derecho de propiedad privada" [14].

Lo condenaron a 20 años de prisión lo que significaba crudamente una sentencia de muerte. Se le fijaron fianzas altísimas, imposibles de pagar y durante 4 años se le insinuó que debía manifestar arrepentimiento para merecer la clemencia del gobierno norteamericano que juraba no perseguir a nadie debido a sus creencias políticas o religiosas.

"La oscuridad —escribía a su abogado Harry Weimberger el 9 de mayo de 1921— va envolviéndome ya como si estuviese ansiosa de anticipar para mí las sombras eternas dentro de las cuales se hunden los muertos. Acepto mi suerte con resignación viril, convencido de que tal vez algún día, cuando el señor Daugherty —el fiscal— y yo hayamos lanzado el último suspiro y de lo que hemos sido quede solamente su nombre grabado exquisitamente sobre una lápida de mármol en un cementerio elegante y del mío solamente un número, 14 596 toscamente cincelado en alguna piedra plebeya en el cementerio de la prisión, entonces se me hará justicia."

Weimberger al recibir esta carta, salió de Nueva York a Washington y en el Departamento de Justicia se le dijo en forma inequívoca que nada podía hacerse, si no redactaba una solicitud de perdón. "Esto sella mi destino —le escribió Ricardo a su amigo Nicolás T. Bernal—. Cegaré, me pudriré y moriré dentro de estas horrendas paredes que me separan del resto del mundo, porque no voy a pedir perdón ¡no lo haré! En mis 29 años de lucha por la libertad lo he perdido todo, y toda oportunidad para hacerme rico y famoso; he consumido muchos años de mi vida en las prisiones; he experimentado el sendero del vagabundo y del paria; me he visto desfallecido de hambre; mi vida ha estado en peligro muchas veces; he perdido mi salud; en fin, he perdido todo, menos una cosa, una sola cosa que fomento, mimo y conservo casi con celo fanático y esa cosa es mi honra como luchador. Pedir perdón significaría que estoy arrepentido de haberme atrevido a derrocar al capitalismo para poner en su lugar un sistema basado en la libre asociación de los trabajadores para consumir y producir, y no estoy arrepentido de ello. Pedir perdón significaría que abdico de mis ideas anarquistas; y no me retracto; afirmo, afirmo que si la especie humana llega alguna vez a gozar de verdadera fraternidad y libertad, y justicia social, deberá ser por medio del anarquismo. Así pues, mi querido Nicolás, estoy condenado a cegar y morir en la prisión; mas prefiero esto que volver la espalda a los trabajadores, y tener las puertas de la prisión abiertas a precios de mi vergüenza. No sobreviviré a mi cautiverio, pues ya estoy viejo; pero cuando muera, mis amigos quizá inscriban en mi tumba: 'Aquí yace un soñador' y mis enemigos: 'Aquí yace un loco'. Pero no habrá nadie que se atreva a estampar esta inscripción: 'Aquí yace un cobarde y traidor a sus ideas.' "

Primer epílogo en Leavenworth

Un año después, el presidente Harding, accedio a la petición de indulto que le hiciera el presidente Obregón y el 20 de noviembre de 1922 aniversario de la Revolución Mexicana, Ricardo y Librado Rivera que compartían la misma celda se disponían a dejar la cárcel el 21.

—Piensa nomás Librado, pronto he de tener la alegría de reunirme con mi familia y con mis amigos —exclamó Ricardo—. Es increíble. Casi no lo puedo creer.

—Sí que lo puedes creer. Da gusto verte tan animado —respondió Librado.

—¿Por qué no? Ya respiro, aunque todavía esté aquí, el aire de la libertad. Me entusiasma, Librado, pensar que vuelvo a participar en la lucha una vez más.

Sin embargo, ese día ocurrió un suceso extraño. El carcelero ordenó que Librado pasara a otra celda. Ricardo exigió explicaciones:

—Si mañana nos han de poner en libertad a los dos, ¿por qué nos hemos de separar en el último momento?

El guardia cumplía órdenes y se limitó a encogerse de hombros.

—No te preocupes Librado, se trata de unas horas más. Mañana nos veremos en la puerta de salida —dijo Ricardo sin saber que esas palabras de aliento debían ser las finales que registrara la historia.

Mientras dormía, unas manos gigantescas, a través de los barrotes de la celda lo tomaron por el cuello. Hubo una breve, salvaje lucha y Ricardo murió estrangulado. Enrique tuvo oportunidad de examinar el cadáver al día siguiente. Tenía la cara ennegrecida, las huellas de los dedos en el cuello, cardenales en la cara y en el cuerpo y roto uno de sus hermosos dientes.

El director de la cárcel declaró oficialmente que Ricardo

había muerto de un ataque al corazón, incapaz de resistir la alegría de haber sido liberado. Enrique, inconforme, recordó entonces que un médico de Kansas había examinado a su hermano poco tiempo antes y trató de obtener una declaración acerca del estado de Ricardo. Envió a una camarada y el médico accedió. Estaba escribiendo un dictamen cuando la muchacha le preguntó:

—Doctor, ¿en qué condiciones encontró usted el corazón de Ricardo?

—Señora —respondió el médico—, nunca encontré un corazón en mejores condiciones.

La muchacha, sin poderse reprimir, dejó escapar esta confesión:

—Las infames autoridades de la cárcel declararon que había muerto de un ataque al corazón.

El médico rompió su diagnóstico, guardó los pedazos en la bolsa y dijo:

—Espero que me perdone. Le pareceré un cobarde, pero no quiero morir de otro ataque al corazón.

Obregón pidió el cuerpo del mártir y el hermano le contestó: "Ricardo fue asesinado por su lucha a favor del pueblo mexicano. El cuerpo será embalsamado y quedará en Los Ángeles a las órdenes de los trabajadores de México." Rechazó otras dos solicitudes de la CROM y de la CGT y al fin entregó el cuerpo a la Alianza de Ferrocarrileros.

En todas las estaciones de importancia —Chihuahua, Torreón, Aguascalientes, Querétaro— bajaban el cuerpo. Era después de todo una de las escasas oportunidades que tenía el pueblo de rendir homenaje a uno de sus héroes auténticos. Madero fue enterrado subrepticiamente por los asesinos y Huerta impidió manifestaciones de duelo; Villa y Zapata no salieron de sus pueblos ni merecieron honras dignas de ellos; el mismo Carranza fue sepultado de un modo discreto, rodeado de espías y polizontes.

Después de 25 años de ausencia volvía muerto a su patria Ricardo Flores Magón, pero aún perduraba su recuerdo. Las mujeres al ver desfilar su féretro, bajaban la cabeza y lloraban. Muchos trabajadores y campesinos llevaban flores y lazos negros. Llegado a México se le veló en el salón de la Alianza. Calles, secretario de Gobernación, mandó una corona y los ferrocarrileros la arrojaron a la calle. Luego en hombros de los trabajadores fue llevado al cementerio francés. En 1945, se le sepultó finalmente en la rotonda de los hombres ilustres, entre las tumbas del valeroso general Sóstenes Rocha y de Guillermo Prieto que salvó una vez la vida de Benito Juárez.

Segundo epílogo en Leavenworth

Otro epílogo tenía lugar en la cárcel de Leavenworth. Los presos sabían que el ejecutor de la muerte de Ricardo fue un jefe de guardias apodado el Toro, un hombre bestial que tenía las manos rojas y grandes, como un par de jamones. Martínez, un preso mexicano a quien Enrique y Ricardo habían tratado con su bondad habitual, tomó un pedazo de aro de barril, le sacó punta y aguardó la hora de la venganza. Una tarde de domingo se acercó al Toro y le dijo humildemente:

—Señor, tengo una deuda con usted.

—¿De qué se trata? Dilo de una vez.

—No quiero que lo sepan los guardias. Vamos a ese rincón.

—Bien, *greaser* —preguntó el Toro llegando al lugar indicado—, ¿qué es lo que debes?

—Pues bien. Usted mató a mi jefe. Así que yo lo mato a usted para que me maten sus hombres.

El cerebro del carcelero funcionaba con lentitud. Martínez al mismo tiempo que dictaba su sentencia sacó el enorme puñal improvisado y lo destripó. Se armó un motín, los guardias se le echaron encima, lo escupieron y lo golpearon hasta matarlo. Así cayeron el verdugo y su victimario. Muchos años después, cuando Enrique le contó su vida a Samuel Kaplan, repitió una vez más sus cargos: "¡Acuso al fiscal general Daugherty y a Alberto Fall de ser culpables de la muerte de Ricardo. Y lo mismo opina México!" De esta manera desapareció uno de esos extraños hombres que de tarde en tarde produce México. Él fue un revolucionario absoluto. Su gran error consistió precisamente en esta lealtad a su doctrina. Quería la implantación total del socialismo o la lucha a muerte, sin darse cuenta que ya su misma larga prisión en los Estados Unidos planteaba otras alternativas. No se sumó a Madero, a Zapata, a Carranza, ni trató de luchar en su país como Lenin o Trotsky para dirigir las fuerzas de la Revolución como el gran líder de los trabajadores que había sido.

No obstante su fracaso político —Ricardo no tuvo antecesores ni sucesores—, qué valor y qué lealtad a sus ideales demostró en toda su vida este revolucionario. "Quien trate de alcanzar las estrellas debe estar dispuesto a pagar su precio —dice Kaplan en su libro—, y los dos hermanos tuvieron esa resolución y lo pagaron." Sobre todo Ricardo. Mientras en México, bajo la dictadura de Díaz, pasó encarcelado 20 meses y medio en la democrática norteamérica estuvo preso 131 meses y eso porque la muerte lo liberó del resto de su condena.

El 6 de diciembre de 1908 en una carta interceptada por el cónsul mexicano Lozano, le escribía a su mujer: "No me compres más ropa, mi vida. Tengo la suficiente. Pasa en la noche entre 6 y 6 y media, para que esté yo listo. No puedo estar viendo continuamente la ventana por no hacerme sospechoso. Todas las noches estaré listo a la hora que te digo y me verás... La Agrupación de Chicago no nos defiende ni es para otra cosa que para defender a los amos. Nosotros somos pobres mexicanos. Ésa es nuestra falta. Nuestra piel no es blanca y no todos son capaces de comprender que también debajo de una piel oscura hay nervios, hay corazón y hay cerebro. Yo no estoy conforme con mi incomunicación, porque no puedo hablar contigo. No, no estoy conforme ni lo estaré. No puedo suspirar a tu oído, mi amor, ni aspirar tu aliento, ni ver de cerca tu carita encantadora... tú puedes sentir goces enmedio de tanta amargura pero yo no. Yo vivo contrariado, yo no puedo gozar, yo sufro. Cualquiera que me vea pensará que no sufro, es que sé mostrarme digno. No quiero dar motivo para la compasión de nadie. Sólo a ti María, te digo lo que siento, porque tú me comprendes, porque me amas, porque eres mía."

La carta descubre —entre otras— un aspecto de Ricardo en que no han reparado sus biógrafos. Él amaba a su mujer y sufría intensamente por estar alejado de ella, amaba la acción y debía consumirse en una cárcel extranjera condenado a trabajos forzados. Con sólo pedir clemencia hubiera escapado de su infierno y sobrepuso el honor del revolucionario a lo que cualquier hombre tiene un derecho mínimo. Incluso ante sus carceleros se mantuvo sereno. No deseaba que nadie lo compadeciera. Pagó un precio muy alto por un sueño irrealizable —al menos hasta ahora— y ciertamente en un país de componendas y de claudicaciones, éste es un ejemplo que no debe pasar inadvertido.

CUANDO MADERO LLEGÓ, HASTA LA TIERRA TEMBLÓ

El opositor a la Dictadura cuya efigie enarbolaban sus partidarios provocando el pequeño alboroto del 15 de septiembre de 1910, se llamaba Francisco I. Madero. No era general, ni campesino, ni intelectual, sino hacendado, y pertenecía a una familia patriarcal que había constituido en el norte del país un imperio de viñedos, minas, haciendas, ganados, industrias y bancos.

Francisco fue enviado a Francia acompañado de su hermano Gustavo y de otros parientes suyos. Completó el bachillerato en el Liceo de Versalles y se graduó en la escuela de Altos Estudios Comerciales de París "donde se estudia a fondo la ciencia económica y la práctica de las finanzas", siguiendo la costumbre familiar de que los pequeños miembros del clan se capacitaran en los mejores centros de enseñanza.

Un rico joven latinoamericano no la pasaba mal en el París finisecular. El baile, según el testimonio de su amigo Juan Sánchez Azcona, fue hasta el final "uno de los grandes placeres de su vida" [15]. Asistía a los estudiantiles de Bullier, a los arrebatados del Moulin Rouge o del Hotel de Ville sin descuidar los que organizaban con frecuencia las embajadas y se dejó arrastrar —no de modo excesivo ciertamente— por el torbellino de una época que sabía combinar la sensualidad con los afanes del progreso positivista.

Hizo luego un curso de perfeccionamiento en los Estados Unidos y de regreso a Coahuila, se le cedió una hacienda para que él la administrara de modo independiente y se hiciera de una fortuna personal. Francisco demostró entonces que era un sucesor excepcional del abuelo don Evaristo, pionero civilizador del desierto y fundador del patriarcado.

A los 32 años, ya casado, rico por sí mismo, conformaba un nuevo tipo de hacendado. Lejos de explotar a los campesinos, pagaba buenos salarios, cuidaba personalmente que no los robaran en el peso del algodón y les construyó casas y escuelas. Carente de hijos, mantenía a sesenta jóvenes en su casa, sufragaba los gastos de un hospital y de una escuela de comercio y en una época de sequías convenció a otros propietarios de que establecieran un comedor público. Sintetizando sus experiencias Madero escribía: "Yo vengo de la tierra virgen y en el seno de ella recibí mi primera educación: conozco por ello sus necesidades ingénitas y toda la dolorosa verdad de los que sufren en su seno, fuera de la instrucción, del amor y de la justicia. Hay que traer a la ciudad las benevolencias del campo."

Nervioso, de pequeña estatura, incipiente calvicie y voz ligeramente atiplada, la barba y el bigote negrísimos se destacaban como una desagradable mancha oscura en su cara anodina. Estaba muy lejos de tener la arrogante apostura de un Porfirio Díaz y sólo sus ojos expresaban la bondad y la resolución apasionada de su carácter.

Los contrastes entre su figura y su personalidad íntima se daban también entre su condición de hacendado respetable y lo que la familia llamaba sus "fantasías y extravagancias". Había estudiado homeopatía y él mismo dedicaba mucho tiempo visitando a los enfermos y dándoles gratuitamente medicinas. En un grave padecimiento de su madre, comprendió que había llevado una vida inútil y disipada y a partir de entonces dejó de fumar y de beber, se hizo vegetariano y "defensor de la temperancia".

Siendo todavía un muchacho, cierta tarde en que la familia se entretenía con la tabla ouija, muy de moda por aquel tiempo, al ser interrogada sobre el futuro de Francisco, contestó resueltamente que sería Presidente de la República y este vaticinio le impresionó de tal modo que en París se interesó por el hinduismo, el espiritismo y el ocultismo y de regreso a México escribió y publicó con seudónimo algunos tratados acerca de esas materias.

Creía firmemente que el alma de los muertos, por permiso divino, mantenía una comunicación con los vivos para mostrarles el camino de la virtud. Durante la enfermedad de un tío llamado Manuel Madero, presenciando su lucha entre la vida y la muerte, se sintió invadido por una fuerza superior que lo obligó a tomar la pluma y a escribir con "temblorosas y grandes letras": "Ama a tu prójimo como a ti mismo." [16] En los días siguientes se repitió el fenómeno y bien pronto, de un modo instintivo, eligió como su consejero y su guía al espíritu de Raúl, un hermano que murió siendo un niño. Esta elección no fue casual. Francisco, sometido a presiones autoritarias, necesitaba apoyarse en una potencia espiritual de su misma familia, alejada de los intereses terrenales, para justificar sus más íntimas aspiraciones. A la obediencia debida a su padre y a su abuelo, los jefes del patriarcado, anteponía la obediencia a un ser sobrenatural que lo sabía todo y era capaz de entenderlo y estimularlo.

Raúl hablaba desde las sombras y Francisco escribía lo que la voz amada, sólo audible para él, le dictaba sin cesar. Al principio le aconsejaba cosas muy simples. Que no perdiera el tiempo durmiendo la siesta, que terminara la lectura del monumental libro de historia *México a Través de los Siglos*, o que ayudara a los otros, pero andando los años, el doble, encarnación de la sabiduría de sus antepasados, le fijó metas más altas: "Abrazar con entusiasmo una causa noble, identificarnos con ella, considerar que hemos venido al mundo para trabajar por ella y dirigir todos nuestros esfuerzos hacia el triunfo definitivo."

Entregado a su hacienda, al aprovechamiento de los ríos, a las obras benéficas, la homeopatía y el espiritismo, no le interesaba la política y, como todos a su alrededor aceptaban la dictadura con "estoica resignación", se encerraba en su egoísmo y esperaba tranquilamente que al desaparecer Porfirio Díaz "vendría una reacción en favor de los principios democráticos".

Esta esperanza la perdió cuando Porfirio Díaz instituyó la Vicepresidencia de la República, una manera de establecer la sucesión y de eliminar toda posibilidad de cambio. Luego se pensó que la convención del Partido Nacionalista nombraría al vicepresidente, pero esto no pasó de ser una nueva farsa ya que se impuso entre silbidos, burlas y siseos, la candidatura oficial de Ramón Corral, amo político de Sonora y uno de los hombres más odiados de México.

Madero, "consciente de su poca significación" esperaba a semejanza de todos los mexicanos la llegada de algún *prohombre*, capaz de iniciar una campaña democrática para afiliarse a sus banderas, sólo que este ser providencial no se presentaba ni podía presentarse ya que los ministros y los generales del gabinete subordinados a la consigna de *poca política y mucha administración*, carecían de independencia y Porfirio Díaz se reservaba "el privilegio exclusivo de ocuparse en política, a tal grado que para los asuntos que conciernen a este ramo del gobierno no tiene ningún consejero: sus mismos ministros ignoran con frecuencia sus intenciones" [17].

Si bien el club liberal organizado por Camilo Arriaga había sido reprimido brutalmente, la rapidez con que se extendió el movimiento, le hizo pensar a Madero "que es un error creer que no estamos aptos para la democracia y que el espíritu público ha muerto". A partir de ese momento se convenció de que no podía esperar nada de *arriba* y debía confiar en sus propias fuerzas.

El 2 de abril de 1903, parientes y amigos suyos presenciaron en Monterrey la forma en que el general Bernardo Reyes masacró fríamente a sus enemigos políticos y al escuchar sus relatos, Madero sufrió un choque emocional. No quedaba ya la menor duda: el gobierno estaba decidido a reprimir cualquier oposición y el hacendado se preparó a la lucha.

La primera oportunidad de intervenir en política se la dieron las elecciones de 1905 para gobernador del estado de Coahuila. Con sus recursos organizó el Club Democrático Benito Juárez y se inició la campaña. Durante la convención del Club quedó establecido el principio de la No Reelección, el fomento de la educación, sobre todo la rural, se nombró a un candidato respetable y logró unificarse la opinión del estado... hasta que el día de las elecciones las casillas aparecieron ocupadas por elementos oficiales apoyados en mercenarios y policías.

Contando con el pueblo, le hubiera sido fácil hacer respetar sus derechos, pero se abstuvo de enfrentarse a un gobierno incapaz de hacer la menor concesión. Sólo los elegidos tenían el privilegio de viajar en el carro completo del Estado.

El hacendado escribe un "best seller"

Poco después de la entrevista Creelman, Madero se entregó a escribir un libro donde exponía la situación política del país. El libro encontró la resistencia del abuelo don Evaristo, de su padre, don Francisco, y aun de sus hermanos. Aquellos hombres realistas y pragmáticos, que no figuraban en política, veían con recelo la nueva chifladura de su descendiente. Le toleraban su espiritismo, sus actos de beneficencia, su bondad y su candor ilimitados, incluso sus extravagancias políticas, que estuvieron a punto de llevarlo a la cárcel, pero de ningún modo la publicación de aquel disparate explosivo, que podía hacer volar en pedazos un imperio económico levantado con tanto esfuerzo e inteligencia.

Don Evaristo no lo creía capaz de haberlo escrito y exigió saber el nombre de la persona que lo había ayudado. Hablaba de que era un microbio empeñado en luchar contra un elefante —entonces no se tenía una idea precisa del poder mortal de los microbios—, de que aspiraba a tapar el sol con un dedo y le escribía al "amado" nieto: "Cada vez que reflexiono sobre tu conducta, temo que has perdido la razón, ya que no consultas las opiniones de las personas sensatas."

El padre, ligado a Limantour, se negaba terminantemente a la publicación y hablaba de sus intereses amenazados. Francisco escribía cartas patéticas solicitando el permiso y la bendición familiar. El 20 de enero de 1909 mandó un mensaje lleno de angustia: "Usted debería saber que entre los espíritus... hay algunos que se preocupan por el progreso de la humanidad... la libertad es el medio más poderoso por el cual el pueblo puede progresar..." "México está amenazado por un peligro inmenso, pues si dejamos las cosas como van, el poder absoluto se perpetuará en nuestro país... Y yo, que debo representar un papel de importancia en esa lucha, pues he sido elegido por la Providencia para cumplir la noble misión de escribir este libro; yo, que en el entusiasmo y en la fe que siento reconozco la ayuda de ella y que en este estado soy reconocido como jefe por todos los que quieren luchar, sentirme detenido en medio de mi carrera, sentir que una fuerza poderosa detiene mi brazo y me inutiliza para el combate, ¿podrás imaginarte cuál es mi angustia? —Ansiosamente espero su respuesta... A pesar de mi edad, no deseo desobedecer a ustedes."

A fines de enero de 1909 apareció finalmente *La sucesión presidencial.* Exponía en estilo sencillo y directo una serie de ideas acerca del absolutismo imperante que estaban en el aire: la prolongada dictadura de Porfirio Díaz, al despreciar la Constitución de 1857, había extinguido las libertades y el civismo de los ciudadanos. Las leyes eran letra muerta, no existía el control del poder legislativo, ni una prensa independiente y si bien se guardaban las apariencias republicanas y los funcionarios fingían respetar la ley, detrás de esta fachada legalista reinaba el poder absoluto encubierto por un lenguaje convencional e hipócrita en el que nadie creía. El pueblo estaba cansado de esta simulación democrática y exigía la reivindicación de sus derechos.

Lo que Madero proponía era un programa de regeneración moral y política que transformara al vasallo en hombre libre, "a los mercaderes y viles aduladores, en hombres útiles a la patria y en celosos defensores de su integridad y de su Constitución". El pueblo debía luchar electoralmente por la efectividad del sufragio y por la no reelección a fin de impedir las dictaduras presentes.

La sucesión presidencial se convirtió en el *best seller* de 1909 con tres ediciones sucesivas. El libro, poco sistemático, debió su gran éxito a su sentido popular, a que respondía a las preguntas que se hacía la naciente clase media harta del absolutismo presidencial y a que transportaba de manera inequívoca la nobleza y el desinterés de un hombre hasta ayer desconocido. Madero no pertenecía a ningún grupo político oficial, no se había enriquecido al amparo del gobierno, ni trataba de obtener ganancias o privilegios personales. Era, pues, un patriota y por lo tanto un ejemplar rarísimo en aquella sociedad intrigante y corrompida sujeta al autoritarismo de Porfirio Díaz.

Madero no creía en las promesas democráticas del viejo Dictador pero sí en la posibilidad de que el país lucharía unido por sus derechos y obligaría a que Díaz respetara, como lo había ofrecido, la voluntad popular. El hacendado proponía concretamente la creación de un partido antireeleccionista y concluía su libro diciéndole al Presidente: "Usted no es capaz de encontrar un sucesor más digno de usted... que la ley."

Porfirio Díaz no pareció alarmado ante aquel despertar de la conciencia democrática que él mismo en parte había provocado. Más que la acción de los opositores fuera del gobierno, ajustada a la ley, le preocupaba manejar las fuerzas contradictorias que surgían adentro de su propio gobierno. Estas fuerzas se dividían claramente en tres facciones rivales: la de los "científicos", que encabezaba José Ives Limantour, secretario de Hacienda, aspirante a sucederle; la facción mucho más débil que encabezaba el general Bernardo Reyes, ex secretario de Guerra y gobernador del estado de Nuevo León, y la de Ramón Corral, sucesor oficial del Dictador.

El recién fundado Partido Democrático, basándose en la extraordinaria personalidad de Reyes, lo eligió como su posible candidato y pronto se vio que el viejo general tenía una popularidad muy superior a la calculada por Díaz. De hecho todo el país se transformó en reyista. El general, también héroe de las guerras de liberación contra los invasores —había transformado Monterrey, la capital de su estado, en el primer centro industrial del país—, era un hombre de rara inteligencia y tenía a su lado la clase media, a los llamados industriales nacionalistas y a una parte del ejército. Con todo, nadie incurría en la locura de pensar que ocuparía la Presidencia, reservada vitaliciamente a don Porfirio, y sólo se aspiraba a la Vicepresidencia.

Limantour, a su vez, dueño del aparato estatal y enemigo de Reyes, fundó el Partido Reeleccionista, una especie de maquinaria electoral del gobierno encargado de hacer triunfar la fórmula Díaz-Corral, lo que avivó el fuego reyista.

Deslindados los campos, Díaz dirigió sus baterías contra un Reyes demasiado domesticado y vacilante para aceptar la lucha abierta que le ofrecía el Partido Democrático, y principió quitándole el mando militar del estado, removió a su aliado el secretario de Justicia y cambió a muchos oficiales que le eran supuestamente adictos. Reyes, ante la ofensiva, renunció a su posible candidatura al gobierno del Estado y terminó aceptando cierta vaga comisión militar en Europa, lo que equivalía a su exilio. Así se vengaba Díaz de sus triunfos, de su imperdonable popularidad y de la ofensa inferida a su carácter sacrosanto. Con un desprecio soberano exhibió su impotencia y unos años más tarde la condenación habría de alcanzarle, sumiéndolo definitivamente en la tragedia y en el desprestigio.

Las palabras y los hechos

Ante la ola del entusiasmo reyista Madero quedó eclipsado pero no inactivo. Durante ese tiempo fundó el Partido Antirreeleccionista y empleó su energía y su dinero en estructurarlo ganándole partidarios. En ningún momento se apartó de las normas democráticas. Pacifista exaltado, odiaba la violencia y entonces no comprendía que luchaba contra una pandilla de rufianes, según calificó Vasconcelos a los porfiristas.

Su campaña electoral a través del país —Díaz hizo la suya desde Palacio— constituyó un espectáculo desusado. Madero, en compañía de su mujer y de una media docena de partidarios, hablaba desde los balcones de los hoteles, en las plazas y en los teatros, fundaba centros, rehuía emboscadas, escribía, convencía.

Durante la campaña, Díaz pareció empeñarse en demostrar

que todas las afirmaciones hechas a James Creelman sólo constituían una farsa. Sus polizontes, con la bendición de los gobernadores y los jefes políticos, hostigaban y perseguían a Madero y no obedeció a una mera coincidencia que los días de la elección, el Apóstol de la Democracia, como principiaba a llamarlo el pueblo, estuviera en la cárcel acusado de los delitos cometidos contra él por el aparato represivo de la Dictadura. Además, lo acusó públicamente de ladrón, presionó a su familia y más tarde le fueron confiscados sus bienes, clausuró sus periódicos y vejó a sus partidarios.

Según era de esperarse triunfó en forma aplastante la fórmula Díaz-Corral, que debería gobernar de 1911 a 1916, cuando el Dictador tendría 86 años de edad, pero esta campaña favoreció la popularidad de Madero y terminó con la escasa del Patriarca.

Después de las elecciones, el gobierno, ablandado, convino en darle por cárcel la ciudad de San Luis Potosí bajo fianza. Madero —como antes los magonistas— consideró que ya no le era posible permanecer en México y el 5 de octubre, disfrazado de ferrocarrilero, huyó a los Estados Unidos, alojándose con su familia en el hotel Hutchins de Laredo, donde elaboró el Plan de San Luis. El plan, fechado en San Luis el 5 de octubre para evitarse complicaciones con los Estados Unidos, era un llamado a la insurrección que debería estallar en muy diversos estados el 20 de noviembre. Consideraba el Sufragio Efectivo y la No Reelección como sus principios básicos, "los únicos capaces de salvar a la República del peligro inminente con que la prolongación de la dictadura cada día más vergonzosa, más despótica y más inmoral, la amenaza". Se declaraban nulas las recientes elecciones y se consignaba que Madero ocuparía provisionalmente la Presidencia, "ya que sería una debilidad de mi parte y una traición para aquéllos que han confiado en mí en todas partes de la nación no guiarlos en la lucha para obligar al general Díaz, por las armas, a respetar la voluntad de la Nación".

La posición de Madero puede verse como antípoda de la asumida por los magonistas. Éstos deseaban la implantación de un régimen anarquista y no estaban dispuestos a hacer ningún tipo de concesión, como hemos visto. El improvisado político era mucho más realista. En materia agraria sólo prometía la restitución de las tierras a los que habían sido despojados de ellas y basaba su programa en una línea democrática y en una lucha armada contra la dictadura, lo cual el 20 de noviembre de 1910 no pasaba de ser una utopía, casi tan irrealizable como la de los hermanos Flores Magón.

La chispa prende en Chihuahua

El llamado a la rebelión nacional fue tal vez un disparate que puso sobre las armas al gobierno. Una multitud de pequeños levantamientos fueron sofocados rápida y eficazmente a excepción del encabezado por Aquiles Serdán. Era éste un zapatero que compró armas con el dinero dado por Madero y las repartió entre los partidarios de la revuelta pensando que buena parte de la ciudad de Puebla —un bastión reaccionario— lo secundaría. Cuando el cruel jefe de la policía, Miguel Cabrera, se presentó en su casa, Aquiles Serdán disparó sobre él matándolo y principió una lucha entre 10 hombres, 4 o 5 mujeres y 1 000 soldados que se fueron apoderando de las calles, las azoteas y las torres de las iglesias. Pasado el medio día sólo quedaron 3 mujeres y Aquiles, que disparaban desde los balcones. "Ya todos han muerto; dentro de un momento, caeremos prisioneros" —le dijo a su hermana Carmen viendo cómo los soldados descendían en racimos de la azotea para ultimarlos.

Aquiles, ayudado por Carmen, se ocultó en el sótano, y hubiera salvado la vida si una tos no lo descubre en la madrugada del día siguiente. Al levantarse la puerta del escondite apareció su noble cabeza calva y un guardia le disparó haciéndola pedazos. El cadáver fue exhibido dos días al estilo del virreinato, pero ese despojo le costó caro al gobierno: perecieron 158 soldados de un total de 1 000. Madero recibió la noticia llorando y acertó a decir: "No importa, nos han enseñado cómo se debe morir."

La chispa prendió finalmente en Chihuahua después de muchos días de angustia y desaliento. Pascual Orozco, Francisco Villa, José de la Luz Blanco y otros muchos daban su batalla unas veces derrotados y otras victoriosos. Madero, desde su refugio, amenazado de arresto por las autoridades norteamericanas, decidió unirse a los rebeldes y el día 14 de febrero de 1911 cruzó la frontera y encabezó una revuelta, que esta vez sí se extendió y se vigorizó en la mayoría de los estados.

El ejército de la dictadura ya no era otra cosa que un inmenso gato envejecido y totalmente incapaz de cazar a los numerosos ratones salidos de todas partes. Al principio Díaz mantuvo su terquedad inalterable. Calificó de bandidos a los rebeldes y pidió para ellos la pena de muerte. Luego, ante las victorias de los "bandidos", removió a ciertos gobernadores, modificó su gabinete, y el primero de abril, ante el aplauso de las cámaras y el asombro de México, proscribió la reelección —él sufría las consecuencias de la octava—, anunció la reforma del poder judicial, proclamó la autonomía de los estados y el 8 se deshizo de Ramón Corral, su estorboso Vicepresidente.

Ya en aquel momento estas reformas no bastaban. Díaz pudo haber convocado a nuevas elecciones que hicieran de Madero el Vicepresidente, pudo también renunciar a su favor ahorrándole al país los estragos de una lucha civil y tomó el peor camino: ocuparse personalmente de las operaciones militares. Veía posiblemente en su destino inmediato un nuevo 2 de abril y transformó su casa en el cuartel de su Estado Mayor. Inclinado sobre los mapas, su dedo tembloroso señalaba los puntos neurálgicos, planeaba las acciones, creía combatir a los rebeldes y en realidad luchaba contra un violento dolor de muelas. Los achaques de la vejez se le echaba encima. Vio no como una bendición sino como una maldición la aparición de Madero, uno de los suyos, el mejor continuador de su gobierno ya amputado de la autocracia, y la maldición cobraba forma y lo reducía a un anciano rodeado de buitres que seguían empeñados en sucederle.

A partir del 18 de abril en que las fuerzas rebeldes cercaron Ciudad Juárez, defendida por el general Navarro se sucedieron como un alud los acontecimientos. Madero no estaba dispuesto a ordenar un ataque decisivo. Prefirió sostener largas e inútiles conversaciones de paz con los enviados del gobierno federal mientras sus jefes improvisados —Orozco y Villa principalmente— se mantenían inmóviles e irritados. El 8 de mayo estalló una escaramuza, y Madero, viendo comprometidos los arreglos, dio la orden de cesar el fuego. Pascual Orozco, que se hallaba en una peluquería de El Paso, salió corriendo a medio afeitar y en lugar de obedecer, acompañado de Villa, apretó el cerco reforzando sus filas. Dos días más tarde Navarro se rendía incondicionalmente y Madero ganó la primera batalla formal de la Revolución muy a pesar suyo.

Desde el mismo arranque de las acciones se advirtió un conflicto entre los soldados improvisados y la cabeza intelectual de la Revolución que habría de agravarse y alcanzar proporciones catastróficas en los años venideros. Mientras Orozco y Villa deseaban fusilar sobre la marcha al general Navarro, Madero deseaba salvarle la vida a toda costa. Los dos rebeldes, armados y seguidos de sus tropas, exigieron su entrega. Madero se negó. Orozco, blandiendo una pistola, lo tomó del saco.

—Soy el Presidente —afirmó Madero.

—Pero de aquí no sale, señor Madero —exclamó Orozco apuntándole con el arma.

Intervinieron Abraham González y su hermano Gustavo. En la lucha, Madero logró escapar y rodeado de enemigos, desde un automóvil abierto dijo:

—Soy el Presidente de la República. Yo inicié este movimiento liberador y lo he mantenido con mi sinceridad y mi fortuna. Soy el jefe de la Revolución y Orozco no es más que uno de sus generales. . . No le guardo ningún rencor. Le ofrezco la mano como un amigo y colega y le invito a continuar luchando bajo mi gobierno.

Orozco, que mantenía la pistola empuñada, rechazó la

mano y quiso subir al auto para hacerse de Madero. Varios hombres lo retuvieron. Madero gritó:

—Aquí estoy, mátenme si quieren... o conmigo o con Orozco. ¿Quién es el Presidente de la República?

El general Garibaldi exclamó: "Viva Madero", siendo coreado por la tropa.

—Afusíleme usted, señor Madero —balbuceó Villa acercándose—; castígueme, castígueme.

—¡Qué te he de fusilar, si eres un valiente! —respondió Madero—. Anda, calma a tus muchachos para seguir la lucha. General —añadió dirigiéndose a un Orozco anonadado—, todo ha pasado. Venga a tratar conmigo serenamente, dígame lo que quiera... y haré todo lo que deba.

Orozco guardó la inútil pistola y le dio la mano. El asunto tenía además algo que ver con el pago de las tropas. Gustavo, el tesorero de la Revolución, obtuvo algunos miles de pesos y el incidente que pudo costarle la vida a Madero terminó. Unos días después Pancho Villa se dolía ante Sánchez Azcona:

—Cuando pienso en el mal que le quise hacer al señor Madero me siento el corazón entre dos piedras.

Se le telegrafió a Porfirio Díaz preguntándole si estaba listo a renunciar y al contestar el Dictador que lo haría antes de concluir el mes de mayo, la noche del 21, su enviado, el licenciado Francisco Carbajal, Madero, Vázquez Gómez y Pino Suárez, fuera de la aduana y a la luz de los faros de un automóvil firmaron los convenios de Ciudad Juárez.

Ya antes de la firma Madero había aprobado que Francisco León de la Barra, embajador de México en Washington, habría de ser nombrado secretario de Relaciones para que al retirarse el Dictador ocupara la presidencia interina. Así pues, el sucesor de Díaz no sería el rebelde victorioso —según lo estipulaba el Plan de San Luis— sino uno de los hombres más astutos y reaccionarios del régimen depuesto. Los convenios prevenían el licenciamiento de las tropas revolucionarias y dejaban intacta la estructura de un ejército animado por el deseo de venganza. Autorizaban que Madero nombrara al nuevo secretario de la Guerra pero con excepción de algunas remociones siguieron en sus puestos los gobernadores y los integrantes de las dos Cámaras.

Sólo tres miembros de la junta consultiva se manifestaron en contra de los convenios: el doctor Francisco Vázquez Gómez, la segunda figura del movimiento revolucionario, Juan Sánchez Azcona, amigo y futuro secretario de Madero, y el senador porfirista Venustiano Carranza, que afirmó: "Revolución que transa es Revolución que se suicida."

La desaparición de un dictador

El 23, Porfirio Díaz ya tenía dispuesta la renuncia en la mesa de su biblioteca y corrió la noticia de que el 24 la presentaría a la Cámara de Diputados. Al atardecer, como Díaz no acudiera, la muchedumbre, llevando pancartas y golpeando latas, se dirigió al Zócalo, que era, y lo sigue siendo, el sagrado centro del poder. Se avecinaba una de las grandes lluvias de fin de mayo y los relámpagos iluminaban de un modo fantasmal a la multitud que gritaba mueras al Dictador y exigía su renuncia. Se abrieron las puertas de Palacio. La policía montada cargó tres veces sobre el gentío y fue derribada y golpeada. Desde las azoteas dispararon las ametralladoras sin lograr ahuyentar a la gente. Más tarde se desató la tormenta y sólo entonces aquella densa masa se desvaneció entre el copioso aguacero dejando tras de sí un reguero de muertos y heridos.

Porfirio Díaz, embotado por los calmantes y doliéndole las muelas, se dejó caer sobre un sillón frente a la mesa y miró largamente el blanco papel de la renuncia que esperaba su firma. No se daba cuenta precisa de su situación y todavía el hombre acostumbrado a imponer su voluntad de un modo casi divino, luchaba por no dejarse arrebatar el poder. En el salón se escuchaba el reloj de pared marcando el paso de los segundos. Sobre el tintero de plata repujada, las plumas, al alcance de su mano, parecían aguardarlo. No, no era posible aquello. Aún le era dable convocar a sus ministros y a sus generales, rechazar al loco de Madero, defender a su patria, establecer el antiguo orden, pero le dolían ya no sólo las muelas, sino todo el cuerpo. Le dolía Sonora, Chihuahua, Morelos, Oaxaca, le dolía su organismo transformado en geografía y poco a poco se fue hundiendo en un sueño cargado de antiguas quimeras. Carmelita, con los criados, lo despertó a medias y arrastrándolo por las escaleras lo acostó en su cama. A la mañana siguiente, se le sentó de nuevo a la mesa y su mano inerte llevada por la mano de su mujer, firmó la temida renuncia.

El general Victoriano Huerta, que lo acompañó a Veracruz, escuchó sus últimas palabras: "Ahora se convencerán, por dura experiencia, que la única forma de gobernar bien el país, era la mía." Luego, de pie, sobre la cubierta del vapor Ipiranga, vio desaparecer las costas de su imperio. Se iba él y dejaba su ejército intacto, su corte, sus señores feudales y sus millones de campesinos que despertaban a una nueva vida. Quizá en ese momento recordó que había prometido sostener y aconsejar, olvidado de sí mismo, a un naciente gobierno democrático capaz de sucederlo. Las palabras dichas a Creelman se perdían en la estela que abría el barco borrada por las aguas del océano.

El Presidente interino

El licenciado Francisco León de la Barra era uno de los prototipos del *ancien régime*. Criollo de origen chileno, diplomático de carrera, su figura fue más refinada si bien menos impresionante que la de Limantour debido a su pequeña estatura. Tenía la piel sonrosada, blancos los bigotes, el pelo, los altísimos cuellos, la pechera almidonada y los guantes. Su *pinznez*, velándole ligeramente los ojos maliciosos, aumentaba —si esto era posible— su innata distinción y pedantería. Para decirlo en el lenguaje de la época "su espíritu venenoso y seductor parecía una víbora enroscada en un ramillete de flores o aparentemente domida entre los pliegues de un manto de armiño". Educado en los salones y en las intrigas cortesanas, conocía a fondo el derecho —durante su exilio alcanzó un renombre mundial de internacionalista— y obviamente no sentía la menor simpatía por Madero ni por nada que supusiera un cambio, aunque su presencia en Palacio se debiera precisamente a la Revolución.

El 7 de junio, precedido por un violento temblor de tierra, Madero hizo su entrada triunfal a la ciudad de México. El pueblo atestó las calles y encaramado en los árboles y en las estatuas, aclamaba al Apóstol de la Democracia, cubriendo de flores su soberbio carruaje tirado por cuatro alazanes que cabalgaban palafreneros vestidos de casacas rojas. Un espectador, oyendo repetir la palabra democracia preguntó acerca de su significado y el vecino le respondió que tal vez fuera ése el nombre de la señora del Apóstol, lo cual describía con bastante aproximación el grado de educación política de aquella delirante muchedumbre. Madero se dirigió a Palacio, donde lo esperaba el Presidente interino y juntos salieron al balcón para compartir el homenaje.

Madero tenía el difuso apoyo de las masas, y De la Barra, el concreto y efectivo del aparato estatal que utilizaría para fortalecer las posiciones de la reacción.

El Congreso, que durante 30 años sólo había aprobado las consignas de Díaz y era visto como un obediente rebaño, apenas recobró una libertad antes nunca soñada, se convirtió en un vehemente opositor de Madero y no del presidente De la Barra. Criticaba acerbamente los disturbios que se sucedían —huelgas de obreros, apoderamiento de tierras, retraso en el licenciamiento de las fuerzas rebeldes— y convirtió en un *casus belli* el que se rembolsara a Gustavo Madero el dinero gastado por él en organizar la Revolución con el propósito de minar el prestigio de la familia.

La prensa encarcelada y amenazada de muerte o subvencionada por la Tesorería Nacional —aquí también como en España existía el llamado "Fondo de los Reptiles"— en lugar de apoyar mínimamente a su libertador se dedicó a cubrirlo de injurias, en tanto que a De la Barra se le respetaba y se le adulaba, juzgándolo el verdadero defensor del orden y de la justicia.

Las legislaturas de los estados, compuestas de caciques y de incondicionales, hacían la vida imposible a los escasos gobernadores nombrados por la Revolución, y en el campo —a excepción de Morelos—, el predominio de los grandes barones de la tierra era absoluto.

Las paradojas se multiplicaban. Madero, a pesar de haber derrotado a la dictadura con la fuerza de las armas, se desarmaba a sí mismo respetuoso de la legalidad y se movía en una ficción democrática que lo destruía lenta y seguramente. Situado entre una reacción y una revolución insatisfecha e incapaz de escapar a la prisión en que se había encerrado, el licenciamiento —la clave de la estrategia gubernamental— enfrentó su prueba de fuego en Morelos, donde Emiliano Zapata, el jefe de los campesinos rebeldes, no estaba dispuesto a entregar las carabinas sin una garantía de que la tierra le sería devuelta a las comunidades.

Madero se erigió en conciliador. Trataba desesperadamente de convencer a Zapata, haciéndole concesiones, y estaba a punto de llegar a un acuerdo, cuando el 10 de agosto, el Presidente decidió enviar una columna a Cuernavaca al mando del general Victoriano Huerta, lo que aumentó la desconfianza del líder agrario.

El 20, el paciente Madero logró que Zapata accediera a licenciar sus tropas en Cuautla, y así lo telegrafió al Presidente. Todos los requisitos impuestos por él estaban satisfechos. Después de pasar los dos revista a las fuerzas surianas se inició la diferida entrega de las armas, pero el 22, el Presidente envió nuevas tropas federales a Cuernavaca y el 23, contra lo pactado, Huerta ocupó Yautepec y avanzó sobre Cuautla.

Es muy posible que "la serpiente enroscada en un ramillete de flores" tratara con esta maniobra de suprimir a Madero. Sintiéndose engañado Zapata, hombre que no dejaba pasar una traición sin castigarla, pudo haberlo matado. Sin embargo, no lo hizo. Permitió que saliera el ingenuo conciliador y se preparó a combatir una nueva guerra de exterminio. Los alardes y las operaciones de Huerta —tenía a su mando

3 mil federales— fracasaron. Fracasó asimismo un intento del gobernador de Morelos, Ambrosio Figueroa, de aniquilar a Zapata en la emboscada de Chinameca, y toda esa serie de traiciones y de maniobras militares de nada sirvieron: los guerrilleros se hallaban sobre las faldas del Ajusco.

La noticia provocó el mismo pánico que se apoderó de los vecinos cuando derrotados los realistas en 1810, el Cura Hidalgo, al frente de sus "hordas", amenazaba la capital de la Nueva España.

Los oradores de la reacción sacudían a las Cámaras con sus arengas inflamadas. Terminaba su discurso el diputado José María Lozano: "La ciudad de México corre el riesgo próximo e inmediato de ser el escenario lúgubre del festín más horrendo y macabro que haya presenciado nuestra historia; no es Catilina el que está a las puertas de Roma, es algo más sombrío y siniestro; es la reaparición atávica de Manuel Lozada, el Tigre de Álica en Emiliano Zapata, el bandolero de la Villa de Ayala."

Otro miembro del famoso cuadrilátero de los oradores porfiristas el licenciado y diputado Francisco M. de Olaguíbel, decía en su discurso: "El señor De la Barra, el íntegro, el correctísimo, el inmaculado Primer funcionario de la República, no es culpable; si todos vosotros ponéis la mano sobre vuestro corazón honrado y justo y os colocáis por un momento en el lecho del Procusto que le brindó la revolución triunfante, comprenderéis, entonces, cuán noble se levanta su figura entre tantas agitaciones y codicias que apenas han dejado trecho para que se levante, inmaculada, su reputación. Los culpables, señores —y hay que decirlo muy alto, porque en la tribuna es preciso tener valor civil—, son el señor Madero y el señor González Salas."

Los diputados, casi todos enemigos de Madero, solicitaron la presencia inmediata en la Cámara del general González Salas, secretario de la Guerra, y la del licenciado Alberto García Granados, secretario de Gobernación.

González Salas fue breve; el ejército no había sido derrotado pero tampoco había logrado vencer "a la gran falange de adeptos que en todos los pueblos se unen a los zapatistas", como fue el caso de los indios de Milpa Alta y aun de Oaxaca.

El viejo García Granados odiaba a Madero y se concretó a señalarlo como el principal responsable de la rebelión. "Desgraciadamente —deploró con su hipocresía habitual— toda la buena voluntad y todo el empeño del señor Presidente han resultado hasta hoy infructuosos, y las bandas de Zapata merodean por el desgraciado estado de Morelos hoy como el primer día que se alzaron en armas. Al contemplar tan lastimoso estado de cosas, al ver que en una campaña de dos meses nuestro ejército no ha logrado dominar esas hordas de forajidos no pude menos que exclamar ante algunos representantes de la prensa, que existe una influencia poderosa que impide que las órdenes del gobierno se cumplan."

Tanto García Granados como el gobierno, reconocían que de algún modo la rebelión era de carácter agrario, y en lugar de atacar su causa, devolviéndole sus tierras a los campesinos despojados, atacaban sus resultados y se esforzaban en aplastar a los guerrilleros.

Recurrían a las armas porque Porfirio Díaz se había valido con éxito de la represión y ninguno de ellos comprendía —tampoco lo había entendido el Dictador— que la situación había cambiado y era el tiempo de hacer justicia a los campesinos. Toda la retórica de los oradores a sueldo, los sombríos augurios de los periodistas, las declaraciones de los ministros, los movimientos de las tropas tenían una sola finalidad: mantener el *statu quo* de la dictadura. El "Presidente Blanco" aprovechaba el espíritu conciliador de Madero para avivar el odio de la burguesía acusándolo de promover la rebelión y por otro lado la fomentaba, atrayéndole el odio y la desconfianza de los guerrilleros.

Madero cometió además la imprudencia de retirarse a los baños termales de Tehuacán —Fernández Guell considera que fueron su Capua—, y De la Barra, decidido a terminar con Zapata y con Madero, envió en ayuda de Huerta al coronel Blanquet. Fue inútil que Madero abandonara su refugio para reasumir el papel de conciliador. De la Barra lo hizo a un lado y García Grandados concretó la política del Estado en la frase de que "el gobierno no trata con bandidos".

La situación al iniciarse la presidencia de Madero electo por una mayoría abrumadora, no había de alterarse en lo fundamental. El Presidente Blanco, utilizando sagazmente las cláusulas de los convenios de Ciudad Juárez, convirtió a Zapata en un enemigo irreconciliable de Madero, indispuso a los campesinos en su contra, alentó los ataques de la prensa y de las cámaras, enseñó a la alta burguesía la forma de combatir a Madero al amparo de la democracia recién instaurada e hizo todo lo posible para demostrar su debilidad, aun antes de principiar su gobierno. El mismo García Granados pareció condensar la voluntad del gobierno interino y de toda la burguesía nacional con la frase célebre de que "la bala que mate a Madero salvará a México".

Un cordero entre lobos

Al hacerse cargo Madero de la Presidencia se abría para México un período excepcional de su historia. Vencido Porfirio Díaz casi sin lucha y por lo tanto sin graves daños a la economía, se trataba ahora de saber si el gobierno democrático de un hombre idealista, bien preparado en cuestiones administrativas y financieras, podía mantener el orden y la eficacia de la dictadura. El aparato del gobierno se hallaba intocado, la Constitución se aplicaba al pie de la letra, las formas, conservadas escrupulosamente, respondían a la realidad política y por primera vez los mexicanos y sus instituciones gozaban de libertad.

Sin embargo, las cosas eran mucho más complicadas que todo eso. El ejército vencido no se resignaba a compartir sus privilegios con los soldados improvisados de la Revolución, los hacendados y los industriales no estaban dispuestos a tolerar la perspectiva de una muy débil reforma agraria o de que se mejorara la suerte de los obreros, y este sentimiento lo compartían los extranjeros, dueños en su casi totalidad de las riquezas nacionales. Por otro lado Zapata seguía su lucha en el estado de Morelos y numerosos combatientes en la provincia exigían cambios radicales que Madero no podía satisfacer en aquel momento.

La prensa, en lugar de apoyar mínimamente a su libertador, siguió atacándolo con verdadera saña. Las caricaturas lo pintaban como un enano ridículo; se le llamaba espiritista y chiflado y los lacayos de la víspera, se mofaban de él y lo convertían en un rey de burlas, al amparo de la impunidad de que disfrutaban.

Las cámaras, constituidas por rebaños de obedientes carneros, se entregaban al placer de destruir su imagen combatiéndolo con el mismo fervor con que antes practicaban el más abyecto servilismo y muchos de los gobernadores, de los jueces y de las autoridades trabajaban también en su descrédito.

Es decir, que la libertad, en lugar de generar más libertad, según creía Madero, generaba el caos, la lucha abierta de los enemigos de clase y para contenerla el Presidente debería recurrir a la "mano de hierro" del dictador, lo que suponía el abandono de sus ideales democráticos.

Esta brevísima fase de su gobierno terminó cuando se inició el periodo de las rebeliones armadas, es decir, cuando de las palabras, de los sarcasmos y de las luchas parlamentarias, sus enemigos pasaron a la violencia abierta.

La fábula del general Bernardo Reyes

"Parece muy extraño —dice Ross— que no fue la rebelión de Zapata, sino la actitud del general Reyes la que causó más preocupación al gobierno de Madero durante las primeras semanas." [18] Así es, en efecto. Madero, por razones políticas y personales, aún se hallaba bajo el impacto de la popularidad de Reyes que había logrado eclipsar la suya y en cambio subestimaba la lucha de Zapata, confinado en el estado de Morelos.

A su vez, el general Reyes no había olvidado el delirio suscitado por su figura y se creía el "llamado" del pueblo. Pensando que podía repetirse el milagro, apareció en la frontera de Tamaulipas, publicó la consabida proclama rebelde y se internó en México el 13 de diciembre con un puñado de partidarios.

Fuera de unas imperceptibles manifestaciones de apoyo, el pueblo y el ejército permanecieron indiferentes. Vagó algún tiempo en el desierto, inadvertido y, sintiéndose abandonado, el 25 de diciembre se encaminó solo al pueblo de Linares defendido por un destacamento a cargo de un cabo llamado Rodríguez.

Rodríguez había sufrido una gran angustia. Durante varios días, avisado de la presencia de Reyes, imaginaba que el caudillo, rodeado de generales cubiertos de condecoraciones y tocados de gorros emplumados, caería sobre él, haciéndolo pedazos. La noche de Navidad, no pudiendo resistir más la fatiga se acostó un momento y estaba dormido cuando un soldado lo despertó diciéndole:

—Señor, hay aquí un hombre que dice que es el general Reyes y desea hablar con usted.

Rodríguez dio un salto y abrió la puerta. La visión de un Estado Mayor deslumbrante y de millares de soldados se desvaneció como un sueño y en su lugar apareció un pequeño anciano de barba blanca, cubierto de barro, un verdadero gnomo medio muerto de hambre y de frío que le tendía su espada diciéndole, humildemente:

—Vengo a rendirme. No he comido en todo el día; dadme con qué satisfacer mi hambre y haced luego de mí lo que queráis.

"Shakespeare ni Hugo pudieron haber inventado nada más trágico ni más cómico a la vez —sentencia el historiador Fernández Guell—. Lear, delirando en una cueva; Belisario, ciego, pidiendo limosna en los mismos sitios testigos de su gloria; Enrique IV de Alemania, arrodillado entre la nieve a las puertas del Castillo de Canossa, no descendieron tanto como Reyes, porque aun en la caída y en la ignominia conservaron cierta trágica grandeza."

"Mírense en este espejo los poderosos de la tierra, y al recordar al fugitivo de Linares, recuerden también a aquel César llamado Carlos V en cuyos dominios no se ponía el sol y que se vio obligado a huir a media noche en una litera por los desfiladeros de Insbruck iluminados por el fulgor de los relámpagos y por las antorchas de sus pajes. . ."

Rodríguez le dio de cenar y ocupó su lugarcito en la historia. El vencido general "el que había osado atar a la áurea empuñadura de su espada como guantes de gala, las esperanzas y los anhelos de la nación mexicana" [19], fue encarcelado. Madero no tenía la intención de hacerle el menor daño.

La traición de Pascual Orozco

Concluida la aventura del viejo general Bernardo Reyes, a quien se recluyó en la prisión de Santiago para que allí rumiara su extravagante descalabro, le tocó su turno a don Emilio Vázquez Gómez, el antiguo secretario de Gobernación. Al grito de "Tierra y Ley", 5 mil antiguos revolucionarios asesinaron a sus jefes y se lanzaron a la revuelta. Madero logró sofocar algunos cuartelazos en el Centro y en el Sur, pero el 28 de febrero llegó la noticia de que las fuerzas de Salazar y Campa se habían apoderado de Ciudad Juárez después de entregarse sin resistencia la guarnición dependiente de Pascual Orozco.

Pascual Orozco era un enigma. Fingía "que no tenía piel en la cara, de tan marcados que se veían los huesos; apretaba las mandíbulas una contra otra; al andar a caballo, su larga figura parecía desplomarse, laxa, falta de impulso, porque adelantaba el vientre y sumía el pecho como un enfermo. Sus ojos, casi inmóviles, daban la impresión del vacío" [20]. Si su exterior era misterioso y desagradable, su interior no lo era menos. Lo dominaba la vanidad y el despecho. No se le había dado el cargo de general a que aspiraba, para no herir la susceptibilidad del ejército, no ocupó siquiera la gubernatura de Chihuahua, y de los 100 mil pesos que reclamaba por sus aportaciones a la Revolución, Madero le había otorgado sólo la mitad. Se sentía relegado y, de una manera insensible, fue cayendo en la trampa de los Terrazas y de los Creel, que no habían dejado de ser los amos de Chihuahua. Orozco renunció a su cargo de comandante de rurales y el 3 de marzo se levantó en armas. Pronto se le sumaron los vazquistas, Cheché Ramos, Campa, Salazar, Rojas y Benjamín Argumedo, lo que hacía un total de 8 o 10 mil hombres bien pertrechados.

La situación de Madero se volvió dramática. Algo había ocurrido en el país, algo espantoso que lo cambiaba enteramente y no podía ser dominado. El general Juvencio Robles, encargado de las operaciones en Morelos, en vano incendiaba pueblos, violaba mujeres y asesinaba campesinos sin lograr vencer a Zapata, el Atila del Sur, y ahora el antiguo aliado Pascual Orozco, se erigía en un nuevo Atila del Norte, mucho más amenazador y temible. El sueño de la conciliación, el sueño de la paz se desmoronaban a escasos tres meses del gobierno democrático de Madero.

El secretario de la Guerra, el general José González Salas, que era severamente atacado por sus fracasos militares en Morelos, renunció a su puesto y él mismo solicitó mandar las fuerzas federales. Llevaba como jefe a Trucy Aubert, a Riveroll y a Blanquet, tres jefes destacados, abundantes municiones y una moderna artillería.

Orozco se atrincheró en Rellano, pequeña estación de ferrocarril situada en un cañón sinuoso, y aguardó la acometida. Llegado el ejército a Escalón, los hombres de Campa iniciaron un ataque a caballo —el primero de una serie interminable—, que se logró reprimir. Una granada incendió la yerba seca de la pradera y las llamas consumieron los cuerpos de los heridos abandonados por Campa en su retirada. Uno de los prisioneros confesó que Orozco preparaba una máquina cargada de dinamita para lanzarla sobre los trenes maderistas, y González Salas ordenó cortar la vía y protegerla mediante gruesas cadenas.

A las 10 de la mañana del día siguiente se vio precipitarse

la anunciada máquina. Llegada a los cortes, en lugar de volcarse, dio un salto, se encarriló de un modo enteramente infernal y se telescopió en medio de una espantosa detonación contra el primer tren de González Salas. Al mismo tiempo los colorados de Orozco atacaron. Trucy Aubert, con su artillería, alejado de la acción, se desbandó y Blanquet retrocedió ordenadamente. Después de combatir 4 horas, González Salas comprendió que había sido derrotado. En el camino de vuelta a Torreón se le comunicó la muerte de Trucy Aubert y la toma de su artillería, dos falsas noticias que terminaron de anonadarlo. Sometido a tensiones insoportables, siendo uno de los pocos militares que creía en el "honor de un soldado", sintiéndose culpable de la derrota "una nube roja se interpuso ante su vista, el relámpago de una resolución siniestra brilló en sus ojos" y sacando el revólver se disparó un tiro en la cabeza.

"La muerte de González Salas —comenta el disparatado Fernández Guell— inspiró al poeta Mateos un soneto digno de Byron o de Heredia." El bardo, después de pintar con mano maestra la desesperación del héroe al ver perdida la batalla, terminaba con un pensamiento sublime. González Salas, no encontrando en la hora postrera a nadie digno de recibir su acero:

Llamó a la muerte y le entregó su espada.

Por su parte, Emilio Vázquez Gómez, al amparo de Ciudad Juárez, tuvo a bien nombrarse Presidente provisional de la República y procedió a formar un gabinete en el que Pascual Orozco figuraba como secretario de Guerra, pero Orozco, que aspiraba a ser Presidente, le contestó que desaprobaba su inadmisible acto de soberbia y lo amenazó con expulsarlo del país. Vázquez Gómez no aguardó a que el temido comandante ejecutara su amenaza y, seguido de sus ministros, cruzó la línea fronteriza.

Todos parecían haberse vuelto locos. Pascual Orozco, el hombre ascético de los ojos vacíos, sufrió una metamorfosis. Rodeado de aduladores y de mujerzuelas, vivía en su carro pullman echado sobre los sillones de terciopelo bebiendo champaña —"así Pompeyo en Farsalia y Antonio en Accio"— [21] sin importarle mucho los cuidadosos preparativos que venía fraguando lentamente el general Victoriano Huerta, nuevo jefe de las fuerzas expedicionarias. De este modo, cuando Huerta reunió un formidable dispositivo militar, sus zapadores repararon las destrozadas vías, avanzaron a todo vapor los trenes y el Pompeyo del desierto fue destrozado en Bachimba.

Orozco y sus seguidores degradados a meros forajidos se desbandaron en pequeños grupos hostiles, y el ejército que ya sumaba 40 mil hombres ocupó el primer lugar en un cuadro lleno de ahorcados y de fusilados, de rencores e intrigas reaccionarias.

Madero acogió a los vencedores de manera principesca. Le regaló a Huerta un automóvil y lo mandó a curarse una enfermedad de los ojos que contrajo en la campaña; a Trucy Aubert le obsequió una casa comprada con fondos de la familia y lo ascendió a general de brigada. Visitó al herido Blanquet llevándole su grado de general y un reloj de oro adornado de brillantes. Para todos los jefes menores hubo premios y ascensos.

El sobrino de su tío en acción

Otra reliquia del régimen desaparecido era Félix Díaz, sobrino de don Porfirio, general de brigada por designio de su tío, miembro de la corte palatina, *sportman* consumado y dueño de la policía secreta y pública de la dictadura.

Bajo su apariencia varonil, aunque ligeramente vulgar, escondía una ambición desmesurada y una tenacidad que no respondía a su mediocre inteligencia. En pleno maderismo su retrato se exhibía como algo sagrado en los escaparates de las tiendas de San Francisco y de Plateros ya que a falta de una figura más convincente, la aristocracia veía en él a uno de sus posibles salvadores y para nadie fue una sorpresa saber que el 16 de octubre, en compañía de su primo el teniente coronel Díaz Ordaz, comandante de la plaza, se sublevara en Veracruz con la esperanza de que el ejército secundara su cuartelazo. En la proclama de rigor, aseguraba que sólo el amor a México y el deseo de restablecer la paz lo llevaron a derrocar el "despotismo" de Madero, una proclama totalmente estúpida ya que él había sido inspector de policía de una dictadura y su típico pronunciamiento estaba encaminado precisamente a turbar la paz que logró establecerse de modo precario después de la rebelión de Pascual Orozco.

Félix Díaz cometió dos errores fundamentales: no logró siquiera la adhesión de la armada, ni tomó el fuerte de San Juan de Ulúa, ocupado como estaba en atraerse un ejército hasta ese momento indiferente a un nuevo pronunciamiento. Cuando reaccionó y obtuvo el apoyo de la guarnición, los barcos de guerra bombardearon la fortaleza y más tarde se hicieron de ella aniquilando a los tardíos sublevados.

Al mismo tiempo, el general Joaquín Beltrán, antiguo director del Colegio Militar enviado desde México, estableció su artillería en los médanos que dominaban el puerto —lo que debió hacer Félix Díaz— y se preparó al ataque final. Díaz, con el pretexto de solucionar algunos problemas de la Cruz Roja y en realidad para intentar el soborno de los federales, les envió a su aliado el comandante Migoni. Descubierto el propósito de sustituir las balas por el cohecho, Migoni fue encarcelado, los barcos desalojaron a los "felicistas" de sus cuarteles, disparó la artillería situada en los médanos y a los batallones rebeldes no les quedó otro remedio que rendirse. Félix Díaz no siguió el ejemplo del general González Salas y "entregó su espada". Díaz Ordaz —añade sarcástico Fernández Guell— huyó disfrazado de mujer, traje que le sentaba admirablemente y que correspondía a su flaqueza."

Juzgado por un consejo de guerra Félix Díaz fue condenado a muerte. Los maderistas fueron a Chapultepec y pidieron que se castigara al culpable. Madero les dijo: "Señores, no venganza, sino justicia es lo que en los actuales momentos pide la nación y yo demostraré a todos los mexicanos que si hasta ahora he sido suave y benigno, esperando que los perturbadores del orden volvieran sobre sus pasos, en adelante seré inexorable en el cumplimiento de mis deberes".

Los científicos y los porfiristas no juzgando conveniente presentarse ellos mismos ante Madero mandaron a sus mujeres. Descendieron de sus carruajes y tocadas con sus inmensos sombreros y sus vestidos de encaje imploraron clemencia para el vencido. "Yo no soy más que el ejecutor de la ley y tan indigno de mí sería el perdón como la venganza —aclaró el Presidente—. Yo no aconsejé al señor Félix Díaz que se levantara en armas apartando de la obediencia a dos batallones y tampoco lo he condenado a muerte por su deslealtad y rebeldía... Yo no soy vengativo. Creo haber dado pruebas de lo contrario. Pero la piedad tiene un límite, y en un jefe de Estado es un crimen lo que en un individuo cualquiera es una virtud."

La Suprema Corte, en la que abundaban los fósiles, acogió el amparo interpuesto por Rodolfo Reyes, hijo del general prisionero y ordenó la suspensión del fusilamiento. Algunos amigos de Madero aconsejaron que el mensaje no fuera enviado a Veracruz pretextando que los hilos del telégrafo habían sido cortados por los zapatistas. El Presidente no accedió a la demanda: "Si esto hiciera yo —respondió— ¿no procedería igual que don Porfirio? Entonces, ¿a qué la Revolución? Si yo apelara a los mismos métodos, renegaría de mi obra, y la sangre de 7 o 10 mil mexicanos derramada en los campos de batalla en aras de la libertad, caería sobre mi cabeza. Aunque ello sea causa de mi ruina, yo debo persistir hasta lo último."

Félix Díaz fue traído a México —no se le aplicó la ley fuga acostumbrada— y se le encerró en la penitenciaría. La Suprema Corte al serle devuelta una autonomía nunca disfrutada, la empleaba en amparar a los enemigos del gobierno, las Cámaras redoblaron —si esto era posible— sus ataques al régimen, los periódicos convirtieron la traición del sobrino de su tío en una gloriosa victoria del ejército —visto como la única salvación del país— y durante el breve tiempo que duró la rebelión los militares y los civiles se saludaban exclamando "felices días".

Era evidente que esta campaña de sublevaciones y desprestigios minaba el poder de Madero. Una sociedad que consideraba la represión brutal como la única fórmula capaz de mantener el orden, acostumbrada al servilismo y a la presencia del hombre fuerte y a su arbitrariedad soberana, no podía entender que Madero representaba la sola posibilidad de salvarse ella misma y de salvar a un país donde reinaba la más afrentosa injusticia.

El príncipe idiota

En Madero no existían límites para la piedad ni estaba en su naturaleza conducirse inexorablemente. Urbina, Tablada, Sánchez Santos, Jesús Rábago, Olaguíbel, García Naranjo, Garrido Alfaro y una multitud de caricaturistas se complacían en destruir la imagen del Presidente. Sus actos de gobierno eran la consecuencia de una incapacidad congénita; su tolerancia y su bondad inalterables se tomaban como una prueba de su falta de carácter y se le consideraba el prototipo del "idiota". El católico Sánchez Santos llamó a Gustavo "Ojo parado" a causa de su ojo de vidrio y la Porra a su grupo político, que no era un partido sino la "partida de la Porra".

Se había creado un público consumidor de esos pasquines y literalmente las ciudades lloraban de risa al ver a su Presidente convertido en un enano bufonesco. Por supuesto a finales de 1912, ya nadie sentía el menor respeto por Madero y en cambio creció y se hizo más respetable la figura del Dictador y sus métodos de comprar las conciencias o de encarcelar y matar a sus opositores.

Gustavo, defensor de su hermano y partidario de una política dura, pedía el castigo de los conspiradores y de los panfletistas y al recordarle Madero que él debía sostener los principios de su lucha, exclamó: "¡La Ley! Mientras nosotros los combatimos con leyes, ellos nos ahogan en sangre."

Aun dentro del gabinete existían dos tendencias: una encabezada por el vicepresidente Pino Suárez, partidaria de implantar reformas sociales y económicas que hoy llamaríamos populistas y otra encabezada por Ernesto Madero, que trataba de apaciguar a la alta burguesía, cada vez más ensorberbecida, y esta ambigüedad se reflejaba en las cámaras que libraban batallas verbales sin ir nunca al fondo de los problemas.

Con un gobierno dividido, con gobernadores y cámaras adversas, Madero iba aplicando su programa o mejor dicho iba haciendo lo muy poco que se le dejaba hacer. A costa suya la prensa era libre, a costa de la fortaleza de su gobierno existía el sufragio y gobernadores, senadores y diputados eran elegidos democráticamente; existía asimismo un juego real de los partidos políticos —incluido el Partido Católico— y se modificaba la administración pública.

Venciendo fuertes oposiciones, Madero consagró el derecho de huelga hasta entonces inexistente, cuidó de aumentar los salarios y de disminuir las horas de trabajo, hizo que los empresarios pagaran indemnizaciones en caso de accidentes y protegió a los niños y a las mujeres de las fábricas. En un año duplicó el presupuesto destinado a la educación dejado por Díaz. El Presidente trató de aplicar sus experiencias de agricultor ilustrado y fundó las escuelas rurales, industriales y dominicales nocturnas cuando casi todo el presupuesto debía destinarse a gastos de guerra. Organizó cuatro centros de estudios superiores y varios comedores para los estudiantes pobres en los que costaba 2 centavos el desayuno y la comida.

Por lo que hace también al problema agrario, Madero se encontró cogido "entre dos fuegos", el de los hacendados que se oponían con las armas en la mano a la menor reforma y el de los campesinos que tenían una pequeñísima parcela o les había sido arrebatada por la fuerza.

Madero ante la rebelión de los campesinos —además de

Zapata muchos invadían tierras privadas— se empeñó en mantener una actitud de conciliación. Su afán democrático de respetar los derechos de todos y de ofrecer soluciones legales lo empujó a un callejón sin salida ya que no logró satisfacer a los señores feudales ni a sus vasallos los agitados campesinos. Pensaba que la cuestión agraria no podía resolverse en poco tiempo, y en lugar de apresurar el reparto de tierras y ganarse el apoyo de los campesinos, se concretó a estudiar el problema y a recobrar algunas tierras. Sin embargo, frenó la expansión de los latifundios aumentando progresivamente los impuestos, deslindó 132 mil hectáreas, expidió 603 títulos de propiedad y entregó un buen número de tierras a los campesinos organizados en ejidos. Se ocupó seriamente de la irrigación, de la mejoría de los cultivos y los ganados —estableció 7 centros de experimentación agrícolas y 3 granjas del cultivo de secano—, pero no supo entender que no era con la ley sino con la violencia como podía ser resuelta esta vieja y enconada cuestión.

Nadie advertía o fingía no advertir estos progresos. La burguesía porfirista reclamaba una vuelta a los procedimientos de la dictadura y los campesinos y los trabajadores reclamaban tierra y cambios más profundos que de un modo o de otro hubieran reanimado la guerra civil. La libertad —aquella palabra mágica— se transformaba en un caos y la ley favorecía a los enemigos y ataba de pies y manos al Presidente. Su inocencia era tan absoluta como sus convicciones democráticas.

Madero creía que gobernaba para todos y no estaba con el pueblo ni con los poderosos. Era honrado entre ladrones, demócrata entre aspirantes a la dictadura personal y leal entre inveterados traidores. Se había llegado a la paradoja de que para sostener la libertad era necesario reprimirla y esto era lo último que se le podía pedir a un soñador de grandes ideales.

El peor enemigo: Henry Lane Wilson

De todos los enemigos de Madero, sin duda el más peligroso fue el embajador Wilson. Los tres primeros meses de 1912 sus informes al Departamento de Estado se distinguen por un rencor siempre en aumento. En marzo escribió que Madero no atendía "las advertencias de la embajada. El pueblo desconfiaba de él y lo recibía con frialdad en los actos públicos. Su gobierno era incapaz de llevar a la práctica el programa político que lo elevó al poder y la situación era alarmante. Los mexicanos no estaban capacitados para la democracia".

Era un notable escritor panfletario que todo el año de 1912 lo empleó en acribillar a Washington y a México con una increíble cantidad de informes malévolos y de reclamaciones injustas con el pretexto de que los intereses y las vidas de los norteamericanos se hallaban en peligro. Representante ideal de la política del Gran Garrote, su ridícula vanidad —en ningún momento dejó de sentirse el Procónsul del Imperio— y su odio a toda actitud de dignidad o de independencia, lograron crear un sentimiento de intervencionismo en Washington. A Madero lo acusaba de ejercer la ilegalidad, de coartar la libertad de prensa, de hostilizar a los norteamericanos y pedía machaconamente que Taft adoptara medidas amenazantes.

A fines de 1912 Wilson se había convertido en el resonador y en el amplificador de las diatribas y los denuestos que se lanzaban a Madero desde las cámaras y la prensa. Lo llamaba también "apático, ineficaz, indiferente o estúpidamente optimista pues Madero un día es conservador, reaccionario, vengador de la sociedad y tirano y al otro, amigo de los pobres y de los desheredados, defensor de bandidos y criminales, enemigo de los monopolios, los terratenientes y las clases privilegiadas, debido a cierta debilidad mental que lo imposibilita para el puesto" [22]. Finalmente hizo suyo el cargo reiterado que se le lanzaba a Madero: era un loco, pero un loco muy peligroso porque ocupaba la Presidencia de México, cuando debía estar encerrado en un manicomio.

El mismo Knox, secretario de Estado, alarmado por la virulencia de las notas de Wilson le dijo a Taft que "la actitud del embajador le parecía injustificada, si no engañosa, pues parece que trata de forzar a este gobierno a inmiscuirse en la situación mexicana". Taft por su parte movilizó tropas a la frontera y envió sus barcos de guerra a los puertos mexicanos, siempre jurando que no trataba de intervenir en el país y consideraba sagrada su independencia.

Madero ignorante de las maniobras de Wilson y de sus presiones se conformaba con no darle ninguna beligerancia lo que acrecentó su despecho. Al finalizar noviembre, otro Wilson, el subsecretario de Estado encargado de los asuntos latinoamericanos, movido por el embajador, dirigió a Lascuráin, el secretario de Relaciones mexicano, "una nota conminatoria para reclamar el impune asesinato de 17 norteamericanos, el trato injusto dado a la Mexican Packing, y el aumento de los impuestos al petróleo" [23].

Lascuráin alegó como era la verdad que el disgusto del *Mexican Herald*, periódico defensor de los intereses americanos, se debía a que el gobierno le había retirado la subvención; la Prensa Asociada pretendía retener el monopolio telegráfico, el impuesto se había aumentado a todas las empresas y éste era el caso de la compañía Colonizadora y Empacadora. "Por otra parte en los estados de California y Texas los mexicanos eran víctimas de asesinatos y linchamientos y el gobierno mexicano habría aligerado su carga para la pacificación si Estados Unidos hubiera impedido la organización de expediciones armadas". Este último punto era de la mayor importancia. Madero y los suyos habían establecido su cuartel general en los Estados Unidos provocando las airadas protestas de la dictadura y ahora sus enemigos se armaban en su contra desde las poblaciones fronterizas lo que también motivaba las protestas de Madero. Washington alegaba el derecho a la libre expresión consagrada constitucionalmente, hablaba de las leyes de neutralidad no incompatibles con la compra de armas y municiones, pero estas leyes las manejó Washington de acuerdo a sus intereses cambiantes, como lo había demostrado el caso de los hermanos Flores Magón y lo demostraría en los años siguientes. Toleró a Madero porque juzgó ya insostenible la situación de Porfirio Díaz y tratando de reparar este error, ante la debilidad de Madero, protegía a sus enemigos invocando una neutralidad que se aplicaba o se dejaba de aplicar según su conveniencia.

El subcomité de Relaciones Exteriores del Senado estaba dirigido por Albert Bacon Fall y William Alden Smith, partidarios decididos de la intervención armada, una idea que estaba en el aire y a la que Taft se hubiera inclinado gustosamente si no fuera porque estaba a punto de concluir su mandato. Resumiendo la posición de los Estados Unidos, expresó J. Reuben Clark, que su gobierno tenía dos alternativas en su política hacia México: "Intervenir o exigir protección y posteriormente indemnizaciones para sus ciudadanos." "Nadie con un conocimiento adecuado de la situación desea la intervención [que sólo se hará] cuando podamos salvar más vidas invadiendo... que permaneciendo fuera..." [24] El dilema era casi el mismo que fue durante el porfirismo. Invadir —establecer la colonia— o proteger desde fuera las inversiones, dependencia absoluta o relativa.

Por supuesto en aquella época de arrogancia imperial no se podía entender un hecho muy simple: los hacendados, los mineros, los petroleros, los grandes empresarios norteamericanos eran tan culpables de la miseria del pueblo como los propios mexicanos, sus socios y sus cómplices, sólo que estos últimos, al irse debilitando su propio aparato represivo y más tarde al ser aniquilado, recibieron el castigo que merecían en tanto que los extranjeros apoyados en la fuerza de sus gobiernos lograron preservar sus bienes —casi siempre mal habidos— o ser indemnizados escapándose a la justicia revolucionaria. Esta situación debía prevalecer con ligeras variantes los próximos 25 años y condicionar en buena parte la política de los gobiernos nacionales.

La pesadilla se inicia

A fines de 1912 y principios de 13 los reyistas y el resto de los científicos, es decir, las dos facciones rivales del porfirismo, se estuvieron reuniendo para organizar la rebelión que asestaría el último golpe al gobierno de Madero. En síntesis, se trataba de movilizar a los alumnos de la Escuela Militar de Aspirantes, y a 4 regimientos acuartelados en Tacubaya, liberar a los generales Bernardo Reyes y Félix Díaz y apoderarse del Palacio Nacional y de los principales sitios fortificados de la ciudad en una operación relámpago.

En los primeros días de febrero se habían afinado los últimos detalles de la conspiración y muchos funcionarios adictos a Madero, sabían de lo que se trataba. "Recuerdo —escribió Juan Sánchez Azcona— que al presenciar el desfile de la gran columna militar desde los balcones del Palacio Nacional (el día 5) y al observar el gallardo gesto de los jefes y oficiales que con la espada saludaban al Primer Magistrado al pasar frente a él creí escuchar una voz interior que me decía: ¡No, eso no puede ser; estos hombres no pueden ser traidores." [25]

De hecho todo el aparato oficial se hallaba como paralizado. Madero escuchaba con disgusto las evidencias que le llegaban de todas partes; el teniente coronel López Figueroa, inspector de policía, teniendo los nombres de los conspiradores y la exacta ubicación de los lugares donde se reunían, aseguraba que "nada había sobre el particular", y el general Lauro Villar, comandante de la plaza, le dijo al angustiado Sánchez Azcona: "Aunque el inspector de policía diga que no, yo sí creo que lo que usted sabe puede ser cierto, pues hay ahí muchos cabrones. Que el señor Presidente ordene al inspector que me dé cuenta exacta inmediata de sus investigaciones y yo sabré proceder como es debido. Pero... tendré que ser severo si algo hay; y ¿está usted seguro que el señor Presidente no desautorizará mis actos con su acostumbrada benignidad?"

Entretanto los generales, los abogados pertenecientes a la

alta burguesía, los senadores y diputados, los embajadores, circulaban en sus automóviles, celebraban juntas, complotaban abiertamente y Madero se concretaba a reír o a decir en tono grave "que ya le cansaban las continuas suspicacias de muchos de sus amigos".

El 9 de febrero, a las cuatro y media de la mañana, como estaba previsto, 300 aspirantes tomaron el Palacio, sin resistencia y los regimientos de Tacubaya, al mando del general y diputado Gregorio Ruiz, pasando muy cerca de Chapultepec, donde dormía Madero, se dirigieron al Cuartel de Tlatelolco, libertaron a Reyes y luego marcharon a la penitenciaría donde sin ningún esfuerzo rescataron a Félix Díaz.

Todavía no ocupado el Palacio, el enfermo general Lauro Villar, comandante militar de la plaza, alertado por el Inspector de Policía, tuvo ocasión de ver la entrada de los últimos aspirantes. En su automóvil se dirigió a los cuarteles vecinos de Teresitas y de San Pedro y San Pablo y con los batallones 20 y 25, uno al mando suyo y otro al del coronel Juan G. Morelos, por dos costados, rompiendo puertas, entró a la parte baja del enorme palacio y principió la lucha.

Ignorante de lo que hacía Villar, el general Ángel García Peña, ministro de Guerra, se presentó en Palacio y casi solo, desarmó a un batallón y a los aspirantes situados en la azotea. Al bajar a los patios, cayó herido y se le encarceló hasta que unos minutos después, el general Villar, dueño de la situación, pudo liberarlo.

Todo ocurría con la cambiante velocidad de un caleidoscopio. La columna rebelde a cuyo frente marchaban Reyes y Díaz creyendo tomado el Palacio avanzaba hacia la Plaza. Villar dispuso que sus soldados se extendieran en una doble fila de tiradores protegiendo la extensa fachada. Pronto hizo su aparición la vanguardia. El corpulento general Ruiz, amigo de Villar, le propuso sumarse a los rebeldes y como su caballo rebasara la primera línea defensiva, el Comandante tomó las riendas y le ordenó rendirse. Ruiz intentó acometer pero el comodoro Bassó, Intendente de Palacio, le apuntó con una ametralladora y se entregó dócilmente.

Había llegado el turno del general Reyes. Envuelto en un capote militar, con su barba blanca y montado a caballo, parecía el fantasma de una época lejana. Según lo recordó su hijo "estaba como encantado". Desde mucho tiempo atrás la "fiebre" de sus fracasos y humillaciones lo hacía desear la muerte, y echando el caballo sobre los soldados, le disparó en el hombro un tiro a Villar, no tardando en caer destrozado bajo el fuego de las ametralladoras.

Su muerte fue la señal de combate. Las balas llovían de lo alto de la catedral y cruzaban la plaza tomando en medio a los curiosos. Félix Díaz a la retaguardia, desconcertado e impotente, al cabo de media hora, abandonó la Plaza regada de muertos y heridos, "con la mirada opaca y los brazos caídos", seguido de soldados, cañones y ametralladoras.

Anduvo algún tiempo sin saber qué hacer. Por último, decidió marchar a la Ciudadela, cuyo mando había asumido el general Villarreal enviado en las primeras horas del cuartelazo por el comandante de la plaza.

Félix Díaz y el general Mondragón, otro de los principales conjurados, emplazaron los cañones haciendo avanzar sus tropas. Villarreal sin saber que una parte de la oficialidad se hallaba comprometida en el cuartelazo rechazó un ultimátum y dispuso la defensa.

Los oficiales que estaban a cargo de las dos únicas ametralladoras situadas en la azotea las volvieron contra los suyos y cayeron asesinados por la espalda. Villarreal fue herido de muerte. Sostenido por un soldado oyó a los cornetas tocar el cese del fuego y pronunció sus últimas palabras:

—¿Quién ordenó cesar el fuego? Siquiera esperen hasta que yo muera para rendirse... ¡Cobardes!

Donde principia a desertar el ángel guardián de Madero

Al recibir Madero en el Castillo de Chapultepec las noticias del cuartelazo, arrastró consigo a los cadetes del Colegio Militar y acompañado de su guardia marchó hacia Palacio donde pensó que estaba su puesto. No perdió su sangre fría ni su optimismo. Montado en un caballo de gran alzada y rodeado de jóvenes cadetes volvía a ser el amado caudillo popular. La gente se sumaba a su comitiva aclamándolo. Llegado frente al inconcluso teatro nacional, de pronto se encendió la balacera y un gendarme que se encontraba a su lado cayó muerto de un tiro. El general Victoriano Huerta, retirado del servicio activo por la enfermedad de los ojos contraída en la campaña de Orozco se hizo presente, le juró que estaba dispuesto a "derramar hasta la última gota de su sangre" en defensa de la legalidad y fue uno de los que lo aconsejó buscar refugio en la vecina "Fotografía Daguerre", mientras se aclaraba la situación.

Madero reclamado por el pueblo que llenaba la avenida Juárez debió salir al balcón. Una foto histórica lo muestra una vez más dando las gracias, pequeño y sonriente, bañado de esa luz cálida y bondadosa que lo trascendía, teniendo a su izquierda a Huerta en cuyo rostro oscuro y repulsivo brillaban los espejuelos.

Poco después pudo reanudar su marcha. Todavía algunos aspirantes, ocupados de la catedral disparaban y la gran plaza se veía cubierta de muertos y de heridos. No se sabe con exactitud quién propuso a Huerta como Comandante Militar en sustitución del herido general Villar, el caso es que Madero, venciendo su repugnancia, ahí mismo ratificó la sugestión pensando seguramente en la victoria de Huerta sobre Pascual Orozco. Villar se conformó con advertirle de un modo paternal:

—Mucho cuidado, Victoriano, mucho cuidado.

Hallándose con Madero precisando las medidas que se tomarían para aplastar a los rebeldes encerrados en la ciudadela, Juan Sánchez Azcona, secretario del Presidente, llegó con la noticia de que el general Gregorio Ruiz solicitaba un notario a fin de redactar su testamento. Huerta salió violentamente farfullando que "esa era cosa de militares", y sin solicitar permiso, de un modo arbitrario, ordenó el inmediato fusilamiento del traidor. Huerta, se desembarazaba así de un testigo peligroso y demostraba su celo. Ante el hecho consumado, Madero no pudo decir nada y sólo se limitó a prohibir que se matara a unos cuantos aspirantes presos como era el deseo del nuevo comandante de la plaza.

La Decena Trágica

Un estupor paralizante sucedió al primer choque. Los rebeldes sin ser atacados y destruidos se habían apoderado de un sector importante de la ciudad y el Presidente convocó a un consejo de ministros. Ninguno de los dos adversarios sabía qué hacer ni tenía una idea de su verdadera situación. Después de la comida, corrió el rumor de que mil sublevados marchaban hacia Palacio. Madero ya había decidido salir a Cuernavaca, en busca del general Felipe Ángeles y tomando un auto se marchó con sus ayudantes; el secretario Bonilla se fue al Norte para reclutar tropas y los ministros decidieron refugiarse en el Senado y esperar la llegada de los rebeldes. Pasado el tiempo Huerta informó que el enemigo no abandonaba la fortaleza y los ministros, según lo acordado decidieron dispersarse en sus casas. No había pues gobierno y Huerta se transformó en el dueño de la ciudad.

La Ciudadela, un chato y macizo cuadrángulo de piedra, estaba circundado de un jardín, de amplias avenidas y de edificios entre los que destacaban el moderno de la Asociación Cristiana de Jóvenes y la mole del antiguo convento de Belén de las Mochas convertido en cárcel preventiva. Vecina de la aristocrática colonia Juárez y del Paseo de la Reforma, dominaba el sur de la ciudad ya entonces densamente poblado.

En la sombría estructura colonial, color de sangre seca, funcionaban los Almacenes Generales de Artillería, la Maestranza Nacional y la Fábrica de Armas. Los alzados disponían por lo tanto de un gran número de municiones, fusiles, carabinas, ametralladoras y cañones, si bien nadie pensaba que ese formidable dispositivo de guerra —casi todo el disponible— pudiera emplearse contra una ciudad indefensa.

El general Huerta se movía con lentitud desesperante. No sólo no atacó por la espalda a un aterrado Félix Díaz, impidiendo la toma de la Ciudadela, sino que se mantuvo inmóvil el lunes 10 mientras el artillero Mondragón emplazaba sus cañones y sus ametralladoras en las azoteas y en las bocacalles de los alrededores.

En la tarde del domingo principiaron a saberse algunos detalles. Estando la ciudad dormida, los gendarmes, antes de desaparecer, tocaban a las puertas y anunciaban: "Ha empezado la bola." No decían el cuartelazo o el pronunciamiento —una de las escasas palabras españolas adoptadas por diversos idiomas— sino la bola, aquella primera condensación de una masa que al rodar y cobrar impulso iría creciendo y terminaría aplastándolos a todos.

Los lecheros y los vendedores, al encontrarse un centro de la ciudad convulsionado, retrocedían en sus carricoches y esparcían los sucesos hasta los pueblecitos de los alrededores.

La gente, privada de periódicos, no lograba darse cuenta de lo que sucedía. La balacera, ora cercana, ora lejana se mezclaba a los bocinazos de las ambulancias que recogían a los heridos y a los muertos.

La cárcel de Santiago había sido teatro de una matanza. Después de abandonarla el general Reyes sin que los guardias opusieran la menor resistencia, los presos mataron a dos jefes e intentaron huir. Pero ellos no eran generales y el capitán Miguel Ángel Carranza, con 17 soldados restantes del 20 Batallón se apostó enfrente de la puerta y comenzó a disparar sobre los evadidos.

En su desesperación incendiaron el cuartel, inútilmente. No había otra salida que la de la puerta y empujados por las llamas se empeñaban en salvarse y eran exterminados sin misericordia. Los resultados de esta carnicería fueron impresionantes: 300 murieron, 300 huyeron y 200 siguieron prisioneros.

Se supo también que durante ese domingo afluyeron a la Ciudadela víveres y voluntarios, jóvenes de la alta burguesía y gentuza de las barriadas que se unía a los alzados de la Ciudadela.

Una gran parte de la ciudad yacía en las tinieblas. Donde todavía brillaban las luces se advertían montones de cadáveres. Aunque los gendarmes habían desaparecido no se registraron asaltos ni robos. Algo superior a todos, que desquiciaba la vida cotidiana, se había producido y nadie se atrevía a salir de sus casas.

El lunes 10, la ciudad presentaba un aspecto mortecino. No había tranvías, ni periódicos, ni gendarmes y las tiendas se hallaban cerradas. A mediodía, un automóvil en que iba el ingeniero Enrique Cepeda compadre de Huerta y su enlace con los sublevados, salió de la Ciudadela y se detuvo frente a la céntrica pastelería de El Globo donde los curiosos vieron con asombro descender al propio general Félix Díaz y mantener una larga entrevista con el coronel Manuel Guasque, ayudante y enviado de Huerta. En pleno centro, se discutió sin duda el problema de la sucesión y, como no se llegó a ningún acuerdo —tanto Díaz como Huerta aspiraban a la presidencia—, decidieron fingir que se combatían y con la amenaza de un desembarco norteamericano hacer que el Senado pidiera la renuncia de Madero y de su gabinete.

Cuando Madero regresó de Cuernavaca con Ángeles y su tropa, se enteró de la reunión en El Globo y pensó destituir a Huerta cambiándolo por Ángeles pero los ministros alegaron que no tenía el rango de otros generales más antiguos lo que podía lastimar la susceptibilidad del ejército. En apoyo de Hurta figuraba su victoria sobre Pascual Orozco y el haber fusilado al general Ruiz. Todos aquellos rumores eran meros chismes y nadie debía ser removido. Al general Ángeles se le encomendó la jefatura del sector occidental.

El martes 11 a las 10:30 Félix Díaz y Huerta celebraron su primera entrevista formal en la casa de Cepeda, donde posiblemente se decidió el destino de Madero. El asunto principal parecía consistir en quién de los dos ocuparía la presidencia. Díaz estaba encerrado en una ratonera y no podía imponer condiciones; Huerta tenía más libertad de acción, pero su poder estaba subordinado todavía al de Madero a quien sostenía el aparato gubernamental, los soldados de Ángeles y varios regimientos de rurales.

El martes Huerta mandó dos batallones montados a caballo en filas cerradas y llevando el sable en la mano fueron aniquilados por las ametralladoras. En 15 minutos, de los 300 hombres a cargo del comandante Peña quedaron 20 con vida. Más tarde envió otros batallones sin protección y sufrieron la misma suerte.

El miércoles 12, a las 8 de la mañana, la lucha se centró por hacerse de la Sexta Comisaría, un edificio gótico del porfirismo situado a poca distancia de la Ciudadela. Ahora que estamos acostumbrados a los asaltos de pequeños grupos terroristas podemos hacernos una idea precisa de lo que significó en 1913 la toma de la Ciudadela. Mil hombres adueñados de un arsenal, amos de un importante sector urbano y al amparo de una fortaleza, tienen la facultad de matar y destruir a escala gigantesca sin que el gobierno y el ejército logren sofocar el alzamiento. En el interior de la ciudadela, Félix Díaz y Mondragón el experto artillero, de pie frente a un pizarrón, escribían ecuaciones matemáticas y dibujaban parábolas sin cuidarse de los daños causados por las balas. No estaban en un campo de batalla sino adentro de la misma ciudad y esta ciudad, para ellos, era una ciudad enemiga. Pretendían aterrorizarla a fin de rendir al gobierno y lanzaban andanadas de proyectiles "que por elevación", desmoronaban las casas y causaban docenas de muertos.

Las familias abandonaban sus casas expuestas amparándose en los pueblos y faltaban los víveres. Los teléfonos iban enmudeciendo.

Se confirmó que el jueves 13 era un día de mal agüero ya que en los momentos álgidos se dispararon novecientos o mil cañonazos por minuto. Mientras las fuerzas del gobierno debían disparar contra un blanco reducido —los cañones al mando de los generales Ángeles y Rubio Navarrete hacían poco daño—, los alzados disparaban a su antojo en todas direcciones. Ya no les importaba mucho adonde cayeran los proyectiles. Volaban las torres y la lluvia de los balines destrozaban las fachadas. El resplandor de los incendios suplía al encendido eléctrico.

El 14 y 15 se sucedieron las mismas andanadas de cañonazos y las mismas ráfagas de las pesadas ametralladoras y los mismos disparos de la fusilería. Los soldados eran conducido a la muerte por órdenes misteriosas y desaparecían mujeres, hombres y niños a causa de las "balas perdidas"... Unos artilleros hacían fuego contra la ciudad y otros artilleros se creían en el deber de defenderla, respondiendo al ataque como mejor les era posible.

La noche del sábado la ciudad presentó un aspecto fantástico. Millares y millares de hogueras se encendieron con el propósito de quemar los cadáveres insepultos y la basura que se había acumulado. Densas humaredas esparcían un olor a carne chamuscada. Materialmente no era posible caminar sin tropezar con gentes aniquiladas y México, la ciudad de los Palacios, según se le llamaba desde la época de Humboldt, presentaba de manera muy precisa las escenas que describió Brueghel en *El triunfo de la muerte.*

El domingo 16, un soleado y seco día de febrero, las reglas de aquella nueva clase de existencia se alteraron: no se entabló el acostumbrado duelo de artillería. La gente, al principio recelosa y después más confiada, salió de sus casas. Vecinos desconocidos se preguntaban si no habían sufrido daño sus bienes, si les quedaba algo de comer o la causa de la inesperada cesación del fuego. Todos querían ver con sus ojos los variados estragos de las armas y se hacían cruces y lanzaban exclamaciones de asombro al contemplar los daños causados o bien se reunían en torno de los muertos y rezaban padrenuestros y responsos, hasta que de un modo súbito, sin combate, se escucharon balazos dominados por el trueno de los cañones. La multitud se desbandó alocada. Unos morían bañados en sangre, unos se atropellaban y rodaban por el suelo, unos juntaban sus fuerzas y derribaban las puertas de las casas más próximas. Muchos vecinos trataron de aprovechar la tregua y huir en carretelas y en carros cargados con sus colchones y su ropa. Se calcula que esa mañana murieron no menos de 300 vecinos ajenos al drama.

El lunes 17 y la mañana del 18 si bien todos comprendían que la pesadilla no podía prolongarse, los disparos y las luchas continuaron. A las 10 una muchedumbre atestaba las calles del centro resuelta a no permanecer más en sus casas y el cañoneo comenzó a espaciarse y a decrecer.

Cesó la decena trágica. ¿Pero qué había detrás de esos días de matanza? ¿Qué ocurría en el Palacio y en la Ciudadela hasta desembocar en ese estallido de júbilo? ¿Qué había sido del Presidente? La oculta historia, la que no trascendió, era ciertamente mucho más complicada de la que podía imaginar aquella muchedumbre delirante. Las tiendas se abrían, volvía la normalidad, los gendarmes recogían los muertos y nadie sabía que un sueño de libertad se había desvanecido y se iniciaba otra pesadilla.

El procónsul del Imperio se adueña de la situación

Desde el primer día del cuartelazo Wilson entró en una actividad desenfrenada. Según informó al Departamento de Estado, "la opinión pública, la nacional y la extranjera, tanto como puedo apreciarlo, parece estar en su inmensa mayoría a favor de Díaz", solicitaba "instrucciones de carácter firme, drástico y quizá amenazante" para que él se las transmitiera a Madero y así lograr el cese de las hostilidades y la iniciación de las negociaciones que tendrían como objeto los arreglos de una paz definitiva.

Su viejo deseo de transformarse en el *factorum* de la situación mexicana al fin se realizaba. Desdeñado por Madero que nunca pensó en atraerlo, contaba no sólo con el apoyo de los sublevados sino con el respaldo de una buena parte del cuerpo diplomático y de los reaccionarios enemigos de Madero. El miércoles ya no se limitó a protestar por la continuación de las hostilidades las cuales causaban pérdidas de vidas y daños a las propiedades norteamericanas. Oficialmente declaró que estando el Presidente de los Estados Unidos preocupado de lo que ocurría, había ordenado que diversos barcos de guerra se dirigieran a puertos mexicanos y los marinos, si fuese necesario ocuparían la ciudad para mantener el orden y dar protección a las vidas y propiedades extranjeras.

Ésta sería la primera vez en el siglo xx que un embajador norteamericano emplearía el chantaje de una invasión armada en situaciones muy graves para México y principió a rendir frutos. Para Wilson el responsable de la situación no era Félix Díaz el infidente que ya se había rebelado y salvó la vida debido a la bondad de Madero, sino el Presidente elegido democráticamente. Se empeñó en solicitar una tregua para hablar con Díaz acompañado del Ministro español y del ministro inglés, ambos partidarios de Díaz, y escribió al Departamento de Estado: "Mis colegas y yo estamos satisfechos de la franqueza, así como de los sentimientos humanitarios expresados por el general Díaz... que nos recibió con todos los honores de la guerra."

El 12 de febrero dio un paso adelante: seguido del ministro español Cologan y del ministro alemán Von Hintze, se presentó ante Madero y no sólo protestó por la continuación de las hostilidades sino que esta vez lo amenazó directamente con un desembarco.

Madero decidió hacer un llamado directo a "los sentimientos de equidad y justicia que han sido la norma del gobierno de Taft" y el Presidente le contestó negando el desembarco, pero advirtiéndole que la crisis "crea un sentimiento de pesimiso extremo y la convicción de que ahora es un deber supremo dar pronta reparación a la situación".

El 15 de febrero, Lane Wilson convocó a una junta de diplomáticos ya en pleno delirio mesiánico. Cologan lo describe "nervioso, pálido y con gesto excitado". De nuevo repitió que Madero era un loco, un lunático incapaz de ejercer legalmente la presidencia. Su caída dependía del acuerdo "a que llegaran muy pronto Huerta y Díaz". "Yo voy a poner orden en México —afirmó golpeando la mesa— y es necesario que usted, señor Cologan, por cuestión de raza, le pida su renuncia."

Cologan era un viejo reaccionario. Hacía diez años los Estados Unidos le habían arrebatado a España los restos de su imperio colonial y no era él, ni siquiera por "cuestión de raza" el que mediara a favor de Madero sino Márquez Sterling, el ministro de una Cuba que entonces sufría las consecuencias de la Enmienda Platt. Cologan escribe que dudó en aceptar "tan dolorosa misión", pero dominado al fin por un deber de humanidad y de caridad decidió prevenir y salvar a Madero.

No lo salvó sino que lo condenó al transformarse en un instrumento de Wilson. Allí estaba, con su barba blanca, y su empaque diplomático formulando algo tan absurdo como la renuncia de un Presidente amigo, elegido unánimemente por el pueblo de la antigua Nueva España.

Madero respondió que los extranjeros no tenían derecho a intervenir en los asuntos internos de México y salió reprimiendo su cólera. Al regresar pocos momentos después, los ayudantes lo interrumpieron para decirle que los senadores deseaban entrevistarlo con el propósito de pedirle la renuncia formulada por Cologan. Madero se negó a recibirlos. No existía ningún peligro de invasión según lo probaba la respuesta de Taft. Cologan se retiró. Tenía la certidumbre de que Madero le concedía demasiada importancia a la contestación de Taft y no se daba cuenta "que el peligro más grave estaba en la capital".

También la visita de los senadores se debía a Wilson. Había aterrorizado a Lascuráin el débil ministro de Relaciones con el espantajo de la invasión y Lascuráin les comunicó su miedo a los senadores. Wilson además, solicitó de Knox, el secretario de Estado una amenaza de emplear la fuerza para forzarlo a renunciar y como Knox no le hiciera caso le pidió al ministro inglés Stroge se dirigiera a su gobierno a fin de apoyar la sugerencia.

El sábado, Madero ante la presión de Wilson, decretó un armisticio de 24 horas que debía iniciarse a las dos de la mañana del domingo y ya ese mismo día Huerta se había comunicado con el embajador diciéndole que le vería dentro de algunas horas. A media noche Huerta le envió un mensaje en que lamentaba no poder asistir, si bien esperaba tomar esa noche medidas para terminar la situación.

Ross conjetura, acertadamente, que la imposibilidad de Huerta para asistir a la cita, se debió a la embarazosa situación en que se encontraba esa tarde. Un oficial, llamado Rubén Morales, había visto entrar a la ciudadela 18 carros con víveres y se lo comunicó al Presidente quien reclamó explicaciones. Huerta al principio negó el hecho. Más tarde, enfrentado a un testigo, elaboró una disculpa extravagante: los rebeldes, faltos de provisiones se dispersaban por la ciudad propagando la rebelión y si a él le dieran autorización les mandaría vinos y mujeres para tenerlos contentos, lo que le permitiría cogerlos a todos el día de la victoria. Luego se refirió a la situación militar. Morales propuso organizar un ataque nocturno a lo que asintieron entusiasmados Madero y Pino Suárez. Huerta preguntó si este plan inadmisible no suponía desconfiar de su habilidad y levantándose apoyó sus dos manos en los hombros de Madero exclamando:

—Usted está en los brazos del general Victoriano Huerta.

La conducta de Huerta, con ser tan sospechosa, no lograba influir en el carácter de Madero. Durante los últimos tres días se reunía con los senadores y con Francisco Carbajal, presidente de la Suprema Corte, ofreciéndoles su apoyo y haciéndoles ver la imposibilidad de tomar la fortaleza. A Wilson le aseguró que los planes para forzar la renuncia de Madero estaban maduros y por último, ya redondeado su plan, ordenó que las fuerzas de Blanquet, en lugar de combatir al enemigo, se hicieran cargo de la custodia del Palacio, eliminando las fuerzas leales del Presidente. Wilson pudo decirle al embajador cubano Márquez Sterling, que esperaba importantes acontecimientos al día siguiente.

Gustavo Madero era menos crédulo que su hermano. La entrevista de Huerta con Díaz en la casa de Cepeda, la entrada de víveres a la Ciudadela, la dilación de las operaciones, sus maniobras otensibles, lo confirmaron en la idea de que Huerta era un traidor y por consejo suyo el orador Jesús Urueta lo visitó la noche del lunes en su oficina de palacio llevando dos botellas de coñac —se decía que el general Huerta tenía estrechas relaciones con los extranjeros *Hennesy y Martell*—, y estaban entregados a vaciarlas y a platicar animadamente cuando apareció Gustavo Madero con una pistola en la mano y desarmándolo lo encerró en un cuarto a pesar de sus ruegos y de sus juramentos de lealtad. La conjura había sido privada de su cabeza y pareció que su hermano muerto favorecía de nuevo al Presidente. A las 2 de la mañana, Madero, informado del suceso, hizo llevarse a Huerta. Huerta recordó que también su tardanza en preparar el ataque contra las fuerzas de Pascual Orozco había sido muy criticada, habló de su fidelidad y pidió se le otorgara un plazo de 24 horas para vencer al enemigo y demostrar su inocencia.

Hay algo extraño en la relación Huerta-Madero. El Presidente sentía repugnancia por la figura ambigua y desagradable del general. Le herían su embriaguez, sus sarcasmos encubiertos de servilismo y era incapaz de sustraerse a la morbosa fascinación que sobre él ejercía. Aceptó darle la prórroga solicitada y se conformó con decirle que, transcurridas las 24 horas sin un resultado convincente, se inclinaría a pensar en la justeza de las acusaciones de su hermano. Él mismo le devolvió su pistola y le reprochó a Gustavo el dejarse arrastrar por sus impulsos.

En ese instante la sombra de su hermano Raúl lo abandonó para siempre. Huerta volvió a ser el dueño de la situación y se retiró para ultimar al hombre que una vez más lo había perdonado. Durante la mañana los senadores, volvieron a la carga solicitando una audiencia donde le urgieron otra vez a renunciar.

—Señores —replicó Madero—, ustedes nunca desearon que Porfirio Díaz saliera de este palacio, por lo tanto no me extraña su actitud. Sus temores de una invasión son infundados. Voy a leerles a ustedes el telegrama que he recibido del Presidente de Estados Unidos.

—Señor Presidente —dijo el senador Enríquez—, nuestra gestión no tiene un propósito hostil. Sólo hemos expresado una honrada opinión patriótica.

—Nunca renunciaré. El pueblo me ha elegido y moriré si fuera posible en el cumplimiento de mi deber. Voy a llamar al general Huerta para que sean ustedes los que le expliquen que no hay tal peligro extranjero y él les informe sobre sus planes.

Huerta reiteró su lealtad y precisó que el ataque a la Ciudadela se iniciaría a las tres de la tarde.

—¿Ahora, ven ustedes? —preguntó Madero exultando optimismo—. El general Huerta tiene sus planes y confía en los buenos resultados; no hay razón para alarmarse.

El prendimiento

A las 2 de la tarde, el palacio virreinal, presentaba la extraña dicotomía del poder que caracterizaba a la ciudad. El 29 Batallón, al mando del general Blanquet era el dueño absoluto de la situación. Los soldados montaban la guardia de honor, vigilaban las puertas y formaban pequeños grupos alrededor de las fogatas donde sus mujeres preparaban la comida.

El Presidente, en aquel momento estaba acompañado de su tío Ernesto Madero, de varios secretarios de Estado, de su primo el ingeniero Marcos Hernández y de su jefe de Estado Mayor el capitán de navío Rodríguez Malpica. Los grandes salones formaban una isla ya no sólo ajena a la agitación de la ciudad sino a todo lo que ocurría en el interior de Palacio. El sol del invierno se quebraba en los prismas de los candelabros formando diminutos arco iris e iluminaba con suavidad los tibores, los óleos y las tapicerías.

Cuando todos se dirigían al comedor, apareció el teniente coronel Jiménez Riveroll:

—Señor Presidente —dijo confuso y agitado—, vengo de parte del general Blanquet para informarle que el general Rivera se ha sublevado y se dirige a Palacio. Su vida está en peligro y usted debe hablar con los soldados. Es urgente que salga de aquí.

El Presidente conocía bien la lealtad del general Rivera y no cayó en la trampa de Riveroll:

—No lo creo; al general Blanquet le corresponde informarme. Haga usted que se presente en el acto.

Riveroll, nervioso, tomó a Madero por un brazo y trató de llevarlo a la fuerza. Mientras Madero se deshacía de él después de una breve lucha, hicieron su entrada el capitán Federico Montes ayudante del servicio y el mayor Garmendia otro de sus ayudantes, nombrado la víspera inspector general de Policía.

Casi simultáneamente, cincuenta soldados formados en dos hileras, con los rifles dispuestos y encabezados por el mayor Izquierdo, el capitán González y varios civiles irrumpieron en la estancia.

Riveroll tomó del brazo nuevamente a Madero con mayor energía diciéndole:

—Señor Presidente, es urgente que abandone este lugar.

Madero lo rechazó una vez más diciendo:

—No saldré.

El capitán Montes encargado de la custodia del Presidente, al ver a los soldados gritó:

—¿Adónde va esa fuerza? Alto. Media vuelta.

Los soldados, obedientes, giraron mecánicamente pero Riveroll, sin abandonar al Presidente, medio repuesto, ordenó:

—Media vuelta. Apunten...

La palabra fuego ya no pudo salir de su boca. Garmendia sacó la pistola y exclamando "Al señor Presidente no se le toca", fulminó a Riveroll disparándole un tiro en la frente.

Era el turno de Izquierdo. Avanzó con la pistola en la mano y fue abatido por el capitán Montes.

El capitán González y los civiles, entre los cuales figuraba el ingeniero Cepeda, perdieron la cabeza:

—¡Fuego, soldados!, ¡fuego! —gritaron—. ¡Mátenlos a todos!

Los soldados como autómatas respondieron con una descarga cerrada. Marcos Hernández saltó sobre el Presidente cubriéndolo con su cuerpo y cayó agonizante.

—¡Marcos!, ¡Marcos!, ¡Marcos! —exclamó el Presidente tratando de levantarlo.

Rafael Hernández se acercó entonces:

—Está muerto —alcanzó a decir.

El salón verde protagonizaba la lucha que se libró en la ciudad durante diez días. Rodaban los muebles y los grandes jarrones saltaban en pedazos. Las pistolas de Garmendia y de Montes continuaban haciendo fuego. Cepeda, a quien un tiro le amputó el dedo meñique se retiró, y los soldados, sin jefes, desaparecieron.

—Tenemos que huir inmediatamente —dijo Ernesto Madero—. Blanquet se ha volteado y estará aquí dentro de algunos instantes.

El Presidente dijo sin perder la calma:

—Abajo, en las calles de la Acequia, hay fuerzas de rurales leales. Salgamos al balcón.

Se abrieron las puertas y Madero apoyado en el barandal se dirigió a los rurales:

—Soldados: acabo de sufrir un atentado del que venturosamente salí ileso, pero el enemigo está aquí mismo en el Palacio. El gobierno legítimo de la República está en peligro y requiere la cooperación inmediata de los soldados leales y dignos. Con la ayuda de ustedes, hemos de triunfar ¡Viva México!

—¡Viva Madero! —respondieron los rurales—. ¡Viva el supremo gobierno!

A pocos metros se ofrecía una remota posibilidad de salvación, ¿pero cómo alcanzarla? Era necesario bajar, cruzar el patio lleno de soldados de Blanquet, aventurarse por los corredores y ganar otra salida o quedarse atrapados en los salones. Madero no lo pensó mucho. Confiado en su valor que ya lo había salvado de morir muchas veces y en su carácter de Elegido, decidió afrontar el peligro y tomando su elevador privado descendió con sus acompañantes al patio de honor.

El oficial de la guardia, ante la figura del Presidente, de un modo mecánico ordenó a los soldados:

—¡Presenten armas!

Veinte soldados mantenían verticales frente a sí las pesadas armas oscuras rematadas por la hoja de la bayoneta. El milagro se había realizado. El capitán Montes en vez de aprovechar esa momentánea oportunidad de ganar la calle, enardecido, se dirigió a la guardia:

—Soldados: han tratado de asesinar al Presidente de la República; traidores pertenecientes al 29 batallón han querido matarlo. Hay que defender la persona del que es, por la elección del pueblo, el Presidente de México.

Las palabras de Montes caían en el vacío. Los rostros de los soldados permanecieron inalterables. Las palabras de traición, de elección popular o de defender al Presidente carecían de significado. Para ellos, el ritual de la aparición del Presidente había creado el tiempo sagrado pero ese tiempo tenía un límite muy estrecho y una vez transcurrido, volvían a instalarse de un modo natural en lo profano.

Lo profano esta vez llegó en la figura de Blanquet. Dándose cuenta de que el Presidente se le escapaba, él y sus oficiales, pistola en mano, corrieron hacia Madero. Blanquet, conocedor de su gente sabía que en ese segundo, para desvanecer el tiempo sagrado, le era indispensable emplear la mayor energía. Sus ademanes eran los de un poseso, sus ojos "echaban lumbre" y apuntando su pistola al pecho de Madero, lanzó un grito convulso:

—Ríndase, señor Presidente.

Madero contestó:

—Es usted un traidor, general Blanquet.

Madero se había desacralizado de golpe. Rodeado de pistolas, casi a la fuerza, fue encerrado con sus ministros en la intendencia de Palacio. Blanquet remató su victoria exclamando frente a la guardia que seguía presentando armas:

—Soldados: ¡Viva el ejército! ¡Viva la República!

"Sarcasmo horrible de aquel gorila enchamarrado que acababa de herir de muerte precisamente a la república", comentó, usando el estilo de la época Manuel Bonilla, hijo de uno de los ministros que lograron escapar a Blanquet.

Entretanto Huerta estaba en el restaurante Gambrinus con Gustavo Madero. Antes de concluir la comida, un ayudante militar se presentó a Huerta diciéndole que le hablaba por teléfono el general Blanquet. Blanquet comunicó entonces lo ocurrido en el Palacio. Huerta, ya ebrio, exclamó:

—Perfectamente, general Blanquet. Lo felicito. Ésta es la nuestra. Ya es usted general de división. ¡Viva la República!

Huerta volvió a la mesa. Detrás de las gafas oscuras sus ojos no expresaban la menor emoción aunque según el general Urquizo, biógrafo posterior de Madero, no pudo evitar "una sonrisa de chacal".

Gustavo, ignorante de esta costumbre de los chacales, nada advirtió y continuó su tarea meticulosa de prepararse un cigarrillo de hoja de maíz.

Huerta le dijo suavemente:

—Don Gustavo, quiero regalarle una nueva pistola que es, seguramente, mucho mejor de la que usted usa.

—Muchas gracias general, pero le advierto que la mía no es nada mala.

—A ver —dijo Huerta alargando la mano.

—Mire usted —respondió Gustavo dándole la pistola.

Huerta la amartilló y con su voz impersonal, encañonando a Madero le advirtió a su huésped:

—Es usted mi prisionero.

Gustavo dejó caer su cigarrillo y varios oficiales le amarraron las manos con el cordón de seda de los cortinajes. Huerta tomando su automóvil se dirigió al Palacio.

A poco, y fuera de los aislados disparos de las tropas de Felipe Ángeles cesó el estruendo de los disparos que había ensordecido a la ciudad durante 10 días y se escucharon las campanas de los templos. Primero se dejó oír la campana mayor de la catedral. Una serie de enormes burbujas de oro estallaban convirtiendo "la región más transparente del aire" en una sola vibración. Después se unieron las voces graves de las campanas medianas y las agudas y apresuradas de las esquilas en un coro solemne que anunciaba no un *requiem* sino un jubiloso *tedeum*.

La gente salió de sus casas y al saber que se celebraba la derrota y el prendimiento del único Presidente elegido por él democráticamente en toda su historia, enloqueció y los desconocidos se abrazaban y saltaban de alegría. La banda de guerra del 29 Batallón recorría la Plaza Mayor tocando dianas y gritando:

—¡Viva el ejército!

Primeras víctimas

Huerta mientras se reservaba para sí al Presidente y al vicepresidente creyó necesario cederle la parte estorbosa del botín constituida por Gustavo Madero y Bassó, el intendente del Palacio, a Félix Díaz, su enemigo de la víspera.

En las primeras horas de la noche nadie había salido de la Ciudadela. Jóvenes de la Escuela Militar de Aspirantes, soldados y oficiales, prisioneros escapados de la cárcel de Belén y aristócratas porfiristas formaban un conjunto espectante.

Gustavo Madero y Bassó llegaron en dos automóviles custodiado por numerosos oficiales. A medida que desfilaban a lo largo de las oscuras galerías la espectación retenida y el deseo de venganza los hacían correr atropelladamente:

—¡Que muera "Ojo Parado"! ¡Que muera Bassó! —gritaban.

Félix Díaz sentado en una estancia a medias iluminada presidía el tumulto. En su cara los ojos negros tenían ese fulgor impuro y misterioso del tío, cuya representación de algún modo ostentaba en ese momento. No tuvo que decir una palabra. Mondragón se adelantó proponiendo:

—Yo me hago cargo de los prisioneros —y señalando a Gustavo añadió—: Llévenselo fuera.

Gustavo Madero estaba descompuesto. Ya cerca del triunfo, luego de una comida reconfortante en más de un sentido, Huerta, el salvador, lo había encañonado con su propia pistola y ahora se hallaba frente al hombre a quien su hermano le había perdonado la vida.

Mondragón lo arrojaba no precisamente a los oficiales, a un cierto orden superior, sino a una fuerza irracional contra la cual no había defensa posible.

Conducido a golpes y a empellones hasta la plaza frontera donde se levanta la estatua de Morelos, un oficial lo tomó del cuello y proyectó la luz de su linterna sobre la cara en la que resaltaba asimétrico y fijo el ojo de vidrio. La luz señaló el blanco preciso y otro soldado, le vació de un tajo de su cuchillo el ojo vivo.

Gustavo, ciego, enloquecido por el dolor, se cubrió la cara con las manos y exclamó devuelto a su infancia:

—Mamá, mamá.

Los gritos se hicieron más agudos:

—Chillón. "Ojo parado." Cobarde.

Gustavo trató de huir pero la multitud lo persiguió a patadas, a tiros y a puñaladas. Era un hombre fuerte que tardaba en morir. Ya caído se le remató con una bayoneta. Su cuerpo fue enterrado después bajo un montón de estiércol en el cuartel de la Guardia Presidencial.

Al intendente Bassó se le reservaba un mejor trato. Minutos más tarde, un piquete de soldados lo llevó a la estatua de Morelos erigida en paredón. Formado el cuadro, el intendente le dijo al oficial que dirigía el fusilamiento:

—Permítame un solo momento para ver por última vez en mi vida la estrella polar que tantas veces me sirvió en la vida.

En el cielo, enrojecido por el resplandor de los incendios sus ojos descubrieron siguiendo la constelación de la Osa Mayor, la pequeña estrella, guía de los navegantes.

—Estoy listo —suspiró tranquilo.

Bassó cayó muerto. Estando aún su cuerpo al pie de la estatua, los soldados fusilaron al prefecto de Tacubaya, don Manuel Oviedo, que unos días antes había ordenado un registro legal en la casa de Mondragón. El propio general presenció estas muertes, asomado a una ventana de la Ciudadela.

La trampa encantada

El doctor Manuel Márquez Sterling a pesar de su largo y solemne cargo de enviado extraordinario y ministro plenipotenciario de Cuba en México, era un hombre cuyo sentido del honor sólo igualaba a su efusiva cordialidad. Esa tarde se hallaba en su casa esperando la anunciada embestida del general Blanquet contra la Ciudadela, cuando recibió el aviso de que la embestida se había realizado... contra Madero. "¡Cómo! ¿Blanquet? —se preguntó—. ¡Oh, no es posible! ¡Si Blanquet es el brazo de hierro del gobierno, la mano inexorable que dará el último golpe a la 'montonera' como dicen en Argentina!"

Sin salir de su confusión, Henry Lane Wilson le habló para invitarlo a una reunión del cuerpo diplomático en la embajada. Wilson no cabía en sí de gozo y se le escapaban las confidencias ya que "es de los que hablan lo que deben callar y callan lo que deben hablar". Nunca el nuevo Ministro se había encontrado a nadie más indiscreto. "Más indiscreto de tarde que de mañana. Y más todavía de noche que de tarde", sin duda a consecuencia de sus repetidas libaciones cada vez más frecuentes a partir de la comida.

Ya reunidos todos, el embajador leyó una breve nota de Huerta donde se le hacía saber lo siguiente: 1º Que tiene preso por patriotismo al Presidente de la República y a sus ministros. 2º Que le ruega lo participe así al Cuerpo Diplomático. 3º Que también le ruega lo haga saber a Mr. Taft y 4º Que si ello no es un abuso informe de la aventura a los "rebeldes".

—¿A qué rebeldes? —cuchicheó un ministro—. Él es un rebelde. . .

—¿Quiénes son ahora los rebeldes? —dijo otro ministro.

—Ésta es la salvación de México —afirmó Wilson—. En adelante habrá paz, progreso y riqueza. La prisión de Madero la sabía yo desde hace tres días. Debió ocurrir la madrugada de hoy.

—¿Y usted avisó a Félix Díaz? —le preguntó un colega.

—Mucho antes de que Huerta me lo pidiese. Ahora oigan ustedes los nombres de los ministros que integrarán el nuevo gobierno.

A las 10 de la noche —a la misma hora en que Gustavo Madero y Bassó caían asesinados— estaba de regreso en la embajada Márquez Sterling. Un portero ebrio lo llevó al corredor donde ya se encontraban varios ministros extranjeros. En el fondo se destacó la figura de Rodolfo Reyes. Una mascada envolvía su cuello. Dándole la mano se apresuró a decirle, voluble y seguro de sí mismo:

—Quise ir en busca de asilo a la legación de usted y no pude. Luego, el día del armisticio me fue más fácil reunirme con Félix Díaz en la Ciudadela.

Señalando después una puerta agregó:

—Allí estamos —y sin dejar de sonreír desapareció.

A poco rato salió el embajador en plena exaltación:

—Queridos ministros, ya todo está arreglado. Ahora pasarán allá dentro.

—¿Y que suerte correrá el pobre Madero? —se atrevió a preguntar un ministro.

—¡Oh, al señor Madero lo llevarán a un manicomio que es donde siempre debieron tenerle.

Minutos después se abrió la puerta "de la trampa encantada" y aparecieron los principales actores de la tragicomedia. Huerta estaba cubierto por un chaquetón militar y detrás de las antiparras azules sus ojos lanzaban "llamaradas".

En cambio, Félix Díaz se veía triste, receloso y su mirada "se le caía sobre la alfombra".

Formados en torno de una mesa de mármol Rodolfo Reyes principió la lectura de lo que se ha dado en llamar el Pacto de la Embajada: Huerta ocuparía la Presidencia provisional de México; Félix Díaz se reservaba el derecho de lanzar su candidatura en las próximas elecciones y el Congreso debería nombrar a los miembros del Gabinete, casi todos partidarios de Díaz. Al leer este artículo, Reyes no mencionó sus nombres y dijo:

—Reservado.

—Reservado... y lo sabíamos nosotros antes que él —le secreteó a Márquez Sterling su más cercano colega.

Con su torpeza habitual, Huerta, moviendo la cabeza cortada al rape de un lado para otro se despidió de cada uno de los diplomáticos. Al llegar a Félix Díaz se detuvo. "Se hubieran devorado y se abrazaron."

Wilson exclamó:

—Goce de larga vida el general Díaz, salvador de México.

La euforia del embajador estaba justificada, pues aquélla era su obra. Se había entendido con Díaz desde el principio de la Decena Trágica, supo con tres días de anticipación que Madero sería aprehendido por acuerdo de Huerta, y según escribió al Departamento de Estado él invitó a los dos generales a la embajada "para que accediesen a trabajar juntos, a base de que Huerta fuera el Presidente provisional, mientras que Díaz elegiría el Gabinete y luego, con el debido apoyo de Huerta, pasaría a ser Presidente permanente".

El país tenía un nuevo gobierno antes de que a Madero se le arrancara la renuncia. La tristeza y la desconfianza de Félix Díaz también tenía su razón de ser. El Presidente —se repetía el juego de los Convenios de Ciudad Juárez— no era él, sino Huerta, y de Huerta como de Francisco León de la Barra, nada seguro podía decirse. Sin embargo había sonado la hora del triunfo. Las damas y los caballeros del porfirismo llenaban los balcones de San Francisco y de Plateros arrojándole flores al paso de su auto descubierto, y durante la noche los aristócratas brindaron con champaña por la caída del loco Madero que había tenido la osadía de perturbar el sueño de la paz y de la prosperidad nacionales. El ejército había aplastado a sus enemigos. El augusto imperio de don Porfirio tenía a un heredero de su sangre y sus labios repetían la frase del embajador: "Goce de larga vida el general Félix Díaz, salvador de México."

La noche mexicana

La noche del 22, Madero, Pino Suárez y el general Ángeles apagaron la luz y se acostaron en sus angostos catres de campaña. Ángeles, antes de dormir advirtió que Madero, cubriéndose la cara con el sarape, lloraba silenciosamente la muerte de su hermano.

Media hora más tarde, el general Chicarro entró a la Intendencia seguido de un cabo de rurales llamado Francisco Cárdenas y ordenó secamente:

—Levántense, señores.

—¿Qué sucede? —preguntó Ángeles—. ¿Qué significa esto? ¿Adónde nos llevan?

Chicarro guardó silencio. Ángeles insistió:

—Vamos, díganme ustedes. ¿Qué es esto?

Al fin contestó Chicarro:

—Los vamos a llevar a la Penitenciaría. Allí estarán mejor.

—¿A mí también?

—No, mi general, solamente a ellos.

Madero protestó por no haberle dado aviso oportunamente mientras se vestía la camisa dura, el *jaquet* y el pantalón claro que llevaba el día de su arresto. Tenía la barba y el escaso pelo revueltos y en su cara se advertía la huella de sus recientes lágrimas.

—Nos asesinarán —le dijo a Felipe Ángeles—. Es necesario que usted insista en acompañarnos. Así quizá no podrán hacernos daño.

Ángeles, aprovechando el momento en que la guardia registraba a Madero en busca de un arma, insistió:

—Qué, ¿no voy yo también?

—No, mi general —respondió Cárdenas—. La orden que tengo es que usted se quede aquí.

Madero se despidió del general Ángeles abrazándolo. En el patio aguardaban dos enormes autos negros con un chofer y un soldado cada uno de ellos. Madero ocupó el primer auto acompañado de Cárdenas y Pino Suárez el segundo bajo la custodia de Rafael Pimienta.

En el espacioso interior del *Prothos*, el pequeño Madero, vestído con su *jaquet* y tocado con un sombrero hongo, ocupaba un breve espacio. A través de los cristales desfiló la plaza y la vieja calle del Reloj oscura y desierta. Madero debió recordar el día ya tan lejano de su entrada triunfal a la ciudad de México. Ahora esa misma ciudad lo expulsaba indiferente después de arrebatarle la presidencia. A trechos regulares, la luz de los faroles iluminaba por un segundo los ojos chinescos y el negro bigote de Francisco Cárdenas.

El auto dejó atrás la puerta principal de la Penitenciaría tomando por un costado. Madero preguntó:

—¿Adónde vamos?

—A la Penitenciaría. Estamos dando la vuelta.

—¿Para entrar por atrás?

—Sí señor, para entrar por atrás.

—Pero es que no hay puertas atrás...

No tuvo tiempo de terminar la frase. En el llano, cerca del alto muro de la cárcel se escuchó una descarga y varios hombres, iluminados débilmente por dos linternas surgieron de las sombras.

Madero se levantó y trataba de abrir la portezuela cuando se oyó el grito familiar de "Viva Madero" seguido de una nueva descarga.

—Baje usted, señor, le pueden hacer algo —ordenó Cárdenas, que había sacado su pistola.

Madero saltó del coche y en ese momento Cárdenas le disparó un tiro en la cabeza. No tuvo necesidad de seguir disparando. Madero permanecía inmóvil echado de bruces, sobre la tierra. Cárdenas, con el pie hizo girar el cuerpo y al mostrar la cara, advirtió que su tiro le había salido por la frente.

Pino Suárez, oyendo los gritos, corrió hacia el grupo de los mercenarios, alcanzándolo un tiro de Pimienta.

—No me tire, no me tire —gritó el Vicepresidente sin dejar de correr, pero tropezó en una zanja y se rompió una pierna.

—Acaba con el tuyo —le dijo Cárdenas a Pimienta.

—No, yo a un caído no le pego —contestó Pimienta retrocediendo.

La furia de Cárdenas y la de Cecilio Ocón, jefe de los mercenarios encargados de fingir el ataque que justificara la muerte de Madero y Pino Suárez, se volvió entonces sobre Pimienta. A bofetadas y empellones lo arrastraron a la zanja donde se quejaba el Vicepresidente y dando el ejemplo, Cárdenas le vació la carga de su pistola. Pimienta, alentado, disparó también. Cárdenas comentó:

—Qué durito estuvo éste. El otro ni pío dijo.

Al día siguiente los periódicos publicaron a ocho columnas la versión oficial. Madero y Pino Suárez cuando eran llevados a la Penitenciaría, un grupo de sus partidarios disparó contra la escolta y en el combate que se entabló hallaron la muerte.

En su nota confidencial del 12 de mayo a W. J. Bryan, secretario de Estado, concluía Wilson, el embajador de los Estados Unidos: "Mi propia opinión es que el gobierno no tuvo nada que ver en la muerte de estos hombres sino que sus muertes resultaron como se relata en la versión oficial o resultaron de una conspiración militar secundaria, basada en sentimientos de venganza por el asesinato del general Ruiz en el Palacio Nacional, el probable asesinato del general Reyes, y la muerte a balazos hecha por el Presidente, de los coroneles Riveroll o Izquierdo, en el momento de ser tomado prisionero."

DE CÓMO VINO HUERTA Y DE CÓMO SE FUE

El doble de Madero es Huerta. Madero representa el bien, el deseo idealista de regenerar a un pueblo por medio de la democracia concebida como un talismán taumatúrgico. Alienta la convicción de que un pueblo hundido en los horrores de la dictadura, amordazado y esclavizado durante siglos, ama la libertad que se le ha negado siempre. Cree que todos son buenos. Para él no existe el mal, no lo concibe y por lo tanto, no le opone ninguna resistencia. La democracia desde luego tiene sus riesgos, pero representa la única vía de salvación posible que se le ofrece a México. Le devolvió su soberanía a las cámaras donde radica la voluntad popular y diputados y senadores lo atacaron y lo injuriaron soezmente. Le devolvió su libertad a la prensa y los periodistas se mofaron de él y lo convirtieron en un loco y en un enano bufonesco al amparo de su nueva impunidad. Los ambiciosos se levantaron en armas y él les perdonó la vida, ya que odiaba la sangre y rechazó la tradición de Huichilobos que ha imperado en la historia. En todo obra con una inocencia y un candor inconcebibles. No advierte, a causa de su bondad congénita que los demonios reprimidos con la mano de hierro del porfirismo se han desatado y luchan furiosamente por conservar sus antiguas posiciones o por conquistar otras nuevas.

Se llegó al punto de que la libertad, para ser conservada, debía ser restringida y guiada con una mano más dura que la suya. Los campesinos reclamaban la tierra y Madero no acierta a dárselas, mientras la exijan con la violencia. Los porfiristas no se dan cuenta que el gobierno democrático constituye su única salida y lo combatieron de modo implacable. En realidad todos lo combatían y lo odiaban y conspiraban en su contra. A esta máquina infernal él sólo supo oponer su bondad y su fe en el triunfo final del bien.

El que odiaba la violencia y la sangre provocó más violencia y por último su doble terminó asesinándolo. Huerta es el pecado original de Madero, el pecado de una sociedad acostumbrada a la servidumbre, al crimen, a la represión que terminó destruyendo su sueño luminoso de libertad y democracia.

Huerta, la otra cara del porfirismo

El 22 de febrero al saberse el sacrificio de Madero en una ciudad desventrada que velaba a sus muertos, los ricos porfiristas alzaron las copas de champaña para celebrar su victoria. El débil y grotesco presidente que interrumpió la marcha del progreso con sus quimeras democráticas tenía ya su merecido y había vuelto El Hombre Insustituible, El General que sabría restablecer el orden "con su mano de hierro".

Huerta era un hombre de más de 60 años educado en los cuarteles. En su rostro enigmático y repulsivo, los espejuelos oscuros velaban los ojos desconfiados; egoísta, "inconmesurablemente ambicioso —dice de él Vera Estañol uno de sus ministros—, renuente a la noción del deber, ignorante o desdeñoso de toda energía individual o social libre, falaz hasta la decepción de sí mismo, brutal, arbitrario, entregado a la embriaguez, con sus exaltaciones y depresiones, partidario de la fuerza bruta fue dentro del gobierno, el elemento disolvente por excelencia" [26].

"Astuto y sanguinario de todos desconfía y sus mejores amigos saben que serán sacrificados el día que lo juzgue necesario", escribe Ramón Prida, un historiador aficionado a estudiar el carácter de sus personajes. Cierta noche según recuerda le ordenó a Blanquet que fusilara al doctor Aureliano Urrutia, notable cirujano, antecesor de los médicos nazis y uno de sus íntimos, pero como Blanquet conocía bien a su temible jefe pospuso la ejecución, lo que aprobó más tarde un Huerta arrepentido de su primer impulso.

"La mayor parte de sus actos parecen de un loco, o cuando menos de un inconsciente: no es ni una ni otra cosa. Reflexiona, y su juicio es claro; pero es impotente para dominar sus pasiones, casi todas latentes en su ánimo de la manera más primitiva. Es perezoso; pero cuando su pasión favorita lo obliga es activísimo aunque sea por breve tiempo." [27]

Tal vez sea este juicio de Prida el que mejor describa a Huerta y Toribio Esquivel, otro de sus ministros lo precisa, añadiendo: "puede decirse que su valor mental se reduce a la astucia para engañar y la audacia para dar el golpe". Pasaba del lloriqueo, de las efusiones sentimentales más ramplonas, a la decisión helada de matar o de encarcelar en masa a los diputados aunque estos actos salvajes hicieran casi imposible la estabilidad de su gobierno.

Su hoja de servicios lo pinta como un soldado brutal: Bernardo Reyes le encargó la tarea de "pacificar el lejano territorio de Quintana Roo, es decir, la exterminación de los últimos mayas de la guerra de castas; de la Barra en 1911, aplastar la rebelión de Zapata donde desplegó una saña inútil y Madero después del suicidio de su antiguo ministro de la guerra José González Salas recurrió a él para sofocar con éxito el pronunciamiento de Pascual Orozco. En un ejército de momias, sobre él recaían estos trabajos de limpieza que desempeñó meticulosa, fría e implacablemente. Obediente a la disciplina militar exigía a su vez una obediencia total y al hacerse cargo del poder absoluto, el subordinado trató de vengarse erigiendo un nuevo despotismo y tratando de convertir al país en un cuartel de sumisos reclutas.

Los historiadores todavía acostumbran llamarlo el "viejo soldado" pero carecía de la lealtad y la nobleza que distingue al verdadero soldado. Era ingeniero y especialista en ferrocarriles, conocía técnicamente la estrategia y había estudiado las campañas napoleónicas, sin ningún provecho, ya que se definía "suspicaz como una rata".

Huerta era la encarnación de un porfirismo amputado de su hipocresía y de sus buenas maneras. Desconfiaba de todos y en poco tiempo cambió de ministros y de gabinetes. A su cómplice el general Mondragón después de quitarle el ministerio de la Guerra lo obligó a exiliarse; de Félix Díaz se deshizo dándole la misión diplomática japonesa que Madero le había confiado a su hermano Gustavo.

Sus íntimos amigos —Ocón, el médico Urrutia, Cepeda— fueron de su misma ralea. Cepeda —algunos dicen que era su hijo bastardo—, nombrado gobernador del Distrito Federal, una noche, estando ebrio perdido, se dirigió a la penitenciaría y exigió que le entregaran a tres gobernadores maderistas para fusilarlos. Rechazado, logró entrar a la cárcel de Belén. Allí despertó al joven general Gabriel Hernández, él mismo dirigió el pelotón de fusilamiento y luego le prendió fuego al cadáver mientras los presos aullaban horrorizados desde las ventanas de sus celdas. Aquello era demasiado, incluso para Huerta que lo mandó preso a San Juan de Ulúa donde alguien le pegó un tiro y fue echado al mar como carnaza de los tiburones.

En esa atmósfera de terror los periodistas que habían contribuido a la caída de Madero cubriéndolo de sarcasmos por haberles dado la libertad, lejos de caricaturizar al ebrio, al Dictador que había militarizado al país entero, lo llamaban "el nuevo Cuauhtémoc" y uno de los más grandes poetas, Salvador Díaz Mirón, famoso por su violencia, el día que Huerta visitó su periódico, dijo que "despedía un perfume de gloria".

Diputados y senadores guardaron silencio. Los gobernadores con la única excepción de Venustiano Carranza, reconocieron su legitimidad y sólo hasta el primero de mayo los trabajadores de la Casa del Obrero Mundial y algunos intelectuales atacaron al régimen y llamaron a la Revolución. Entre sus muchos asesinatos destacan el del gobernador de Chihuahua, Abraham González, echado bajo las ruedas de un tren, el de Serapio Rendón a quien se le pegó un tiro en la nuca cuando escribía una carta de despedida a su esposa y el del Senador Belisario Domínguez que murió por haber llamado a Huerta dictador, traidor y asesino.

Al principio Huerta tuvo de su lado al clero y a la gran burguesía porfirista que le hacía cuantiosos préstamos. Sin embargo todo el dinero, el resto del tesoro nacional dejado por Díaz, se consumía en levantar ejércitos. El Dictador exigía siempre más dinero y más contribuciones haciendo ver a los reacios que el bosque de Chapultepec no tenía bastantes árboles para ahorcarlos y el perfume de gloria se fue transformando en un olor de avanzada descomposición.

En tanto que Huerta echaba a la hoguera millares y millares de hombres cogidos de leva a la salida de los toros o de los espectáculos —todos los pelados es decir todos los pobres— eran ejercitados de prisa y convertidos en soldados, él se enriquecía comprando casas y administrando cadenas de garitos. Sus hijos, Jorge y Victoriano, monopolizaban los contratos de armas, municiones y uniformes y el padre, dando una muestra de amor conyugal, le compró a su vieja mujer un enorme diamante.

El nuevo gobierno

Todavía estando preso Madero en la conserjería del Palacio y sin haber firmado su renuncia, Huerta formó un gabinete que se calificó de extraordinario. Allí figuraban Rodolfo Reyes, Vera Estañol, el propio de la Barra, Alberto García Granados, todos ellos pertenecientes a la *élite* intelectual del porfirismo, orgullosos de sus títulos, de su cultura y de su preeminencia. No participaron directamente en el asesinato de Madero, si bien tampoco se preocuparon por salvarle la vida. En un consejo de ministros propusieron a Huerta que se procesara a Madero y a Pino Suárez por el fusilamiento del general y diputado Gregorio Ruiz "sin formación de causa ni previo desafuero", con lo cual echaban sobre los inocentes la culpa del homicidio y exoneraban a Huerta, el verdadero responsable del asesinato. Dos días más tarde, cuando se les dio la pueril versión oficial de la muerte de Madero y Pino Suárez, ninguno exigió una investigación ni mucho menos presentó su renuncia, lo que equivalía crudamente a sancionarla. Vera Estañol escribe en su *Historia de la Revolución*: "El conocimiento que teníamos de la delicadísima situación con los Estados Unidos y en buena parte la incertidumbre sobre los verdaderos culpables, dan la explicación —que con frecuencia se ha pedido— de por qué ni uno solo de los ministros renunció, pues ninguno se creyó libre de sus deberes para con la nación en momentos en que la suerte de aquélla dependía de la solidaridad del Gabinete."

Estos juristas que acostumbraban analizar los hechos con el máximo rigor no podían aceptar la burda versión del crimen; sospechaban que se trataba de una falacia y sin embargo Vera Estañol habla de una incertidumbre sobre los verdaderos culpables. Huerta por lo demás no emprendió la investigación que sus ministros dicen haberle pedido y tampoco insistieron en ello. La suerte de la nación no dependía de la unidad de un gabinete enteramente sujeto a la voluntad de Huerta, aunque más tarde afirmaran no estar identificados con el nuevo dictador ni con su política. Pensaban, según lo dice Vera Estañol, que el gobierno se había constituido para "contrabalancear" los desmanes que ya se preveían en él y "que una renuncia en masa habría contribuido a entregar al país a la anarquía y con ésta a provocar la intervención armada de los Estados Unidos".

Ya la anarquía durante los últimos días de febrero era total. En casi todos los estados de la República a pesar del ejército y de la policía se levantaban numerosos grupos armados para vengar a Madero, Zapata continuaba su lucha, y en la ciudad de México se sucedían los asesinatos.

Huerta había inaugurado un estilo de gobierno del que no había antecedentes en la historia dictatorial de México. En tanto que Porfirio Díaz se refugiaba en el Castillo de Chapultepec o en el Palacio y sus salidas públicas estaban rodeadas de un boato imperial, Huerta parecía huir de los sitios en que flotaban los fantasmas de sus víctimas. Su verdadero palacio era el Café Colón donde se había acondicionado una estancia como sala de juntas y allí recibía a los ministros, generales y embajadores sentado frente a una botella de coñac.

Su ánimo dependía de que la botella estuviera vacía o llena pero aún este indicador no merecía confianza pues nadie era capaz de adivinar cuántas le habían antecedido, en qué lugar y en cuánto tiempo. El alcohol no parecía afectarlo. "El único indicio de tensión era la rapidez con que aspiraba bocanadas de los pequeños cigarrillos negros, sus preferidos." A veces trasladaba la sede de su gobierno a una taberna desconocida o al figón de un mercado y debe haberlo llenado de regocijo que los automóviles de los ministros emprendieran locas carreras nocturnas en su búsqueda, hasta que lo encontraban devorando un plato de enchiladas.

En el fondo despreciaba a sus cultos y elegantes ministros llenos de suficiencia jurídica. Se creían los únicos capaces de atar al monstruo, de adecentarlo, de obligarlo a matar dentro de la ley en una forma "civilizada", de limarle las uñas y el monstruo jugaba con ellos, los manejaba con la impía rudeza de Porfirio Díaz o los cesaba sin explicaciones. Nunca logró anudarse la corbata ni vestirse con una levita planchada o desprovista de manchas y lo único que le preocupaba era mantener las torcidas antiparras que tendían siempre a resbalarse de su nariz. La señora O'Shaugnnesy, la esposa del encargado de negocios de los Estados Unidos, escribía fascinada e irónica que Huerta "ha demostrado ser vastamente superior en cualidades de acción a cualquier hombre de los que México haya producido después de Díaz, no obstante su desequilibrio y sus niñerías sorprendentes, consecuencia de extrañas sutilezas y habría vendido su alma para agradar a los Estados Unidos a fin de obtener el reconocimiento" [28].

Un Wilson y otro Wilson

Si bien la señora O'Shaughnnesy, no presentía siquiera la aparición centelleante de docenas de hombres de acción que en esos momentos batían al ejército federal, su juicio sobre Huerta no estaba equivocado. El general que llegó a la presidencia con la ayuda decisiva de Wilson, nada deseaba más ardientemente que la absolución y la bendición de los Estados Unidos.

Desgraciadamente para él, las cosas habían cambiado allá de un modo incomprensible. Woodrow Wilson, el sucesor de Taft, tomó posesión de su cargo el 4 de marzo de 1913 y no era un partidario de la política del dólar seguida por sus antecesores. Hijo de un severo pastor calvinista, distinguido intelectual, rector de la Universidad de Princeton, Wilson ha pasado a la historia como uno de los más idealistas presidentes de los Estados Unidos. Un idealista gobernante de un país imperialista era una aberración y estaba destinado a fracasar, primero en México y en el Caribe y más tarde, como había de probarse dramáticamente, en escala mundial.

"Wilson y Bryan su secretario de Estado —escribe Berta Ulloa— eran moralistas obsesionados por el concepto de la misión que Estados Unidos tenía en el mundo y estaban convencidos que comprendían la paz y el bienestar de otros países mejor que sus propios dirigentes." En la época de Roosevelt y de Taft, la política del Gran Garrote se hallaba encaminada a proteger por la fuerza y sin equívocos el imperialismo de los Estados Unidos y con el nuevo Presidente se introducía un elemento moral desconocido, pero este elemento moral se imponía desde una posición de fuerza y unilateralmente. Se dejó a un lado el Gran Garrote y se sustituyó por una doctrina humanista en pugna con la exportación de capitales y la concepción material en que descansaba el poderío de Norteamérica.

A Wilson le repugnaba la figura de Huerta y la forma en que había accedido al poder. Se trataba de un típico cuartelazo latinoamericano y Wilson se hallaba convencido de que la Divina Providencia le había conferido el papel de árbitro en aquel sucio asunto. Henry Lane Wilson también había cambiado mucho. El encono contra Madero y la energía que había empleado para derrocarlo, se trocó en una apasionada adhesión a la causa de Huerta. Lo creía el único hombre capaz de proteger adecuadamente los intereses norteamericanos por la fuerza militar y se transformó en su ardiente defensor. Si en los meses anteriores no cesaba de bombardear al Departamento de Estado con informaciones de odio, en los últimos días de Taft y en los primeros de Wilson, no cesó un minuto de implorar el urgente, eficaz y provechoso reconocimiento de Huerta, hechura suya y culminación de su valiente diplomacia.

Sus razonamientos y sus súplicas cayeron en el vacío. Wilson tenía demasiadas pruebas de su participación en la caída de Madero y, lejos de escucharlo, no sólo lo cesó sino que se abstuvo de nombrar un nuevo embajador —lo que hubiera implicado el reconocimiento tácito de Huerta—, dejando como encargado de negocios al antiguo secretario de la Embajada y también partidario de Huerta, Nelson O'Shaughnessy.

Huerta no estaba solo. Lo apoyaba su ejército, los mexicanos "decentes", el clero, una Inglaterra deseosa de preservar su petróleo, los americanos que defendían sus intereses y los senadores amantes de la intervención. Una gran parte del pueblo norteamericano inflamada con el espíritu del "destino manifiesto" sólo quería ver el pabellón de las barras y las estrellas reinar en el Caribe y más allá de Panamá; numerosos políticos y empresarios se preguntaban cómo el país más poderoso del mundo no era capaz de someter a los revoltosos ni defender adecuadamente las vidas y las inversiones de su país.

Hasta mayo, Wilson se concretó a guardar una política de espera vigilante, *watchful waiting*. Enemigo de emplear la fuerza contra las naciones débiles y de proteger con métodos reprobables las inversiones norteamericanas en el exterior, el caso de México le dio la primera oportunidad de aplicar su doctrina y de erigirse en mediador de los contendientes.

A pesar de que Huerta representaba los intereses tradicionales, el humanismo de Wilson le impedía otorgarle su reconocimiento a un general que se había adueñado del poder traicionando y asesinando a un presidente democráticamente electo. Objetaba su legalidad, y exigió que Huerta convocara a elecciones y no figurara como candidato en ellas, las dos únicas condiciones que el dictador no podía aceptar ya que si por un lado anhelaba el reconocimiento, anhelaba mucho más no abandonar nunca la amada presidencia.

Huerta, como era natural, rechazó aquella especie de ultimátum democrático y la hechura del pequeño Wilson se transformó en el enemigo del gran Wilson, sin dejar de clamar en todos los tonos por la legalidad de su mandato.

Carranza, el primer rebelde

Fue Venustiano Carranza, gobernador de Coahuila, la única personalidad que se atrevió a rebelarse contra Huerta en un momento de gran confusión en que gobernadores, cámaras, ejército, hacendados, clero, capitalistas e inversionistas extranjeros se apresuraban a expresarle su adhesión y su reconocimiento.

Carranza en 1913 no rebasaba los 54 años, pero su profusa barba blanca, su aire reposado y majestuoso lo hacían verse más viejo de lo que era, sobre todo rodeado como estaba de jóvenes revolucionarios. Había sido senador del porfirismo y gozaba de un cierto bienestar económico. Según Cabrera, era un hombre lento pero incesante; cada día hacía algo y su tenacidad era semejante a su ecuanimidad. Conocía bien la historia, tenía una memoria prodigiosa y nunca prometió más de lo que podía cumplir. "Carranza —resume Cabrera— tenía al lanzarse a la revolución un propósito desinteresado, patriótico y bien definido. Algo mucho más hondo, más vasto y más trascendente de lo que Madero se propuso: el propósito de Carranza expresado en pocas palabras fue: destruir una dictadura militar, establecer la igualdad social y consolidar la independencia de su patria." [29]

Quizá lo que necesitaba entonces la iniciada revolución para imponerse al ejército federal y a la política de los Estados Unidos, era un hombre de la experiencia y las cualidades de Carranza. Al iniciar su aventura estaba casi solo. Derrotado en Saltillo por una fuerza abrumadora, perseguido a través de los desiertos, el 25 de marzo sus tropas deshechas se refugiaron en la hacienda de Guadalupe.

Carranza, encerrándose en el cuartucho de la tienda de raya con su secretario, redactó un plan en el que se proponía tan sólo el derrocamiento de Huerta y la restauración del régimen constitucional. Al darlo a conocer, el capitán Francisco J. Múgica y los coroneles Lucio Blanco y Jacinto B. Treviño, con otros muchos, protestaron tumultuosamente. El plan debería incluir el reparto de latifundios, la abolición de las tiendas de raya y de las deudas campesinas, una legislación obrera, la destrucción de privilegios y desigualdades. "Naturalmente —escribe Múgica— que estas manifestaciones fueron hechas en forma nebulosa, con la confusión de gentes poco intruidas, pero con la videncia del que ha sufrido y con la sabiduría que da la expoliación interminable. Y pusimos manos a la obra. Enderezamos alambicados considerandos que expusieran nuestra filosofía y nuestros pensamientos para concluir con resoluciones firmes y enérgicas."

Carranza se limitó a preguntar:

—¿Quieren ustedes que la guerra dure dos años o cinco años? La guerra será más breve mientras menos resistencia haya que vencer. Los terratenientes, el clero y los industriales son más fuertes y vigorosos que el gobierno usurpador; hay que acabar primero con éste y atacar después los problemas que con justicia entusiasman a todos ustedes, pero a cuya juventud no le es permitido escoger los medios de eliminar fuerzas que se opondrían tenazmente al triunfo de la causa [30].

Este episodio característico va a normar las relaciones entre Carranza y los más jóvenes militares improvisados. El objetivo consistía en destruir el gobierno de Huerta sin alarmar al clero, a los hacendados y a los capitalistas, haciéndose eco de una repulsa nacional hacia la usurpación y pretendía agrupar a los maderistas sin prometer nada que en aquel momento era incapaz de cumplir.

La Revolución iba tomando forma, ¿pero qué era entonces la Revolución? Era, ante todo, el despertar de un pueblo. Millares de pequeños propietarios, de profesionistas, maestros, comerciantes, artesanos y campesinos sin oportunidades, trataban de escapar a la atmósfera insoportable de la provincia, cansados de la hipocresía de los riquillos que constituían las sórdidas aristocracias locales, de las conjuras de las sacristías, la venalidad de los jueces y los jefes políticos y el autoritarismo de las grandes familias. Se daban cuenta como el licenciado Reséndez, el personaje de Azuela en *Los fracasados*, que la supremacía de la inteligencia no es la puerta de la prosperidad, "que el triunfo en la vida corresponde a las medianías y aún a las nulidades, porque se llega a los más altos puestos no por el talento ni por el saber, sino por la audacia y por la intriga, por la bajeza, la desvergüenza y el cinismo".

Todos se sentían fracasados, humillados por el servilismo oficial y la Revolución les devolvía su identidad y les abría la puerta a otro mundo donde ellos tenían la oportunidad de emplear sus fuerzas creadoras oscurecidas por la dictadura.

Quiénes eran los nuevos guerreros

El estado de Sonora repudiaba a Huerta. Durante muchos años había sufrido la dictadura combinada de Ramón Corral, millonario esclavista, ex gobernador y vicepresidente de la República, la del viejo y sanguinario general Torres y la de tiránico, ostentoso y reaccionario gobernador Rafael Izábal.

En 1913, gobernaba Sonora José María Maytorena, rico propietario que veía con cierta simpatía a los revolucionarios si bien carecía de entereza para rebelarse abiertamente contra Huerta. Presionado de ambos lados, Maytorena tomó el camino más fácil: alegando una enfermedad imaginaria solicitó 6 meses de permiso y se refugió en los Estados Unidos. El gobernador interino, Ignacio Pesqueira, reunido con la legislatura, el 5 de marzo acordó no reconocer al régimen de Huerta y nombró como jefe de las operaciones a un comerciante y pequeño agricultor llamado Álvaro Obregón y como jefe de diversos sectores a los maderistas Benjamín Hill, Salvador Alvarado y Juan G. Cabral. Estos cuatro hombres que constituyeron el primer núcleo del famoso "sonorismo" en poco tiempo limpiaron de federales el estado, y Sonora, de un modo autónomo y por sus propias fuerzas se convirtió en uno de los bastiones de la naciente revolución.

Benjamín Hill

El abuelo de Benjamín Hill era un gringo confederado que terminada la guerra se fue a Sonora y allí se hizo minero y agricultor muy apreciado en la región del Yaqui. El padre, Benjamín Hill Salido, aventurero, jugador profesional, y su mujer fueron protagonistas de un suceso inserto en las más puras tradiciones del Oeste. Viajando en diligencia de Culiacán a Mazatlán los asaltó el bandolero Heraclio Bernal —personaje de corridos populares— y ellos se defendieron bravamente hasta que se les acabaron los tiros. Concluida la refriega, Bernal le tendió la mano a Hill Salido y le dijo: "A un gringo tan valiente no se le mata." [31]

Del hijo de esta pareja, Benjamín Guillermo Hill, sus biógrafos gustan recordar que estudió música en Italia y tuvo el honor de ser condiscípulo del cantante Enrico Caruso, pero su afición a la aventura pudo más que su afición a la ópera, pues se raptó a una condesa "pariente cercana de la Casa Real de Saboya" y se la llevó al Valle del Yaqui, donde murió de un parto mal cuidado.

El tercer Hill, también amante de la fuerza, del juego y de las correrías, combatió en el ejército de Obregón —eran medio parientes y se veían como hermanos— y allí se hizo de renombre, porque unido a su tren militar —apodado adecuadamente el "Circo Hill"— arrastraba consigo varios carros atestados de vacas, cerdos, ovejas y gallinas con que satisfacía su apetito pantagruélico. Salido Orcillo, citado por Héctor Aguilar Camín, decía que Hill "no se tentaba el corazón para decir lo que se le venía en gana tanto de las personas como del gobierno, al que criticaba a toda hora y en todas partes".

Manuel Diéguez

Manuel Diéguez era un hombre distinto y pertenecía a otra Sonora, la de la minería. Aunque ocupaba un alto puesto en la mina —percibía un salario de 7 pesos diarios— era lector de *Regeneración*, partidario y defensor de los derechos obreros, presidente de la Unión Liberal Humanidad y amigo de Baca Calderón, un ardiente orador y escritor panfletario. Los dos tenían gran influencia entre los mineros y fueron los instigadores de la huelga de Cananea. La huelga estalló a consecuencia de la discriminación de que eran objeto los mexicanos. Bajo sus pancartas de "5 pesos, 8 horas", organizaron una manifestación pacífica a la maderería donde se les recibió a tiros, ladrillazos y chorros de agua. Entonces los obreros incendiaron la maderería. Allí murieron quemados los hermanos Metcalf, autores de la agresión. A su vez los obreros resintiron tres muertos y varios heridos.

Los trabajadores, cargando a sus muertos, marcharon al Palacio Municipal, donde también se les recibió a descargas cerradas. Coléricos, saquearon las tiendas en busca de armas y hubo un segundo encuentro, que arrojó un saldo de 8 muertos: 6 mexicanos y 2 gringos.

Entretanto, Green, el dueño de la mina, contrató en Besbee a unos mercenarios, y el gobernador Izábal se trajo de Arizona a 200 *rangers* que cruzaron la frontera no como fuerzas regulares, sino como "individuos". En Ronquillo, Izábal les habló a los huelguistas: "Las putas norteamericanas —dijo— costaban más que las mexicanas. No había en ello nada de particular. Los mineros norteamericanos, en consecuencia, querían cobrar más que los mexicanos." [32]

Por la noche los *rangers* se divertían tirando al blanco sobre los obreros. El 3 de junio ya se habían presentado 500 soldados mexicanos y calladamente regresaron los comprometedores *rangers*. Se tomaron prisioneros a 100 huelguistas que Izábal se empeñaba en fusilar.

Diéguez y Baca Calderón fueron mandados a las tinajas de San Juan de Ulúa. Al parecer, esta huelga típica del porfirismo —cerrarse a la negociación, disparar sobre los obreros inermes, ayudarse en el último extremo con soldados norteamericanos— concluyó en 4 o 5 días, pero sus repercusiones, como lo hace notar Aguilar Camín, duraron años y constituyeron un golpe del que no logró reponerse el coronel Green.

Cabral, Alvarado y Serrano

Don Juan Cabral, adinerado portugués, amante de reunir en su casa a toda clase de conspiradores y poseedor del mejor whisky de Cananea, tenía un hijo que heredó su nombre y sus inquietudes revolucionarias. Joven pequeñito y sonriente, "incansable predicador de doctrinas demoledoras", ya a los 17 años estuvo a punto de ser encarcelado por un discurso antiporfirista. Durante la guerra alcanzó pronto el águila de los generales, y bajo las órdenes de Obregón participó diestra y valerosamente en numerosas batallas.

Salvador Alvarado, boticario y pequeño tendero en Potam y en Cananea, era igualmente aficionado a las lecturas radicales, única salida capaz de hacer tolerable una vida de vejaciones, tiranías, tabernas y prostitutas. Al llegar la Revolución, sobre estos jóvenes cayeron demasiadas responsabilidades. Les era necesario, ante todo, aprender a combatir, a manejar intereses complejos, a no ser muertos de una manera estúpida, y ninguno de ellos pudo asimilar satisfactoriamente ni las artes de la guerra ni sus lecturas atropelladas del desierto.

"El general Alvarado —escribe Enrique González Martínez— despertó desde el primer momento mi simpatía. Con cierta semejanza napoleónica que él gustaba acentuar con ademanes y posturas inocentes; con un cuerpo más bien pequeño y rechoncho; con un hervidero confuso de buenas ideas sociales y reformadores programas políticos; con una actividad incansable y ardiendo de fe en el amor a los principios, Alvarado mantenía una creencia firme sobre su propia misión trascendental en los destinos de México." [33]

Alvarado ganó fama no por sus hazañas de soldado sino por su actuación como gobernador militar de Yucatán, que retenía entonces el monopolio de las fibras duras con las cuales se ataban las cosechas trigueras del mundo.

El joven militar liberó a 100 mil esclavos mayas, fundó escuelas y agrupaciones obreras, dominó a la Casta Divina de los orgullosos plantadores, y si los *trusts* americanos pagaban "tanto" por el henequén, él los obligó a pagar "más cuanto" quebrantando las leyes abusivas del mercado. Su obra anticolonialista hizo que los hacendados y el Departamento de Estado emprendieran una campaña difamatoria en su contra, y para defenderse escribió *Mi actuación revolucionaria en Yucatán*, quizá el más notable libro dejado por los revolucionarios de su época. Alvarado manejó millones de dólares y salió tan pobre de la gubernatura como había entrado.

A su vez, Francisco R. Serrano, contador de una tienda ambulante, hizo una carrera asombrosa. Apuesto, inteligente, dotado de innata simpatía, nunca le dio importancia a nada, comenzando por él mismo. Amaba la vida y la derrochaba. En una época de penuria él y Manzo se fueron a Sanborn's con la esperanza de que alguien les pagara el desayuno, pues entre los dos sólo tenían un peso de todo capital. Tomaron un café de 40 centavos cada uno y como al final nadie se presentara, Serrano sacó su peso y luego, ante el asombro de Manzo, dejó sobre la mesa un centenario de oro y añadió indiferente:

—Para completar la propina.

Diéguez, Alvarado y Serrano no eran de Sonora pero se nacionalizaron sonorenses y figuraron como tales. Por su parte, los carrancistas Lucio Blanco y Rafael Buelna habían hecho una carrera independiente y terminaron la guerra militando al lado de Obregón.

Blanco y Buelna

Lucio Blanco nació en Nadadores, un poblacho de Coahuila, y era nieto del general Miguel Blanco, ministro de la Guerra de Benito Juárez. Estas tradiciones pueden influir de un modo determinante cuando pasados los años surge una personalidad en que parecen magnificarse las virtudes y las herencias familiares. Lucio Blanco lo tenía todo: una "cabeza apolínea", un "cuerpo estatuario" unos ojos "magnéticos y soñadores" una boca perfecta "que sabía reír" y un carácter noble y valeroso. "Era un gran amigo —escribe Ramón Puente— y un gran seductor de corazones, pero en ambas cosas estaba su punto débil porque se entregaba siempre sin reservas. Lo perdía una condescendencia y lo fascinaba una caricia." [34]

Blanco, asimismo, fue general muy joven. Con pocos soldados asaltó y tomó el puerto de Matamoros y otros pueblos de la frontera. Matamoros resultó ser su Capua —una imagen obsesiva aplicada al destino de los generales— y el principio de su ruina. En apariencia dedicado a la buena mesa, a las fiestas y a las músicas, a los amigos y a las mujeres que rodean al Apolo Victorioso, Blanco trató de realizar los ideales y los deseos no expresados en el Plan de Guadalupe. Un grupo de ingenieros y de técnicos estudió el reparto de la Hacienda Los Borregos, propiedad de Félix Díaz, y una "tarde de oro", dio a cada uno de sus soldados el título que los hacía propietarios de una parcela. Fue, pues, Lucio Blanco el iniciador oficial de la reforma agraria. Jaurès, al conocer este hecho, comentó desde Francia: "Bueno, ahora sí parece que vale la pena la Revolución de México", pero el terco viejo Carranza reprobó su rebeldía y lo sustituyó con su hermano Jesús Carranza.

Buelna, "Grano de Oro" —soldado que jugaría años después un papel decisivo al perdonarle la vida a Lázaro Cárdenas—, era un joven de 20 años cuando dejó los libros para tomar las armas. Hermoso y delicado, luchaba al frente de sus hombres, y aunque dominaba el arte de la guerra expuso con frecuencia su vida. Lo circundaba una aureola casi mágica. Carranza, nada afecto a reconocer méritos ajenos, se hace retratar con él llevando un brazo en cabestrillo —el abuelo orgulloso de las hazañas de su nieto— y Villa lo llama "mi muchachito". Buelna cayó en un combate a la edad de 33 años y su bella mujer se dejó morir de tristeza, lo que completó y afinó la tragedia de aquel extraño revolucionario sustraído a las leyes vigentes del odio y de la venganza.

Calles

Plutarco Elías, el "viejo" del grupo, nació en Guaymas el año de 1875. Descendiente de algún gobernador, había caído en tal miseria que vagaba descalzo por el puerto y ni siquiera su nombre posterior era suyo, pues lo heredó de su protector, don Juan de Dios Calles, un vecino de Hermosillo a quien veía como padre.

A los 18 años se ganó el título de maestro y hasta 1912 pasó de poblacho en poblacho enseñando primeras letras. Se le podía ver, con sus ojos duros y su negro mechón de pelo caído sobre la frente empuñando una regla de palofierro que él llamaba baquetómetro [35], es decir, la medida correctiva de los muchachos baquetones —los perezosos y desobligados—, sin saber que muchos años después habría de emplearlo para castigar rudamente a los generales, a los secretarios de Estado y aun a varios presidentes de la República. Lector de *Regeneración* y de los pequeños libros amarillos de Bakunin, Tolstoi o Gorki editados en Barcelona, admirador de la civilización norteamericana que comparaba a la vida miserable de los desiertos, casado con una buena mujer y padre de varios hijos, este hombre nada simpático, sólo había acumulado amarguras y frustraciones al acercarse a la temida cuarentena.

En 13, sus amigos —Cabral, Diéguez, Hill, Alvarado— eran generales y él seguía desempeñando el oscuro puesto de comisario de Agua Prieta, una aldea polvorienta de "salones" y burdeles, visitada por los obreros de las grandes fundiciones de Douglas, en las que imperaba la ley seca.

Disponiendo de alguna tropa y acuartelado en su República de Agua Prieta, un medio hermano suyo, cónsul de Huerta en Douglas, lo amenazó con invadirlo, y Calles le advirtió "que si se atrevía a dar un paso en territorio de Sonora estaba dispuesto a fusilarlo". Su primer hecho de armas —trató de tomar Naco, otra aldea fronteriza defendida por el general Pedro Ojeda— se resuelve en un total fracaso. Debió acudir en su ayuda Obregón y Naco cayó en poder de los rebeldes. Ojeda se rindió... a los militares yanquis de Arizona.

Calles, a pesar de su carácter reservado, de su intransigencia, de su nulidad para la guerra y de su largo anonimato cuando todos los suyos —incluido Obregón— habían muerto trágicamente, fue el sonorense que de un modo o de otro retuvo por más tiempo el supremo poder de la República. Esta paradoja será casi un lugar común en los años terribles que se avecinaban.

Álvaro Obregón

Álvaro Obregón fue quizá el hombre más afortunado de la época revolucionaria. Nacido en la aldea de Siquisiva —Paredón Colorado en lengua mayo—, un nombre que él haría célebre mandándolo pintar con letras doradas al costado de su tren militar, los chícharos y los tomates de la pequeña propiedad de la familia apenas bastaban a sostenerla. A los once años ingresó a la escuela que dirigía su hermano José en el villorrio de Huatabampo. Allí vivió algún tiempo. Su verdadera escuela fue el río y los vastos desiertos, todavía entonces poblados de yaquis y mayos. Aprendió a nadar y a cazar y sobre todo aprendió la leguna cahita y a familiarizarse con los indios que dejaron de considerarlo un "yori", es decir un blanco y un extranjero enemigo.

Luego trabajó en un taller de Navolato, juntó un poco de dinero y compró una finca, la sembró de garbanzos y prosperó, aunque el nombre con que la bautizó —la Quinta Chilla— demuestra más su talento humorístico que su temprana fortuna.

Hermoso hombre de piel blanca y ojos claros, bigote negro, atlético, ingenioso y admirable conversador, no fue partidario de la Revolución ni de Madero, a quien llamaba loco si bien a él mismo le decían "el loco Álvaro" debido a ciertas rarezas de su carácter. Durante el cuartelazo de Pascual Orozco, como el gobierno de Sonora solicitó de sus alcaldes que organizaran cuerpos de defensa, Obregón reunió a 300 amigos —medieros, yaquis, artesanos— y con ellos, una noche, valiéndose de los ojos de los indios, cayó sobre un campamento orozquista y lo desbarató. Esta primera victoria descubrió su genio militar. Tenía audacia, imaginación, memoria fotográfica, sentido de la estrategia y una buena suerte portentosa.

Al estallar la guerra contra Huerta, sabía con precisión lo que debía hacer en Sonora. Ante todo, apoderarse de las aldeas fronterizas —Nogales, Cananea, Agua Prieta, Naco— no sólo para tener acceso a pertrechos, víveres y dinero, sino para conservar libre a Hermosillo, la capital del estado. Realizada esta primera parte de la campaña avanzó con sus tropas hacia el Sur y libró dos batallas victoriosas: la de Santa Rosa y la de Santa María.

Detestaba a los militares de carrera y a los técnicos porque él era un improvisado. En 1915, antes de emprender sus grandes batallas de Celaya, Carranza, que era un pedante, le dijo:

—General, voy a tener el gusto de enviarle unos libros que he procurado para usted. Contienen las campañas de Napoleón, las de Federico el Grande, las de Moltke y las de César. Me doy cuenta de la pesada y peligrosa responsabilidad que ha caído sobre usted. La patria pone sus esperanzas en su valor y en su capacidad militar. Puede ser que en la lectura de estos libros que le envío encuentre usted antecedentes y enseñanzas que lo ayuden en los momentos difíciles con que, seguramente, va a tropezar.

Obregón le respondió, entre cordial y burlón:

—Señor, le agradezco mucho el precioso regalo que me hace, y oportunamente, si conservo la vida, leeré esas obras evidentemente ilustrativas. Pero perdóneme la franqueza: ese momento oportuno será cuando haya pasado mi campaña contra Villa. No sea que mareado con tanta grandeza de Napoleón, de César, de Federico el Grande y de Moltke, quiera parecerme a esos grandes capitanes. Eso sería, para mí, un peligro. Además, las condiciones de México son tan peculiares que tengo temor de dejarme influenciar por métodos y hechos que no sean factibles en nuestro medio. Yo he hecho la guerra según mi modesto entender y le ruego me permita seguirla haciendo en la única forma que creo tener éxito.

Su principio esencial era sencillo: nunca plegarse a los deseos del enemigo, sino imponerle los suyos propios. En Santa Rosa, hallándose los federales defendidos por el fuego de sus barcos dispuestos frente a Guaymas, los atrajo al desierto y ya teniéndolos envueltos ordenó cerrar sus pinzas y el ejército federal quedó hecho pedazos. El general Medina Barrón huyó con tal celeridad que olvidó en medio del campo su gorra galoneada.

En Santa María se trataba de bloquear al enemigo, cortarle su línea de operaciones y el acceso a los aguajes, cercarlo y destruirlo. Nuevamente los huertistas dejaron muchos muertos, el total de su artillería y regresaron dispersos y abatidos a su refugio de Guaymas.

Unos meses después, dejando atrás los puertos de Guaymas y Mazatlán, liberó al estado de Sinaloa; en mayo de 14 avanzó sobre Tepic, tomó Guadalajara y el 10 de agosto estaba a la vista de la ciudad de México.

La marcha de la División del Noroeste, siguiendo la costa del Pacífico —por el centro marcharía Villa al mando de la División del Norte y por el Oriente la División del Noreste a las órdenes del mediocre general Pablo González—, no resutó muy espectacular. Los soldados del antiguo ejército porfirista eran lentos y faltos de imaginación. Obregón los estudiaba a lo largo de sus avances perezosos, adivinaba sus intenciones y los iba aniquilando meticulosamente. Parece que el técnico era él y los federales los improvisados. Hacía la guerra con la misma naturalidad como sembraba sus garbanzos y rifaba sus toros en Huatabampo.

Estas victorias sucesivas, casi monótonas, le dan una seguridad asombrosa en sí mismo, lo cual no excluye que sea supersticioso. Antes de emprender alguna batalla se hacía traer la gorra del general Medina Barrón, conservada como un amuleto, y creía ciegamente en el número 13. El 13 de abril toma Naco, el 13 de mayo Santa Rosa, el 13 de junio Santa María. Era coronel al comenzar la campaña, y al entrar a México ya había ganado los laureles del divisionario.

En los primeros tiempos obedecía a Carranza o fingía obedecerlo y lo estudiaba cuidadosamente mientras el Viejo se acariciaba la barba —Santos Chocano lo llamó "el Viejo de la Barba Florida" y creía conocerlo. En realidad nunca entendió la naturaleza contradictoria de su joven soldado. Hombre pragmático, vital, ambicioso, escribía ocultamente versos tan detestables como su propia oratoria cargada de símiles delirantes. Era también un excelente amigo que lo perdonaba todo menos la traición. Nadie en toda la historia de México mató a tantos amigos que de alguna manera habían faltado a la lealtad, y siendo la primera figura del ejército habría de convertirse en su ángel exterminador.

Oportunista genial, cualquier circunstancia adversa sabía utilizarla en beneficio suyo. Pensaba que los tres enemigos del pueblo mexicano eran el militarismo, el clericalismo, el capitalismo, y añadía: "nosotros podemos acabar con el clericalismo y el capitalismo, pero después ¿quién acabará con nosotros? La patria necesita libertarse de sus libertadores". Por supuesto no intentó nunca destruir el capitalismo, contemporizó con el clericalismo y se empeñó en que México no se librara nunca de sus libertadores, ya que él se sentía el primer militar y el libertador irremplazable.

No se le recuerda por su ideología política aunque él se llamara socialista, y en cambio sí se le recuerda por su sentido del humor sólo comparable a su ambición de poder.

—Tiene usted muy buena vista —le dijo un adulador.

—Tan buena —le respondió— que alcancé a ver la Presidencia desde Huatabampo.

Indiferente al dinero, a las mujeres y al lujo, en su rancho andaba vestido como un campesino, y cierta vez que un diplomático lo visitó en Sonora, le dijo asombrado:

—Excelencia, ¿anda usted con disfraz?

—No, Embajador; allá en la Presidencia fue donde anduve disfrazado.

Álvaro Obregón pertenecía a una provincia alejada del centro, que tenía su propia visión del mundo. Los sonorenses carecían de escrúpulos y lo sacrificaban todo a sus intereses personales. Había en ellos un lado luminoso y un lado oscuro. El poder habría de cambiarlos y quizá carecemos todavía de una razonable perspectiva para juzgarlos adecuadamente.

Francisco Villa

En Chihuahua, dominada por el binomio Terrazas-Creel y sus aliados los inversionistas extranjeros, reinaba un vivo sentimiento antimaderista que no compartía el pueblo. La oligarquía local —incluso logró comprar a Pascual Orozco— con ayuda de los federales había echado bajo las ruedas de un tren al buen gobernador Abraham González, asesinándolo. Manuel Chao, Tomás Urbina, Maclovio Herrera y Francisco Villa, campesinos y cuatreros, se organizaron en la última semana de ese mismo mes de febrero y principiaron la lucha. Urbina tomó Santa Rosalía, Herrera un pueblo de las montañas, Chao el 5 de marzo atacó Parral y Francisco Villa, que llegaría a ser el más notable de los guerrilleros mexicanos, al saber la muerte de su querido amigo Abraham González, cruzó la frontera con 8 hombres y un capital de 900 dólares.

"Para mí la guerra comenzó cuando nací. Dios me trajo al mundo para pelear", dijo Francisco Villa, y ciertamente pocas veces un hombre se ha descrito a sí mismo con una frase tan corta y lapidaria. En un país donde los hacendados, los extranjeros y los políticos sostenían una guerra contra el pueblo, la única forma de no ser aplastado consistía en oponer la fuerza a la fuerza de su ejército, de su dinero y de sus leyes.

Doroteo Arango, hijo de campesinos pobres, nació en un pueblecito de Durango el 5 de junio de 1878, y desde muy niño se quedó huérfano al frente de una numerosa familia. No se sabe bien si el hacendado Agustín López Negrete, un mayordomo suyo o un capitán de rurales violaron a su hermana Margarita, el caso es que Doroteo disparó hiriendo o matando al ofensor y debió huir convirtiéndose en un bandido, en un asaltante o simplemente en un robavacas.

En la gavilla, Doroteo Arango eligió el nombre de Francisco Villa —ya lo habían ostentado otros bandoleros— y ésa fue su única escuela. Hombre de una fuerza extraordinaria, podía matar de fatiga a varios caballos sin mostrar cansancio y sabía manejar toda clase de armas. Él mismo valía tanto como una docena de soldados porque podía saltar a la montura de uno de sus perseguidores y ahogarlos entre sus brazos, y caer sobre el enemigo a enormes distancias, improvisar ejércitos, tender trampas y esconderse en los desiertos de un modo enteramente fantasmal. No le temía a la muerte, pero en cambio amaba a sus soldados y cuidaba sus vidas. Antes de iniciar una batalla decía: "Hoy quedarán muchos sombreros", ya que los campos aparecían llenos de grandes sombreros mientras sus dueños eran devorados por los zopilotes.

Su vida de bandolero lo había hecho astuto y receloso. Hombre de clan, sólo tenía fe en los suyos, y desconfiaba de los otros, de los que no fueran de su clase, a quienes llamaba "los perfumados". Su hábito de montar a caballo lo hacía caminar inclinado, pesadamente, y se sentaba de espaldas a la pared temiendo una traición. No bebía ni se sentía atraído por el dinero o por cualquier lujo, pero tomaba y dejaba a las mujeres, de un modo natural, creyendo que ninguna podía resistirlo.

Francisco Villa hubiera caído oscuramente en una emboscada a no ser por la revolución de Madero, a quien se le unió en compañía de sus 500 hombres. Este analfabeto primitivo fue uno de los más fieles seguidores de Madero y uno de los que mejor entendió el carácter del "chaparrito y rico hacendado".

—He aquí un rico que lucha por el pueblo —decía—; es un hombre pequeño pero tiene un alma muy grande. Si todos los ricos y poderosos mexicanos fuesen como él no habría luchas ni sufrimientos, porque todos cumpliríamos con nuestro deber. ¿Y cuál es el deber de los ricos sino el de aliviar la miseria de los pobres? [36]

Madero lo absolvió de sus pasadas fechorías concediéndole un indulto general, y durante la rebelión de Pascual Orozco lo incorporó a los soldados de Huerta con el título de general de Brigada. A Villa le fue difícil figurar en un ejército disciplinado, sujeto a normas inflexibles, y no pudo entenderse con Huerta, ni plegarse a su mando absoluto. En cambio aprendió la táctica militar y a emplear la artillería pesada, siguiendo los consejos del coronel Guillermo Rubio Navarrete, el primer militar capaz de valorar su talento.

Huerta era un profesional que tenía un arraigado espíritu de cuerpo y por lo tanto no podía sufrir a un general improvisado y levantisco, posible rival suyo, y valido de un pretexto —Villa se negó a devolver una yegua obtenida como botín en la victoria de Parral— ordenó su fusilamiento, aunque el mismo automóvil oficial del general en jefe tuviera idéntico origen.

Villa fue sacado enfermo de la cama. Conducido al paredón, ya había regalado su reloj y su poco dinero a los soldados cuando Madero, alertado por su hermano Raúl y el coronel Rubio Navarrete, envió un telegrama ordenando se le condujera a México para ser sometido a juicio militar.

En la prisión de Tlatelolco aprendió a leer y a escribir y con grandes trabajos pudo recorrer las páginas de dos famosos libros de aventuras: *Los tres mosqueteros* y *El ingenioso hidalgo Don Quijote de la Mancha,* escrito también en la cárcel, una circunstancia que fascinó a Villa. Luego pudo organizar una fuga romántica con la tolerancia de Madero, y apareció en El Paso, donde le escribió una carta a don Abraham González diciéndole a su antiguo amigo y protector:

"Don Abraham: Estoy sano y salvo en El Paso. Aquí me tiene a sus órdenes. Soy el mismo Pancho Villa de siempre, en desgracia, pero sin malas ideas. Haga el favor de hablar al Presidente de la República de mí y dígale... que si en mi patria me consideran un mal hombre estoy dispuesto a quedarme aquí en los Estados Unidos. Dígale también que va a haber un cuartelazo, porque me ofrecieron ponerme en libertad si me unía a su movimiento, pero como no quería tener nada que ver con esa traición decidí obtener la libertad a riesgo de mi vida, huyendo. Dígale que los hombres de su gobierno no son de fiar y que yo le soy leal, y que el tiempo tapa las cosas lo mismo que las destapa. Y a usted, don Abraham, le ruego que me permita hacerme cargo de las fuerzas voluntarias del estado, porque estamos perdiendo. Estoy convencido de lo que digo. Francisco Villa."

Todo lo que sabemos de Villa está marcado con ese estilo espontáneo, efusivo y popular. Su lealtad a Madero y a don Abraham González, su amistad posterior con el general Felipe Ángeles, descubren que sabía conocer a los hombres y plegarse obediente a una personalidad noble y generosa. En el campo de las armas, durante la prolongada campaña contra el poderoso y bien apercibido ejército de Huerta, había de ser una especie de antiguo dios mitológico que levantaba ejércitos de la nada y se fortalecía con las armas y los pertrechos arrebatados al enemigo.

Suscitaba en los suyos sentimientos de lealtad y de heroísmo sobrenaturales y no logró nunca sujetarse a la disciplina ni obedecer otra ley que no fuera la suya. Lo dominaba la magia. En un combate, aquejado por la sed, le quitó su cantimplora a un soldado, y como éste protestara, le aconsejó riéndose:

—Vé al río y dile que Pancho Villa dice que te la debe llenar.

Combatiendo junto a sus soldados, recibiendo andanadas de balas, sin ser herido, el pueblo creía que tenía un talismán, y si no lo tenía, él lo había merecido y lo usaba sin ninguna parsimonia.

—Soy un guerrero —le confió a John Reed en una de sus muchas conversaciones—, no un hombre de Estado. No soy lo bastante educado para ser presidente. Apenas aprendí a leer y escribir hace dos años. ¿Cómo podría yo, que nunca fui a la escuela, hablar con los embajadores extranjeros y con los caballeros cultos del Congreso? Sería una desgracia para México que un hombre inculto fuera su presidente. Hay una cosa que yo no haré: es la de aceptar un puesto para el que no estoy capacitado. Existe una sola orden de mi jefe (Carranza) que me negaría a obedecer si me la diera: la de ser presidente o gobernador.

Tenía pues una idea muy precisa de lo que era. Cuando todos los militares victoriosos sin excepción soñaban con ocupar la presidencia, Villa desoía las incitaciones de los que lo tentaban y acosaban proponiéndole el poder supremo. Sin embargo, acostumbrado a la acción individual, a sus inspiraciones personales, nunca acató leyes, papeleos, convenciones o disciplinas. Llevado de su vehemencia salvaje pasaba sin transición de un sentimiento al opuesto, como ocurrió en Ciudad Juárez cuando Madero trató de salvar la vidad del vencido general Navarro, y Villa, con Pascual Orozco, estuvo a punto de matarlo.

"Fascina —escribió Reed— observarlo descubrir nuevas ideas, pues debe tenerse presente que ignora en absoluto las dificultades, confusiones y reajustes de la civilización moderna", y ciertamente es algo fascinador el espectáculo de una mentalidad ajena a la cultura occidental luchando por entender sus enigmas y sus claves.

El folleto de *Las reglas de la guerra*, adoptadas por la conferencia de La Haya, regalo de su amigo el general norteamericano Scott, le planteó algunas interrogantes: "¿Cuál es la diferencia entre una guerra civilizada y cualquier otra clase de guerra? Si usted y yo tenemos un pleito en una cantina, no vamos a ponernos a sacar un librito de la bolsa para leer lo que dicen las reglas. Dice aquí que no deben usarse balas de plomo; no veo por qué no. Hacen lo mismo que las otras".

La toma de Ciudad Juárez

Unos meses después de haber cruzado la frontera con 8 hombres, Villa tenía 10 mil. Operaba a lo largo de las vías. Sus larguísimos trenes recorrían el paisaje norteño de extensas llanuras pardas y montañas azules. El antiguo bandido les contaba historias divertidas a los soldados andrajosos, tirados en el suelo del vagón, muertos de risa. Cuando los trenes hacían ur alto, lejos de las ciudades, vigilaba la descarga y él mismo "pateaba las mulas en la barriga", bajaba los caballos empujándolos, cuidaba las armas.

Llevaba una camisa sucia, una gorra pequeña y sus mitazas de cuero. Se lanzaba sobre las ciudades disparando su pistola y arrojando bombas bajo las balas. Concluida la batalla, a los oficiales los mataba porque son "hombres educados y debían saber lo que hacen" y a los soldados también los mataba porque son "peones iguales a los revolucionarios y ningún peón debe estar contra la causa de la libertad, al menos que sea un malvado". Sin embargo, nunca mató a nadie injustificadamente.

Pascual Orozco, el soldado maderista que fue su antiguo compañero, se había pasado al huertismo y estaba bien pertrechado en Chihuahua. Villa le pidió que entregara la ciudad y Pascual Orozco le respondió con un telegrama: "Ven tú a tomarla", y, por supuesto, aceptó el reto y desencadenó cuatro o cinco ataques sin ningún resultado. Los colorados de Orozco resistían. No pudiendo estarse quieto en un cerco interminable, decidió golpear más arriba y dejando parte de sus tropas, anduvo un largo trecho con su caballería y tomó un tren carbonero enviado a Chihuahua desde Ciudad Juárez. El maquinista, con la pistola amartillada sobre su cabeza, bajó en una estación y envió al general Castro, jefe militar de Ciudad Juárez, el telegrama que le dictó Villa: "Locomotora descompuesta en Moctezuma. Mande otra y cinco carros."

Castro, sabiendo que Villa mantenía el cerco de Chihuahua, envió el tren pedido y Villa telegrafió nuevamente: "Alambres cortados entre Chihuahua y este lugar. Se aproximan grandes fuerzas rebeldes por el Sur. ¿Qué debo hacer?"

Castro ordenó: "Vuélvase inmediatamente."

Villa descargó el carbón, abarrotó los carros de caballos y soldados y se dirigió a Ciudad Juárez. En cada estación el maquinista mandaba el mensaje de rutina, se cortaban los alambres y los telegrafistas, con los jefes de estación, eran hechos prisioneros. La noche del 15 de noviembre el tren hacía su entrada en Ciudad Juárez. Del nuevo caballo de Troya saltaron centenares de soldados. Unos se apoderaron a tiros de los cuarteles, otros se hicieron presentes en los casinos y tomaron los dólares y los pesos que llenaban las mesas del juego.

Huerta reaccionó enviando un ejército de 5 500 hombres. Lo supo Villa —lo sabía todo— y ordenó a Fierro que le cerrara el paso destruyendo la vía mientras él les preparaba un recibimiento "caliente".

Era ya célebre. Miles de campesinos y de aventureros pedían ser incorporados a su ejército y lo rodeaba una turba de periodistas norteamericanos que iniciaban sus entrevistas con la pregunta de rigor:

—Do you speak english, general?

—Yes —contestaba Villa—. American Smelting and son of a bitch.

Lo miraban como a un salvaje pintoresco y temible al mismo tiempo. Pretendían averiguar cuántas mujeres tenía y por qué mataba a sus enemigos o les quitaba el dinero a los ricos. Villa no les hacía caso. Compraba armas, confiscaba caballos y el 13 de diciembre ya estaban 6 200 soldados desplegados en las montañas de Tierra Blanca, dominando un desierto arenoso que debía frenar el ímpetu de los federales. Otra vez, la formidable artillería manejada a base de operaciones trigonométricas sirvió de poco. Quedaron tirados dos mil "pelones" y los generales, con sus anteojos de campaña, sus planos y sus oficiales de levantados bigotes —dormían con bigoteras—, huyeron con el resto a Ojinaga, donde se hicieron fuertes.

Villa no se apresuró. Mandó a Pánfilo Natera con 3 mil soldados y Pánfilo Natera se quedó empantanado. Acudió Villa y en sesenta y cinco minutos terminó de aniquilarlos. Pascual Orozco tuvo que refugiarse en los Estados Unidos. Chihuahua quedó en manos de Villa.

El gobernador de Chihuahua

Pancho Villa, todas las mañanas muy temprano llegaba al Palacio rodeado de funcionarios cargados de legajos y se sentaba en la silla dorada que ocuparon los Creel y los Terrazas durante 30 años. Es una versión mexicana de Sancho Panza gobernador de la Ínsula Barataria. Desfilaban los asuntos de justicia, finanzas, educación, administración, política.

—¿Qué es eso? ¿Cómo hacen eso? —preguntaba.

Y los ayudantes tomaban un legajo y lo leían en voz alta. El gobernador pedía aclaraciones, asentía o negaba moviendo su dedo índice:

—No sirve.

Reed escribe que las escuelas eran la gran pasión de Villa, pues "creía que la tierra para el pueblo y las escuelas resolverían todos los problemas de la civilización".

Al sentarse en las audiencias decía:

—Cuando pasé esta mañana por tal calle vi a un grupo de niños. Pongamos ahí una escuela.

Estableció más de 50 escuelas en el breve tiempo de su gobierno militar y todos los soldados trabajaban en el molino, en el rastro, en los tranvías o en la vigilancia policiaca, pues sostenía "que lo único que debe hacerse en tiempos de paz, es ponerlos a trabajar. Un soldado ocioso siempre está pensando en la guerra".

Faltaba el dinero. Los ricos lo habían enterrado; los ganaderos y los agricultores no acudían a los mercados, las fábricas estaban cerradas.

—Bueno —dijo Villa—, si todo lo que se necesita es dinero, hagamos dinero.

Trabajaron las máquinas de imprimir billetes con la garantía de la firma de Villa. Se pagó a la tropa, se dieron a los vecinos más pobres 15 pesos y se fijó el precio de los alimentos: el pan grande costaría 4 centavos; 5 el litro de leche; 7 la libra de carne. Los comerciantes establecieron dos precios: uno muy alto para "la moneda de Villa" otro legal para la plata y los billetes de banco. Villa lanzó un decreto multando al que no aceptara su moneda pero el dinero no salía de sus escondites. Villa hizo traer a los avaros de los pueblos. Reed estaba almorzando con Villa cuando se presentaron unos acaparadores vestidos de pobres campesinos. Apuntó el siguiente diálogo en su libreta:

—"¿Usted tiene mucho dinero?

—Sí, mi general.

—¿Tres, cuatro o cinco mil, tal vez?

—Más que eso, mi general.

—Señores —Villa los miró furtiva y ferozmente—, 24 horas después de la emisión de mi moneda llegaron muestras de ella a su pueblo. Pero ustedes creyeron que mi gobierno no duraría. Hicieron hoyos debajo de sus casas y enterraron allí su plata y sus billetes de banco. Mi primera proclama les llegó un día después que se fijó en las calles de Chihuahua, y no le hicieron caso. Creyeron que siempre habría tiempo para cambiar, si era necesario. Pero ahora les entró miedo y ustedes tres que tienen más dinero que nadie en aquel lugar, montaron en sus mulas y llegaron hasta aquí. Señores, su dinero es moneda falsa ¡ustedes son hombres pobres!

—Pero si estamos arruinados, mi general. Lo juro ante usted: nosotros no sabíamos; hubiéramos aceptado. ¡No hay alimentos en el pueblo!

Villa meditó un momento:

—Les daré otra oportunidad; no lo haré por ustedes, sino

por la gente del pueblo, que no puede comprar nada. El miércoles próximo a mediodía traen todo su dinero, hasta el último centavo, a la Tesorería; entonces veré lo que puede hacerse.

Por supuesto, otras veces empleaba métodos menos blandos. Como don Luis Terrazas se negara a descubrir dónde había ocultado la reserva de su banco, que ascendía a medio millón de pesos en oro, una noche el propio Villa lo sacó de la cárcel, lo montó en una mula, y lo colgó de un árbol en el desierto. Ya a punto de morir lo desataron y el banquero los condujo a una antigua fragua donde se hallaba el dinero enterrado.

Su idea del Estado futuro se asemejaba a la utopía de Moro. Pensaba que al concluirse la guerra y establecerse la nueva República el gobierno repartiría tierras y crearía industrias para darles trabajo a los soldados agrupados en colonias. Trabajarían "muy duro" 3 días a la semana y los otros 3 recibirían instrucción militar. Si la patria era invadida bastaba tomar un teléfono desde el Palacio Nacional y en pocas horas "se levantaría todo el pueblo mexicano de sus campos y fábricas, bien armado, equipado y organizado para defender a sus hijos y a sus hogares".

Así encontró John Reed a Pancho Villa antes de emprender sus grandes batallas cuando se hallaba enteramente subordinado a Carranza. Reed, al poco tiempo abandonó México y más tarde escribiría *Los diez días que conmovieron al mundo* con sus impresiones de la Revolución de octubre, que hicieron de él uno de los mayores periodistas. Su fama posterior se reflejó en su hoy recuperado *México insurgente* y en las breves páginas escritas sobre un guerrillero que descubría trabajosamente las reglas complicadas y el orden de una sociedad moderna. Rechazaba el poder que le era ajeno y este poder finalmente terminaría destruyéndolo.

La batalla clave de Torreón

En marzo de 1914 los trenes de la División del Norte se

encaminaron hacia Torreón, de nuevo tomada por los federales. Villa se encontraba en su elemento. Bajo su mando se hallaban esta vez dos regimientos de artillería y 10 mil hombres. Confortado por una buena noche de amor, lo vigilaba todo con sus ojos curiosos y brillantes. Comía rodeado de soldados, sentado en el suelo y al final aceptaba el cigarro encendido y todavía mojado de saliva que le ofrecían, siguiendo un ritual inalterable.

Torreón era un centro ferroviario de la mayor importancia. El general José Refugio Velasco, soldado de carrera, había sido fiel a Madero y creía su deber seguir militando en las filas del gobierno. Se le invitó a rendirse pero no hubo modo de convencerlo. Sabía muy bien que iba a producirse una terrible matanza y se hallaba atado a una idea estúpida del deber de la cual participaban 21 generales —una buena parte del ejército— y 50 mil soldados, muchos de ellos enganchados a la fuerza.

Resistió Velasco día y noche el lento caminar de los infantes, las cargas de la caballería con Villa a la cabeza y el fuego de los cañones dirigido por Ángeles. El 2 de abril, pelones y villistas, sin dormir, extenuados de fatiga luchaban como locos a balazos y a bayoneta calada en las calles de Torreón. El gran ejército se arrastró sangrante hasta San Pedro de las Colonias, el hogar de Madero, donde fue ultimado.

La victoria no se festejó con diana y mañanitas. A un corresponsal que le preguntó si estaba satisfecho, le respondió:

—Diga que me siento todo lo satisfecho que le parezca, pero no estoy contento porque hemos pagado la victoria con la sangre de nuestros camaradas.

Había otros motivos de preocupación. El general Pablo González, jefe del ejército del Noroeste, situado en Monterrey, lejos de destruir las vías que alimentaban a Torreón o de perseguir a los federales, según lo había pedido Villa reiteradamente, se mantuvo inactivo. Carranza incluso le dijo al representante de Villa en Chihuahua que él no había ordenado el ataque de Torreón. Inquieto, se fue a Chihuahua. Encontró a un viejo solemne que no lo miraba a los ojos y le hablaba de sus antiguos cargos y de leyes y principios incomprensibles, recordándole a cada rato "las diferencias de nuestros orígenes". La sangre se le heló. Carranza no era un caudillo popular, sino un oficial de juzgado, un propietario de hacienda. "Él quería a toda costa la Presidencia de México y yo deseaba muchas cosas para mi país que él no podía entender."

Carranza estaba en Chihuahua gracias a las victorias de Pancho Villa y le era indispensable en su lucha contra Huerta pero lo quería subordinado a su mando. No le enviaba dinero ni refuerzos y en cambio le reclamaba la forma en que los obtenía. Él era el Jefe, la autoridad máxima de la Revolución y exigía una obediencia absoluta. Cada nuevo triunfo de Villa fortalecía su posición militar ante Huerta y lo debilitaba políticamente. Quizá hubiera logrado atraérselo, como lo hizo Madero, recurriendo a la bondad, empleando razones que movieran su corazón inclinado a las efusiones sentimentales, pero Carranza era terco y orgulloso y no hablaba el lenguaje del pueblo.

La invasión de Veracruz

Aunque Wilson sentía una verdadera obsesión por México, sabía muy poco de sus hombres o de sus problemas. Seguía alentando la certidumbre de que la voluntad divina le había confiado la tarea de mediar entre las necias disputas de los hombres —fueran salvajes o civilizados— y no comprendía la razón por la cual un oscuro dictador latinoamericano se atrevía a rechazar sus condiciones basadas en una elevada consideración moral.

Como por añadidura deseaba proteger las vidas y los intereses de los norteamericanos radicados en México, no le daba ninguna beligerancia a los que luchaban contra Huerta y tampoco confiaba en su encargado de negocios O'Shaughnessy, enfrentaba un vacío de poder. Para llenarlo de algún modo envió en calidad de agente privado a un periodista amigo suyo llamado John Lind. Lind, temiendo que Huerta "movido por importantes intereses financieros y políticos anunciara su candidatura presidencial, sugirió que Wilson cada semana apretara más la soga a Huerta y comenzara a impedir que recibiera armas y municiones de otros países" [37].

Inglaterra no estaba dispuesta a comprometer su imperio petrolero por razones morales y Wilson se enredó en una larga disputa con el Primer Ministro Sir Edward Grey. Complicaba la situación la posibilidad de que el dictador se aliara a los japoneses —vistos como el peor enemigo de los Estados Unidos— o que de algún modo le hiciera el juego a un disparatado proyecto del Kaiser de armar a México y hacerlo pelear contra los Estados Unidos para que la gran potencia no estuviera en condiciones de unirse a los aliados. Volvían los fantasmas invocados por Taft que contribuyeron a la caída de Porfirio Díaz. Se trataba de fantasmas. Huerta coqueteaba con Alemania y le compraba armas pero no esperaba en aquel momento una ayuda más sustanciosa del Kaiser y por lo que hace a la intervención japonesa, ésta no pasaba de ser una fantasía.

Sin embargo, se empleaban todas las argucias contra México. Wilson mantenía un agente especial ante cada jefe militar y presionaba siempre mediante reclamaciones —casi todas injustas—, amenazas, cierre de fronteras y promesas o negativas de reconocimiento.

En todo aquel enredo Wilson sólo se apuntó un éxito. Inglaterra viendo llegar la guerra cedió a sus exigencias y desaparecido este peligro sólo quedaba apretar un poco más la cuerda para terminar de estrangular a Huerta.

La situación interna de los Estados Unidos no había variado mucho. Las palomas de Washington seguían deseando que los mexicanos se destruyeran entre sí y terminaran destruyendo al dictador y a su vez los halcones seguían acariciando la idea de una intervención armada lo cual les daría el dominio del Golfo hasta el Caribe.

El presidente Wilson estaba indeciso. Hablaba de paz y de democracia pero mantenía 14 barcos de guerra en aguas mexicanas y enviaba notas amenazantes por medio de sus agentes. Prácticamente la invasión estaba decidida en los primeros meses de 1914 y sólo bastaba un pretexto para desatarla. El pretexto lo dio un incidente sin importancia. Un oficial y siete marinos norteamericanos desembarcaron en Tampico cercado por los constitucionalistas a pesar de las prohibiciones y fueron encarcelados. Al enterarse del incidente, el general huertista Zaragoza ordenó su liberación —estuvieron presos hora y media— y presentó excusas.

El contralmirante Mayo, exigió excusas oficiales y un saludo de 21 cañonazos a la bandera de los Estados Unidos. Huerta ofreció presentar las excusas reclamadas pero exigió otro saludo igual a la bandera mexicana. Washington formuló un ultimátum que vencía el 19 de abril. El 20, cincuenta barcos de guerra con 22775 marinos se dirigieron a Tampico. El senador William Boer, representante de las viejas tradiciones, declaró: "Hemos empezado la marcha hacia el canal de Panamá y no nos detendremos hasta no conseguirlo. Cuando la bandera de los Estados Unidos flote sobre México no será arriada jamás." Wilson habló en el Congreso de insultos a la bandera y solicitó la autorización de emplear la fuerza armada para "conseguir del general Huerta y sus partidarios el pleno reconocimiento de los derechos y de la dignidad de los Estados Unidos" [38].

La tarde del 20 se reunieron en la Casa Blanca el secretario de la Marina Josephus Daniels, el secretario de Guerra Harrison, John Lind, los jefes de estados mayores, proponiendo la toma de Veracruz. Esa misma tarde Bryan secretario de Estado, recibió la noticia de que el mercante alemán Ipiranga —el mismo donde Porfirio Díaz se alejó de México— desembarcaría al día siguiente armas y municiones para Huerta, y el 21 en la mañana, los primeros infantes de marina, después de silenciar los cañones de San Juan de Ulúa, tomaron los sitios principales.

Era la guerra con sus mil implicaciones oscuras y contradictorias, sus palabras altisonantes y sus hechos atroces. Wilson se sentía el fundador de una nueva moral y decretaba la invasión armada para asestar el último golpe al Dictador, Huerta prometía defender el honor nacional con la fuerza de las armas y ante la amenaza del almirante Fletcher de emplear sus cañones de 12 pulgadas, ordenó al general Maas, comandante militar de Veravruz, la evacuación del puerto.

México parecía volver a 1847. Abandonado el pueblo por las tropas encargadas de su defensa disparaba contra los invasores desde los balcones y las azoteas de sus casas; los adolescentes de la escuela naval y algunos presos liberados organizaron la resistencia. A las 2 de la mañana del 22, los cruceros comenzaron a lanzar andanadas sobre la ciudad. A las 8, los infantes atacaron la escuela naval convertida en una ruina. El teniente Azueta que luchó con una ametralladora hasta caer herido, se negó a ser curado por los enemigos y murió. Otros centenares perdieron la vida. La bandera de las barras y las estrellas como lo quería el senador Boer ya ondeaba sobre México y el problema consistía en saber si era el principio del fin o una simple ocupación temporal dirigida exclusivamente contra Huerta según lo aseguraba Wilson. El general Fenston que dirigió la guerra contra los filipinos y fue el verdugo del jefe Aguinaldo quedó nombrado gobernador militar de Veracruz.

Por supuesto Huerta trató de utilizar la invasión haciendo que las fuerzas revolucionarias se le unieran en la "defensa de la paz". Zapata fusiló a sus enviados. "Obregón y los suyos querían suicidarse en masa, echándose sobre Arizona en un momento de desesperación, González no hizo nada, esperaba instrucciones del Primer Jefe", y Carranza fue el único que sin perder de vista los intereses de la Revolución reclamó digna y firmemente, aunque la invasión lo favorecía. Washington se indignó llamándolo "ingrato". Villa aceptó los hechos y prometió no intervenir. Incluso le mandó un sarape de Saltillo al general Hugh L. Scott y Carothers, el enviado del Departamento de Estado informó: "Según Villa, Carranza puede escribir notas molestas desde Chihuahua, pero quien hace el trabajo es él... espero establecer la neutralidad de los constitucionalistas por medio de Villa." [39]

Villa fue más lejos y escribió una carta al presidente Wilson, donde le decía: "Es cierto que la situación se ha agravado por el tono de la nota del gobernador de Coahuila, Primer Jefe del Ejército Constitucionalista; pero esa nota era totalmente personal y la actitud de la persona cualquiera que sea su momentánea autoridad, no puede pesar tanto como para desencadenar una guerra... el señor Carranza sólo se ha ocupado en su nota de defender la dignidad de la República, sin que su actitud pueda en absoluto considerarse como un acto de hostilidad contra el gobierno de los Estados Unidos, país del que tantas demostraciones de consideración y simpatía hemos recibido."

Villa no sólo había usurpado las funciones del Primer Jefe, sino que intervenía en un asunto de política internacional que le era totalmente ajeno. Prácticamente autorizó la invasión y minimizó la acción de Carranza adjudicándole un carácter personal, pero Washington, al verse rechazado y condenado, entendió la lección "y quedó grabado en la opinión pública norteamericana —concluye Luis Cabrera— y firmado cien veces en el Departamento de Estado, que todo paso de un soldado extranjero en territorio mexicano se considera como una acción hostil para el pueblo mexicano, por grandes que sean las ventajas que proporcione a cualquiera de los partidos contendientes".

Carranza eludió el enfrentamiento con Villa limitándose a pedirle que se abstuviera de hacer declaraciones comprometedoras. En su lucha contra Huerta le era todavía necesario Villa y al mismo tiempo comprendía que su mejor aliado militar escapaba a todo control. Villa creía firmemente que él hacía el "trabajo", lo cual era evidente, sólo que el trabajo del soldado generaba problemas políticos de suma gravedad cuyo manejo suponía una cultura de la que estaba marginado.

Poco tiempo después, Villa, arrastrado por su carácter, ordenó el fusilamiento de su leal amigo el general Manuel Chao, gobernador de Chihuahua, y Carranza a última hora le salvó la vida y los obligó a reconciliarse. Villa pasó de la cólera a la efusión del corazón que le era propia y habló de su afecto y subordinación hacia la buena persona del Primer Jefe.

Una victoria más y nuevas dificultades

En Torreón, Villa le propuso a Carranza avanzar 500 kilómetros y apoderarse de Zacatecas una vieja ciudad minera del siglo XVI donde los federales estaban fortificados con 12 mil hombres, 11 cañones y 90 ametralladoras. Carranza se opuso y en lugar de acceder ordenó la toma de Saltillo. Villa, contrariado, cargó sobre sus hombres esta nueva, pesada tarea y los federales fueron derrotados.

Al mismo tiempo Carranza dispuso que Pánfilo Natera y los hermanos Arrieta, enemigos de Villa se ocuparan de Zacatecas. Natera ya había fracasado en Ojinaga que cayó gracias a Villa y en esta ocasión descubrió nuevamente su incompetencia. Zacatecas era un hueso demasiado duro para sus dientes. Detenido y a punto de ser derrotado, Carranza telegrafió a Villa pidiéndole el envío de 3 mil hombres y dos baterías de artillería.

Villa propuso movilizar a toda la División del Norte "para asegurar el éxito de la operación y minimizar el sufrimiento de las tropas". El cambio de mensaje se fue agriando. Carranza insistía y Villa razonaba: "Pasarán cinco días antes de que pueda enviar ayuda al general Natera. Señor: ¿Quién ordenó a esos hombres que se metiesen en la acción de Zacatecas sin tener la seguridad del éxito total? Usted y ellos saben que nosotros tenemos lo que se necesita. Por favor, dígame qué vamos a hacer. Si cree que yo soy un estorbo... y desea que otro se ponga al mando de mis fuerzas, quiero saber quién es para juzgar si resulta apto y capaz de atenderlas como yo... hago esta observación con el único fin de cuidar a mis soldados".

Carranza había llegado al punto deseado y respondió: "No es necesario ni conveniente que se separe usted del mando de sus tropas, pero si insiste en ello deberé aceptar, en bien de la causa y del ejército constitucionalista que me honro en mandar."

Villa contestó como Carranza deseaba que contestara: "He decidido dimitir el mando de la División. Dígame a quién debo entregarlo."

Carranza se apresuró a telegrafiarle que fueran sus mismos generales los que designaran al sucesor, y añadió: "Me duele verdaderamente verme obligado a aceptar su dimisión. Le agradezco en nombre de la nación los importantes servicios rendidos a nuestra causa y me gustaría que asumiese usted el gobierno de Chihuahua."

Todavía los generales, conciliadores, le pidieron reconsiderar su decisión para evitar mayores trastornos y el testarudo Viejo, contestó: "Lamento informarles que me es imposible cambiar la decisión que tomé al aceptar la dimisión del general Villa; la disciplina del ejército, sin la cual la anarquía reinaría en nuestras filas, así lo exige."

Maclovio Herrera, pistola en mano, convenció al telegrafista que enviara a Carranza el siguiente telegrama, expresando adecuadamente el sentir de sus colegas: "Es usted un hijo de puta." Carranza, ante la insubordinación, recordó que era una de sus prerrogativas nombrar a los jefes del ejército y pidió que seis de ellos lo entrevistaran en Saltillo sin obtener ya ninguna respuesta.

Había pretendido Carranza eliminar a Villa y luego suprimirlo pero su maniobra desembocó en la rebelión de su más poderoso ejército. La debilidad del político ante el soldado se manifestó fatalmente y esa temprana lección no lograría aprovecharla el orgulloso Primer Jefe. Villa pudo aniquilarlo ordenando que la División del Norte cayera sobre Saltillo. No lo hizo y se dirigió en auxilio de Zacatecas. Sus predicciones eran exactas. El ejército federal al mando del general Luis Medina Navarro había fortificado los cerros circundantes y la ciudad estaba bien protegida. Pancho Villa después de cercarla desvió el fuego enemigo hacia las posiciones artilladas y sus soldados pudieron iniciar el trabajoso escalo. En horas, fueron cayendo uno a uno los reductos montañosos. Huerta se jugaba su carta principal y en realidad habían desaparecido no sólo las normas de la guerra sino los instintos más elementales. Nadie pensaba en sobrevivir. Las trincheras, los bastiones, los montes, las calles, literalmente estaban sembradas de muertos, de agonizantes y de heridos. Se luchaba atrozmente olvidados de la idea principal que los había conducido a la batalla y sólo trataban de aniquilarse.

Luego vino el pánico. Algunos oficiales y soldados, viéndose perdidos, ofrecían montones de dinero a los vecinos con tal de hallar un refugio y los maltrechos batallones se precipitaban a los caminos congestionados tratando de escapar.

A las 4:30 de la tarde, la minada casa del gobierno explotó matando a 300 personas —niños y mujeres en su mayor parte— y pocos minutos después volaba otro edificio igualmente minado, como si el huertismo, antes de perecer, hubiera decidido terminar con todo.

Más tarde, un oficial prisionero, confesó que otros edificios estallarían al conectarse la corriente y pudo evitarse una catástrofe mayor, pero esta muestra final de barbarie revirtió contra los restos del ejército. Atrapados en una barranca, fueron abatidos a ráfagas de ametralladora. Conservadoramente se calcula que en la batalla de Zacatecas —la más sangrienta de la Revolución— perecieron ocho o nueve mil hombres y el problema de deshacerse de los muertos fue casi tan difícil como la acción de quitarles la vida. Muchos fueron arrojados a los profundos socavones de las minas, muchos fueron sepultados en fosas donde pelones y villistas yacían confundidos, muchos fueron quemados en la plaza. Sus cuerpos ennegrecidos se levantaban de nuevo y danzaban entre las llamas para caer reducidos a cenizas.

Lo que ocurrió luego en el antiguo real de minas trae a la memoria lo ocurrido en el real de minas de Guanajuato. Había transcurrido un siglo y el escenario y los actores eran casi los mismos. De un lado estaban los curas y los pocos ricos —la mayoría había huído como en Guanajuato— y del otro un pueblo armado y victorioso. Si los campesinos de Hidalgo andaban borrachos, entre cadáveres, ataviados con las casacas bordadas de oro y los sombreros emplumados de los regidores, las soldaderas esta vez aparecían vestidas de novias y calzadas de zapatos de seda, bailando y cantando:

Estaban las tres pelonas
sentadas en una silla,
y una a otra se decían:
¡que viva Francisco Villa!

Si antes descerrajaban las puertas, quemaban los libros, se robaban los cuadros y los objetos de lujo, ahora también saqueaban los palacios, dormían en los salones, convertían los patios en caballerizas y mataban a los curas y a los tenderos que se negaban a pagar el rescate. Cánova, agente del Departamento de Estado y testigo de los sucesos llenaba sus informes oficiales de aspavientos. Observaba el *pandemonium*, el caos, la brutalidad, lo horripilante, la matanza. ¿Qué otra cosa esperaba el señor Cánovas o el señor Carranza? A esa gente se le había robado su tierra, su libertad, su alegría, privada de maestros, de médicos, miserable y brutalizada no tenía otro patrimonio que el del odio. Para él había sonado la hora de la venganza y la venganza era el saqueo y el incendio.

Un músico, Ancheta, que había sido nombrado capitán trató de huir disfrazado de campesino fue sorprendido y llevado a la presencia de Villa.

—A ver, amiguito, enséñeme las manos.

Tembloroso, Ancheta tendió sus manos blancas y finas.

—No —dijo Villa—, esas manos no son las manos de un campesino sino las de un perfumado.

Ancheta sintiéndose perdido confesó la verdad:

—Soy un artista señor general. Me vi obligado a ingresar en el ejército.

—¿Un artista de qué?

—Toco el violonchelo y el piano.

—Pues entonces tócame algo.

—Había un piano derrengado en el vagón y Ancheta comenzó a tocarlo.

—¿Qué es eso? —preguntó Villa.

—Es una composición de Meyerbeer.

—No conozco a esa dama. Toca *Las tres pelonas* y ustedes bailen —les dijo a unas soldaderas.

Ancheta aporreó el piano cinco horas y cinco horas bailaron las soldaderas. Villa levantándose fatigado, descansó la mano en la cacha de la pistola y dijo:

—Estas libre. Vete [40].

La situación en el Sur

Zapata, como escribió el general Cárdenas en sus *Apuntes* fue una bandera, la bandera de la revolución campesina. Su pueblo, Anenecuilco, había luchado desde el siglo XVI por sus tierras continuamente amenazadas.

Los campesinos del estado de Morelos, a semejanza de otros millones, poseían sus tierras comunales desde antes de la llegada de los españoles, pero ellos no basaban sus derechos en esa circunstancia carente de validez, sino en los títulos que les habían otorgado sus mismos conquistadores. Esos papeles guardados religiosamente por los ancianos principales, de generación en generación, al conferirles un derecho inamovible dentro del nuevo orden instaurado tenían para ellos un carácter sagrado. Debido a una especie de participación mística los papeles eran la misma diosa madre de la tierra, la que los alimentaba y la que devoraba a los muertos —hombres o semillas— para que la vida continuara renovándose.

Los campesinos habían luchado sin cesar en defensa de sus tierras hasta que el auge de las haciendas azucareras y las invasiones constantes de sus propiedades les hicieron ver que aquellos nuevos invasores no respetaban sus títulos y se apoderaban de unas tierras consideradas como la razón de su ser en última instancia.

Zapata fue el heredero de esa tradición. Cuando unos campesinos de Michoacán lo visitaron para oír de sus labios los argumentos en que apoyaba su lucha, hizo traer los papeles y mostrándoselos se concretó a decir: "Por eso lucho."

Zapata, al defender las tierras, volvía hacia atrás, a defender un derecho instaurado hacía muchos siglos, y no hacia adelante, pero el hecho de oponer la fuerza a la de los hacendados ya suponía no sólo una revolución campesina sino una verdadera guerra de liberación nacional, pues México era un país agrario y las tierras constituían su problema fundamental.

Lejos de ser Zapata un hombre inculto, era un hombre que encarnaba como ningún otro una cultura ancestral, llena de coherencia, tan sencilla y tan complicada como son las antiguas culturas y contra la cual los argumentos de los hacendados y de los historiadores modernos aparecen endebles y ridículos. Sus ideas torales resumidas en Pan, Tierra, Libertad y Dignidad, son después de todo las ideas elaboradas por Lenin y Trotski que movilizaron a las masas y les dieron el triunfo de la Revolución de octubre.

La diferencia fundamental consiste en que Lenin y Trotski eran unos revolucionarios profesionales, unos marxistas que se movían en otro escenario, apoyados en los obreros y en su gran visión política y social, mientras Zapata hablaba, pensaba y se conducía como un campesino. De cualquier modo, sus medios de acción fueron los mismos que los de los revolucionarios rusos: las balas contra las balas, la tierra, la libertad y el pan contra las ideas que pudieran esgrimir los científicos o los revolucionarios posteriores.

Otro rasgo admirable de Zapata es su entereza moral y su constancia en la lucha. Combatió solo en el pequeño estado de Morelos contra los hacendados armados, contra Madero, contra Huerta, y ninguno pudo vencerlo. El ejército federal despoblaba las aldeas, las incendiaba, deportaba a los campesinos y la guerrilla desaparecía de un lugar para caer sobre otro y ganarlo. Deshecha, rehecha una y otra vez, exigió siempre que el vencedor en turno aceptara el Plan de Ayala: restitución de tierras amparadas en sus títulos, expropiación de tierras mediante indemnización. Ni siquiera esas demandas elementales se aceptaron y fue la propia dinámica de la Revolución lo que lo llevó a radicalizarse y a exigir la expropiación por causa de utilidad pública, y la confiscación de los bienes enemigos sin previa indemnización.

La clase decente no le perdonó el haber sido palafrenero de Landa y Escandón sin percatarse que esa alusión persistente sigue siendo la única posibilidad de rescatar por contraste la figura insignificante del millonario porfirista. Zapata, aún en el terreno meramente deportivo excedió con mucho la destreza del aristócrata hacendado, gobernador del estado y jefe de la guardia presidencial considerado como el *sportman* más distinguido de la época, ya que su antiguo caballerango dominaba el arte ecuestre y el arte de las armas como el propio Francisco Villa.

En las batallas contra Huerta, Zapata, privado de armas y municiones se quedó aislado, soportando las embestidas del ejército federal. Carranza, no lo tomó en cuenta y Villa sólo de tarde en tarde lograba establecer cierta comunicación con él. Los periodistas de la capital ya desde el tiempo de Porfirio Díaz lo describían como el Atila del Sur, como un monstruo sanguinario y los diputados y senadores del maderismo y del huertismo componían discursos donde las hordas de Zapata, situadas arriba de sus cabezas, estaban siempre a punto de convertir a México en una ruina humeante.

El ansiado fin

La batalla de Zacatecas abrió el camino al centro de México y a la victoria final. Sin embargo, Huerta no se consideraba vencido. Millares y millares de hombres eran todavía cogidos de leva y arrojados a la matanza con la intervención de los gobernadores y de los jefes políticos. Por otro lado la intervención de Veracruz, en lugar de liquidarlo, le dio un poco de oxígeno. No se sabe muy bien si las armas del Ipiranga llegaron a manos de Huerta, pero es un hecho que el dictador supo aprovechar la indignación nacional que provocó la decisión de Wilson, pues se convirtió en un héroe, en un defensor de la soberanía latinoamericana y muchos se sumaron a sus filas. El mismo Wilson comprendió que había ido demasiado lejos y deseoso de buscar una salida honorable aceptó complacido la mediación amistosa de Argentina, Brasil y Chile —el llamado grupo ABC—, los cuales propusieron una reunión conciliadora que se celebró en Niágara Falls. Carranza se negó a mandar representantes. Los enviados de Huerta —Emilio Rabasa, Agustín Rodríguez y Luis Elguero— convinieron en que el dictador debía retirarse y en su lugar se estableciera un gobierno neutral para convocar a elecciones y como los enviados de Washington propusieron que ese gobierno debería estar constituido mayoritariamente por constitucionalistas, las conferencias desembocaron en un fracaso absoluto.

Obregón nunca tuvo dificultades con el Primer Jefe erigido en dictador militar y político. Al parecer seguía sus instrucciones y en realidad hacía lo que le ordenaba su gran talento. Había dejado atrás los situados puertos de Guaymas y Mazatlán y en mayo, Lucio Blanco y Rafael Buelna generales de su División habían tomado Tepic, y estaban a un paso de Guadalajara.

La rebelión de la División del Norte determinó que Carranza para evitar el avance de Villa hacia la Capital le cortara los envíos de carbón y municiones. Villa, incapacitado de seguir su marcha victoriosa se vio obligado a retroceder y a esperar mejores tiempos en Chihuahua.

La División del Noreste no había tenido una sola victoria convincente. Pablo González era un hombrecillo de gafas y espeso bigote que debía su posición a Carranza. Su falta de talento militar la suplía con una habilidad extraordinaria para la intriga y la maniobra política. Carranza, tratando de contrarrestar el ascenso de Obregón y de Villa, confiaba en su lealtad y le había dado un inmenso poder que no correspondía a sus méritos. Con grandes trabajos conquistó Monterrey y Tampico utilizando una táctica lenta de desgaste. Estacionado en Saltillo, cuando reanudó su marcha, luego de interminables preparativos, logró hacerse sin lucha de San Luis Potosí y de Guanajuato abandonado por las tropas federales. En León derrotó a un Pascual Orozco ya muy debilitado y a la sombra de Obregón pudo adueñarse de Querétaro.

Obregón, por su parte, el 6 y el 7 de julio desbarató en Orendáin a los huertistas y entró a Guadalajara. Después se ocupó de Manzanillo y fiel a la consigna de Carranza se dirigió a la ciudad de México donde se habían refugiado los restos del huertismo. Terminaba así el ciclo de las grandes operaciones militares. El ejército federal, dejado por Porfirio Díaz, a pesar de su lentitud y de su falta de imaginación había defendido el régimen huertista de un modo que no defendió al gobierno de Madero.

Cómo se fue Victoriano Huerta

Huerta, soldado profesional, no participó en ninguna de las grandes carnicerías que él mismo había provocado. Dejó estas peligrosas faenas a sus colegas y contempló impotente la forma en que los revolucionarios le iban arrebatando una a una sus plazas fuertes.

A principios de julio comprendió que estaba perdido. El 2 se les dio a los hermanos Maas una "delicada misión en Europa"; el 3, Querido Moheno, el deforme orador, renunció al gabinete; el 9, Francisco Carbajal, presidente de la Suprema Corte, fue nombrado secretario de Relaciones con el objeto de ocupar la Presidencia interina; el 13, su principal cómplice, Blanquet, se fue también a fin de estudiar "la organización de los ejércitos europeos"y el ministro de Comunicaciones "salió a investigar los ferrocarriles extranjeros" y por último, el 15, Huerta presentó su renuncia a las Cámaras. En su discurso dijo que habiendo destruido a la Revolución —puesto que estaban divididos y aún siguen estándolo— "el poder a que me refiero —los Estados Unidos— buscó un pretexto para terciar directamente en la contienda y esto dio por resultado el atentado de Veracruz por la armada americana.

"Se consiguió, como ustedes saben, arreglar decorosamente por nuestros comisionados en Niágara Falls el fútil incidente de Tampico y la Revolución queda en pie sostenida por quien todos sabemos.

"Hay más: después de la labor altamente patriótica de nuestros representantes en Niágara Falls, hay quien diga que yo, a todo trance, busco mi personal interés y no el de la República, y como ese dicho necesito destruirlo con hechos, hago formal renuncia de la Presidencia de la República.

"Debe saber la representación nacional que la República, por conducto de su gobierno, ha laborado con toda buena fe a la vez que con toda energía puesto que ha conseguido acabar con un Partido que se llama demócrata en los Estados Unidos, y ha enseñado a defender un derecho.

"Para ser más explícito diré a ustedes que la gestión del gobierno de la República, durante su corta vida, ha dado golpes de muerte a ese poder injusto.

"Vendrán más tarde obreros más robustos y con herramientas más perfectas, que acabarán, a no dudarlo con ese poder que tantos perjuicios y tantos atentados ha cometido en este continente.

"Para concluir, digo: que dejo la Presidencia de la República llevándome la mayor de las riquezas humanas, pues declaro que he depositado en un Banco, que se llama la conciencia universal, la honra de un puritano, al que yo, como caballero, exhorto a que me quite esa mi propiedad. Que Dios bendiga a ustedes y a mí también."

En realidad Huerta no se llevó la mayor de las riquezas humanas, sino el dinero que restaba en la Tesorería de la Nación. Había tratado de exterminar todo lo que se le opuso pero desde luego no logró matar al Partido Demócrata de los Estados Unidos ni enseñó a defender ningún derecho porque su cargo de Presidente lo obtuvo mediante la traición y el asesinato. Hasta el fin conservó su grotesca fanfarronería si bien sus partidarios y algunos historiadores lo siguen considerando como un enemigo excepcional de los Estados Unidos.

Se embarcó en el vapor alemán *Bremen*, seguido de su numerosa familia, institutrices, criados y una multitud de baúles y maletas cuyo contenido le permitiría dulcificar los rigores del exilio. No terminaron aquí las andanzas y vicisitudes de este dictador.

Instalado en Barcelona, pronto descubre que allí existe un Café Colón y, atraído por este nombre tan cargado para él de añoranzas, se convirtió en su más asiduo parroquiano. El mozo, al verlo aparecer, sin decir una palabra, le ponía sobre la mesa una botella de coñac y el general suavizaba su exilio hundiéndose en los días de su presidencia, cuando ministros y generales desfilaban por el autentico Café Colón y le consultaban los negocios de la guerra y del Estado. Visión desaparecida para siempre. Huerta debía acudir a los recuerdos —el paliativo de los viejos— y esta consideración lo llenaba de amargura, pues él se sentía un héroe, el luchador más implacable contra el imperialismo de los Estados Unidos, el hombre que había logrado aniquilar al Partido Demócrata, y verse reducido a la impotencia lo hacía descargar puñetazos sobre la mesa y proferir oscuras amenazas.

De este frenesí vino a sacarlo el espía y saboteador alemán Franz Von Rintelen. El Káiser, desde los días del porfiriato en que pretendió comprar o alquilar Bahía Magdalena, no había dejado de incluir a México en su estrategia mundial. Seguía pensando que si los Estados Unidos se enredaban en una guerra con su vecino no intervendrían a favor de los aliados y Huerta representaba una de sus cartas favoritas. Era un hábil general, tenía partidarios, odiaba a Norteamérica y con tal de recobrar el poder lo creía capaz de emprender las más locas aventuras.

Rintelen no empleó mucha persuasión. Encontró a un Huerta deseoso de la ayuda imperial y a mediados de abril, precedido del espía, desembarcó en Nueva York acompañado de sus familiares, institutrices, criados, secretarios y un equipaje que comprendía más de cien baúles.

Se alojó en una mansión de Long Island y mantuvo una conducta discreta. Bebía públicamente agua de Seltz, asistía a los partidos de beisbol, el juego nacional de los norteamericanos y se hacía retratar cortando el césped del jardín, seguido de sus nietos, como un abuelo ya curado de sus antiguos desmanes. A los periodistas que lo interrogaban sobre la muerte de Madero, les decía:

—Ése es un secreto profesional. Yo soy militar. ¿Es que los militares no pueden tener secretos profesionales como los abogados o los médicos? Sin embargo, yo me sé inocente de la muerte del señor Madero. El tiempo y la historia me darán la razón.

A Huerta y a Rintelen los vigilaban muy de cerca los agentes carrancistas, el grupo de contraespionaje montado por Voska, los sabuesos del Departamento de Justicia, los de William J. Flynn, Jefe del Servicio Secreto, y los del comisario de policía Arthur Woods.

Se había dispuesto un dictáfono entre los cortinajes de la suite que ocupaban los alemanes en el hotel Manhattan que trasmitía todas las conversaciones a un cuarto vecino, los teléfonos estaban intervenidos y una parte de la servidumbre militaba a las órdenes de Voska.

Huerta llegaba al hotel y conversaba largamente sin tener la menor idea del formidable aparato que lo cercaba. Sus proposiciones —Rintelen además las comunicó a Berlín utilizando la clave naval— eran concretas: dinero para comprar armas, el apoyo "moral" de Alemania y submarinos para llevar las armas una vez que él cruzara la frontera y encabezara la rebelión. Ya en el poder, Huerta declararía la guerra a los Estados Unidos.

En aquellas semanas se compró armamento por 11 millones de dólares, se depositaron 800 mil en la cuenta que Huerta tenía en La Habana, 95 mil en otra cuenta de México y se alertó a Pascual Orozco y Félix Díaz. La conjura estaba en plena marcha. Berlín contestó que submarinos y cruceros auxiliares entrarían en acción al abrirse las hostilidades. Después hizo nuevas ofertas que posiblemente el Káiser no estaba dispuesto a cumplir pero hay dudas de que Huerta pensara cumplir las suyas.

El 15 de junio Huerta asistió a un partido de beisbol, compró entradas para un baile de la policía... y abordó un tren con el propósito de visitar la exposición de San Francisco. A las 8 de la noche el Departamento de Estado le telefoneó al secretario Lansing que Huerta había cambiado de tren en Kansas y era esperado en El Paso. Wilson vacacionaba en New Hampshire. Lansing telegrafió a Cobb, el agente del Departamento de Estado en El Paso pidiéndole colaborara con el Departamento de Justicia y diera aviso inmediato. Cobb ya tenía noticia de que Huerta pensaba bajar en la estación de Newman situada a 20 millas de la frontera y tomando un tren, acompañado de 25 soldados y 2 policías llegó a Newman el domingo al amanecer pocos minutos antes de la entrada de Huerta.

En el andén lo esperaba ya el auto de Pascual Orozco y Huerta abandonó su coche dormitorio. Había sonado la hora de emprender la última, sonada aventura de su vida, pero en ese momento los soldados de Cobb salieron de unos equipajes aprehendiendo a los dos generales. Conducidos a El Paso, Huerta fue puesto en libertad mediante una fianza de 15 mil dólares. Aunque la rata había caído en la trampa, era todavía peligrosa. El mismo alcalde aceptó su defensa, la ciudad estaba llena de huertistas exiliados, los hombres de negocios veían en el general a su salvador y del otro lado lo aguardaban los alzados de Pascual Orozco.

Cobb estaba alarmado. El 2 de julio Orozco escapó a México y Washington ordenó que Huerta fuera llevado a la prisión del Condado. Allí, se le amenazó con la expulsión, se trató de alejarlo de la frontera ofreciéndole la libertad a lo que Huerta se negó:

—Sólo dejaré esta cárcel incondicionalmente —afirmó—. No aceptaré ningún compromiso.

Sufría estoicamente el peor tormento imaginable: la privación de su coñac y se lamentaba ante los periodistas:

—No he tomado ni una copa en estos cuatro días.

Cobb seguía enviando telegramas angustiosos. Hablaba de la concentración de las fuerzas de Orozco en las montañas y de la explosiva situación que reinaba en El Paso. Washington interceptaba las comunicaciones de una Alemania que a pesar de todo seguía esperanzada en la guerra mexicana. "Retener a Huerta en la cárcel del Condado era como tener en la mano un cartucho de dinamita con la mecha encendida." Wilson tomó la decisión de encarcelar a Huerta en Fort Bliss, dejándolo a cargo de los militares.

Huerta enfermó gravemente y circuló el rumor de haber sido envenenado. Wilson —recién casado en segundas nupcias— no deseaba empañar su luna de miel con el cargo de haber dejado morir en la prisión a un ex presidente y Huerta fue llevado a su casa. Todavía dio una sorpresa. Lejos de expirar recobró la salud. Fue llevado nuevamente a Fort Bliss donde se agravó. Su cama estaba rodeada de soldados. Ya agonizante se le operó sin anestesia y murió en su casa el 14 de enero de 1916.

Con Huerta desaparece la figura más siniestra del ejército porfirista. Pertenece a la ralea de los Blanquet, de los Félix Díaz, de los Mondragón. Él logró arrastrar consigo no sólo a otros generales que creían que su deber es defender un gobierno constituido, cualquiera que sea, sino a casi todos los intelectuales del *ancien régime.* Lo devora la ambición de poder. Para obtenerlo no vaciló en traicionar a Madero y en asesinarlo. Desencadenó una matanza nacional y la ruina de México. Su astucia lo llevó a ser desconfiado y la desconfianza a la brutalidad. Sus crueles argucias de militar, aplicadas al gobierno, se transformaron en horrores y en errores descomunales. Asesino que se hizo del poder gracias al embajador Wilson es rechazado y anulado por Wilson el presidente. Esperanza y apoyo de los empresarios americanos aparece finalmente como su enemigo. En el caos y en la hecatombe que él mismo ha provocado, se vuelve hacia Alemania y se convierte en la pieza inconsciente de una guerra mundial. Para el Káiser México es simplemente un chivo expiatorio al que debe sacrificarse con tal de que los Estados Unidos no entren a la contienda. A este Huichilobos de antiparras torcidas sobre su máscara repulsiva, viejo y ebrio, se le asigna el papel del agente 007. Es otra ironía que le reserva el destino. En el fondo no es mejor que Guillermo II pero él es el Emperador de una gran potencia y Huerta no pasa de ser un monarca de los bajos fondos, es decir un dictador latinoamericano que no logró asimilar *the manners* en que fue maestro su antecesor Porfirio Díaz.

La burguesía y la clase media de la ciudad sufrieron un ataque de pánico. Entre Carranza, que de cualquier modo era uno de los suyos y las "hordas" del Atila del Sur, todos se inclinaban por Carranza. Carbajal trató de obtener las máximas garantías y se valió de los cónsules norteamericanos de Saltillo y Monterrey para que ellos negociaran la rendición.

"Carranza dejó perfectamente claro que el objeto de las dicusiones era acordar la forma de la entrega incondicional del gobierno en la ciudad de México y que el lugar de la reunión tendría que ser Saltillo" y no Nueva York, como proponía el Presidente interino. Entonces se envió a Lauro Villar y a David Gutiérrez Allende para ajustar la capitulación, pero no se les dio la menor beligerancia y regresaron humillados. El general José Refugio Velasco, ministro de la Guerra, prometió no ofrecer resistencia. El ejército carecía de culpa por ser una rama apolítica del gobierno y advirtió que como los victoriosos acostumbraban fusilar a los oficiales no podía confiar en su magnanimidad.

El alegato de Velasco no se tomó en cuenta. El ejército no tenía nada de apolítico ya que preparó el cuartelazo contra Madero y luego se unió al asesino y ofreció una resistencia desesperada. El mismo Velasco desoyó en Torreón la propuesta de rendirse causando la negativa miles de muertos y heridos.

El 12 de agosto, Carbajal, no sin hacer la patética declaración del "deber cumplido" tomó con otros miembros del gabinete el camino del exilio y el 13, el gobernador del Distrito Federal, Eduardo Iturbide, acompañado del general Gustavo A. Salas y del almirante Othón P. Blanco firmaron ante Obregón la capitulación sin condiciones de la ciudad. Los federales debían salir de México en pequeños grupos llevando únicamente sus fusiles; las tropas rendirían sus armas a los revolucionarios y todos los oficiales quedarían a disposición del Primer Jefe que al entrar a la ciudad asumiría el cargo de Presidente Interino.

En los llamados Tratados de Teoloyucan firmados el 13 de agosto —un 13 de agosto Hernán Cortés tomó la ciudad de Tenochtitlán— se especificaba la condición "de que las tropas que guarnecen las poblaciones de San Ángel, Tlalpan, Xochimilco y demás frente a los zapatistas, serán desarmados en los lugares que ocupan tan luego como las fuerzas constitucionalistas las releven". El relevo ocurrió la misma noche del 13, de modo que los hombres de Zapata, al amanecer del 14 se encontraron cercados y amenazados por un nuevo enemigo. El 15, al salir de México el general Velasco con los restos de los federales, ocupó la ciudad el general Obregón y el 20 hizo su entrada solemne Carranza. Juzgó oportuno declarar: "La Revolución no hizo ningunas promesas; el único compromiso era derrocar a la dictadura de Huerta, lo cual está hecho." El astuto Viejo rehusó tomar el título comprometedor de Presidente interino y a partir de entonces se bautizó con la designación ampulosa de Primer Jefe del Ejército Constitucionalista Encargado del Poder Ejecutivo; no juzgó oportuno constituir un gobierno —oficiales mayores eran los encargados de las secretarías de Estado— y suprimió la recién fundada secretaría de Agricultura.

Aún con la amenaza encima de la División del Norte estaba dispuesto a no hacer concesiones. En el fondo despreciaba a Zapata y a lo que él llamaba sus "chusmas". Al coronel villista Alfredo Serratos que lo visitó antes de entrar a México le preguntó:

—¿Qué quiere Zapata?

—Señor, Zapata ha visto con sorpresa que no se ha tomado para nada en cuenta a las fuerzas del sur aunque ellas ocupen algunas plazas del Distrito Federal. Yo creo que usted debe posponer su entrada hasta que todos los jefes revolucionarios estén de acuerdo sobre algunos asuntos importantes. Entre ellos la designación del Presidente interino.

—Dígale usted a Zapata que elija lugar, día y hora así como el número de hombres que formen su escolta, para que yo, a mi vez, designe el número de soldados de la mía. Inmediatamente que nos avistemos mandaremos hacer alto a nuestras respectivas escoltas y avanzaremos solos para que al encontrarnos hablemos de lo que sea necesario.

—Siento mucho señor Carranza decir a usted que el general Zapata no va a aceptar la proposición.

—¿Por qué?

—Porque el general Zapata tiene la costumbre de que cuando se tratan asuntos serios y de trascendencia se enteren de ellos los jefes a sus órdenes.

—Usted comuníquele mi proposición.

—En este caso ruego a usted, señor, que me la de por escrito.

—No hay por qué hacerla y no olvide que soy el Primer Jefe.

—Efectivamente señor; pero el general Zapata es independiente del ejército constitucionalista.

—Pues usted dígale cuál es mi proposición y si no la acepta tengo 60 mil rifles para someterlo.

El 17, Carranza escribió una carta a Zapata donde lo invitaba a tener una entrevista con él en México y le anunciaba que la causa del pueblo había triunfado. Zapata ese mismo día respondió brevemente: "...el triunfo que dice usted ha llegado de la causa del pueblo, se verá claro hasta que la Revolución del Plan de Ayala entre a México dominando con su bandera, para lo cual es muy necesario que usted y los demás jefes del norte firmen el acta de adhesión al referido Plan de Ayala y lealmente se sometan a todas las cláusulas del mismo, porque de lo contrario no habrá paz en nuestro país.

"Si usted obra de buena fe, no debe temer a ninguna de las cláusulas del Plan de Ayala, sino que con todo desinterés y patriotismo dejará que la grandiosa obra del pueblo que sufre, siga su curso que tiene trazado, sin ponerle obstáculos de ninguna especie.

"Con respecto a la conferencia que desea usted tener conmigo, estoy en la mejor disposición de aceptarla y sinceramente la acepto, para lo cual le recomiendo se sirva pasar a esta ciudad de Yautepec en donde hablaremos con toda libertad, asegurando a usted que tendrá amplias garantías y facilidades para llegar hasta este cuartel general."

El mes de agosto no suavizó las tensiones. La División del Norte, permanecía en Chihuahua intocada y desafiante; las Divisiones del Noroeste y del Noreste —en última instancia Villa, Obregón y González— parecían inclinarse por el estricto cumplimiento del Plan de Guadalupe, lo cual les daría una posibilidad de ejercer el mando supremo y Zapata, a pesar de haberse intentado algunas negociaciones, se mantenía inconmovible. Ante aquella adversa relación de fuerzas, Carranza decidió hacer un último esfuerzo por convencer a Zapata y le envió al licenciado Luis Cabrera y al general Antonio Villarreal.

El informe de sus negociadores fue terminante y desalentador. Zapata, antes de aceptar cualquier arreglo, exigía la firma de una acta de sumisión al Plan de Ayala "no sólo en su esencia sino en todas sus partes", el pacto de un armisticio sobre la base de entregar la plaza de Xochimilco a las fuerzas zapatistas y el retiro de Carranza del Poder Ejecutivo o bien la aceptación de un representante, con cuyo acuerdo "se dictarán las determinaciones trascendentales y se harán los nombramientos paralelos políticos".

Carranza respondió el 5 de septiembre: "Habiendo recibido la investidura de Primer Jefe del Ejército Constitucionalista por delegación de los diversos jefes militares que, con sujeción al Plan de Guadalupe, colaboraron conmigo para el derrocamiento de la dictadura del general Huerta, no podría yo abdicar este carácter para someterme a la jefatura del general Zapata, ni desconocer al Plan de Guadalupe. Considero, por lo demás, innecesaria esa sumisión, supuesto que como manifesté a ustedes, estoy dispuesto a que se lleve a cabo y se legalicen las reformas agrarias que pretende el Plan de Ayala, no sólo en el estado de Morelos, sino en todos los estados de la República que necesiten de dichas medidas.

"Si el general Zapata y los jefes que lo siguen pretenden realmente que se lleven a cabo las reformas que exige el bienestar del pueblo suriano, tienen el medio de verificarlo uniendo sus fuerzas a la de esta Primera Jefatura, reconociendo la autoridad de ella concurriendo a la Convención de Jefes que he convocado para el día 18 de octubre del corriente año precisamente con el objeto de discutir el programa de reformas que el país exige."

En este punto Carranza era inflexible. Según relata Vasconcelos, ya derrocado Huerta, el Primer Jefe había dicho en Monterrey durante una cena "que no existían problemas de tierra; había más tierras que gentes y no procedía ningún reparto. Convenía, sí, fraccionar el latifundio, pero eso se lograría con una ley de impuestos progresivos".

En Sonora la situación empeoraba. El general Calles, Jefe de las armas, tenía bajo su custodia a la guardia de Maytorena y el gobernador se había acuartelado en el Palacio con 100 hombres armados dispuestos a dar la batalla. Calles hablaba de su indignación y le decía a Carranza que temía perder su calma "y obrando dentro de la ley y dentro de mis profundas convicciones, adornar con el funesto constitucional una de las frondosas ceibas de la plaza de armas".

La división de los sonorenses que Carranza no supo evitar oportunamente era una consecuencia secundaria de la ruptura originada entre el jefe de la División del Norte y el jefe del Ejército Constitucionalista. Calles y Benjamín

Hill se apoyaban en Obregón y en Carranza, Maytorena en Villa y en Ángeles.

Fracasos y esperanzas

Ya el 18 de julio de 1914, los generales de la División del Noreste habían propuesto a los generales de la División del Norte tuvieran en Torreón una junta de avenimiento. "En estos momentos solemnes de la patria —escribían— en que todo el mundo tiene sus ojos fijos sobre nosotros, sería un crimen dividirnos. La esperanza de salvación de la República es el triunfo inmediato de la causa constitucionalista. ¿Cómo, después de tantos sacrificios, de tanta sangre, de tantas lágrimas, de tantos heroísmos, vamos a naufragar en la orilla de la victoria? No es posible que todos los que perseguimos idénticos ideales y estamos animados de los mismos sagrados propósitos, nos desunamos en estos dolorosos instantes en que peligra la patria. Por ella hemos sacrificado todo. Demos una prueba más de abnegación y de civismo, y habremos salvado para siempre a esta amadísima República. El enemigo nuestro, tantas veces abatido por las armas revolucionarias, no tiene anhelo más vivo y deseo más ardiente que el vernos divididos. Pero estamos seguros de que no lo conseguirá nunca."

En las juntas de Torreón se llegó a los siguientes acuerdos: Villa reconocía la autoridad del Primer Jefe y debería seguir al frente de su División a la que se le suministraría todo lo necesario para continuar sin entorpecimiento alguno sus operaciones militares. Carranza, después del triunfo de la Revolución, sería nombrado de acuerdo con el Plan de Guadalupe, Presidente interino de la República y convocaría a una Convención de militares "que tendrá por objeto discutir y fijar la fecha en que se verifiquen las elecciones, el programa de gobierno que deberán poner en práctica los funcionarios que resulten electos y los demás asuntos de interés nacional". Se advirtió de modo terminante, que ningún Jefe constitucionalista figurará como candidato para

Presidente o Vicepresidente en las elecciones y la cláusula octava con que se cerraban los acuerdos afirmaba: "Las Divisiones del Norte y del Noreste, comprendiendo que la actual es una lucha de los desheredados contra los poderosos se comprometen a combatir, hasta que desaparezca por completo, el ejército exfederal, sustituyéndolo por el ejército constitucionalista; a implantar el régimen democrático en nuestro país; a castigar y someter al clero católico romano que ostensiblemente se alió a Huerta, y a emancipar económicamente al proletariado, haciendo una distribución equitativa de las tierras y procurando el bienestar de los obreros."

Carranza, a través de Pablo González contestó de un modo vago que aprobaba en lo general los acuerdos y dio a entender que las reformas propuestas al Plan de Guadalupe "se aprobarán o se tomarán en consideración en su caso por esta primera jefatura". Dejó en cambio muy claro que conforme al Plan, la junta estaría integrada no sólo por los generales del ejército con mando de fuerzas, sino por los gobernadores de los estados. "Respecto a la cláusula octava, debo expresar que los asuntos emitidos en ella son ajenos al incidente que motivó las Conferencias."

En relación a los acuerdos privados de la junta que se le remitieron aparte, Carranza se mostró más cortante. Negó la petición de dar a la División del Norte la categoría de cuerpo del ejército que tenían las otras dos divisiones, negó también el ascenso propuesto de general de división a Villa —lo concedió en cambio al mediocre Pablo González sin dignarse explicar su resolución— y negó por último al general Felipe Ángeles la reposición de su cargo de subsecretario de Guerra.

Aunque las condiciones habían cambiado radicalmente, Carranza ya en ese momento alentaba la convicción de ser el Hombre Insustituible, el guía y el triunfador de la Revolución y no estaba dispuesto a ser el Presidente interino lo que suponía su eliminación de las elecciones. No necesitaba más a Villa y por lo tanto no veía la conveniencia de halagarlo o de hacerle concesiones.

Al parecer se trataba de una serie de mutuos agravios fáciles de resolver con buena voluntad pero el problema era mucho más hondo ya que implicaba una lucha de clases. Con independencia de la terquedad de Carranza, de la inestabilidad emocional de Villa, o de la intransigencia de Zapata, el Primer Jefe pertenecía a la burguesía del porfiriato, a la concepción política de lo que era posible hacer dentro del marco de un Estado moderno, en tanto que Villa pertenecía al pueblo y luchaba confusamente por los explotados y en contra de los explotadores. Zapata era incluso distinto de Villa. Campesino del sur, ligado místicamente a la tierra y a los suyos, sólo tenía un propósito: el que sus tierras robadas le fueran devueltas sin trampas y sin dilaciones. Así pues, los tres hombres representaban lo que en realidad era México. El *statu quo* liberal, la utopía de un país en que todos fueran trabajadores y soldados a la vez y la restitución a los campesinos de las tierras que les habían robado.

Obregón se erige en conciliador

La situación en Sonora seguía deteriorándose. Maytorena ante una serie de ataques a la "Soberanía del Estado" mantenía en prisión al general Salvador Alvarado y a los miembros de su Estado Mayor. Se pensó entonces, a propuesta de Obregón, que el general Benjamín Hill, amigo de Maytorena, sustituyera a Calles como jefe de operaciones el "que permanecía con sus fuerzas en la misma zona pero a las órdenes directas de Hill".

Obregón durante ese período se asignó el papel de intermediario y de pacificador. No conocía a Villa personalmente y "alimentaba la esperanza que sería fácil convencerlo no sólo para su gestión en Sonora, sino para resolver las dificultades que existían con la Primera Jefatura".

Carranza, no sin poner objeciones, le pidió a Villa que fuera su delegado y en compañía de Obregón tratara de convencer a Maytorena. El 24 de agosto, el mismo día en que Maytorena tomaba Nogales, Villa, Raúl Madero y José Isabel Rodríguez esperaban a Obregón en la estación de Chihuahua y una brigada de infantería formaba la valla hasta la casa de Villa donde se alojaría su huésped.

Villa mostró cordialidad. Le interesaba conocer la idea que Obregón se había formado del autoritario Carranza y el número de los pertrechos tomados a los federales. En un momento de expansión descubrió sus intenciones:

—Mira, compañerito —le confió a Obregón—, si hubieras venido con tropa, nos hubiéramos dado muchos balazos; pero como vienes solo no tienes por qué desconfiar; Francisco Villa no será un traidor. Los destinos de la patria están en tus manos y las mías; unidos los dos, "en menos que la minuta" dominaremos al país, y como yo soy un hombre oscuro, tú serás el Presidente.

Obregón no cedió a la tentación y redobló su cautela:

—La lucha ha terminado ya —respondió—, no debemos pensar en más guerras. En las próximas elecciones triunfará el hombre que cuente con mayores simpatías.

No presentía Obregón en ese caluroso mes de agosto que muchos de los argumentos de Villa había de hacerlos suyos unos años después. Villa había logrado convencer a la División del Noreste totalmente adicta a Carranza que el Primer Jefe debía ocupar la presidencia provisional y constituir un gobierno regido por la ley y trataba de atraerse a Obregón. ¿Acaso no eran ellos los vencedores?

—Cierto —afirmaba Obregón—, pero el señor Carranza es incapaz de estorbar los anhelos que manifestamos en nombre del pueblo.

En la entrevista de Nogales, Maytorena describió su situación, que sería en el futuro con algunas variantes la situación de todos los gobernadores civiles de los estados: los generales Calles y Alvarado, dueños del poder militar, no habían respetado su autonomía ni su investidura y provocaban conflictos.

Obregón convino en ello y para evitar nuevos choques dispuso que Maytorena fuera el Jefe de las fuerzas del Estado

—incluyendo las de Calles—, hasta el establecimiento de un gobierno constitucional. Ya firmado el tratado, esa misma noche circuló un impreso donde se insultaba a Obregón, se hablaba de crímenes contra la soberanía del Estado y se pedía que los "canallas altaneros" no pisotearan la ley ni se burlaran del pueblo de Sonora.

Aunque Maytorena aseguró que el pasquín era obra del general Obregón, éste y Villa anularon el primer acuerdo y decidieron que el general Juan G. Cabral, debía sustituir en el gobierno a Maytorena y ocupar la comandancia militar el Estado. Las fuerzas del coronel Calles pasarían a depender del general Hill y más tarde se movilizarían al estado de Chihuahua.

Liquidado al parecer Maytorena y ya medio sofocada la revuelta, Villa y Obregón redactaron un memorándum donde se le decía a Carranza que, "consumado el triunfo", había llegado el tiempo de preocuparse en establecer un gobierno constitucional capaz de implantar las reformas político-sociales que constituyen el ideal de la Revolución, restablecer las relaciones cordiales con las naciones extranjeras, el crédito exterior y la reorganización de las finanzas". Para ello, el Primer Jefe "tomará desde luego el título de Presidente interino de la República e integrará su gabinete con secretarios de Estado". Se restablecerían los juzgados y se realizarían "unas elecciones progresivas que debían empezar en el nivel local —los Ayuntamientos— y tendrían su última etapa en la elección constitucional de un Presidente" [41]. Se hacía notar de un modo expreso que los jefes del ejército no podrían desempeñar el cargo de Presidente ni los ciudadanos que lo hubieran desempeñado con carácter provisional.

Cuando Obregón regresó, Carranza ya había convocado a la Junta prometida en la capital. Inmediatamente se desataron los rumores de que la Junta, integrada en su mayoría por generales y gobernadores adictos a Carranza, podrían ser fácilmente manipulados. Por añadidura Maytorena no estaba dispuesto a entregar el mando y se sucedieron los primeros choques con las fuerzas de Calles al mando del general

Hill. Villa ordenó a Hill se retirara a Casas Grandes y Hill que dependía de Obregón sencillamente no hizo el menor caso. De hecho cualquier incidente podía desatar la guerra entre los aliados de la víspera. Carranza no estaba dispuesto a convertirse en el Presidente provisional, ni a organizar un gobierno formal y compraba armas juzgando inevitable la guerra y Villa, alentaba a Maytorena y también se pertrechaba en previsión de la contienda que se acercaba cada vez más peligrosamente.

Obregón se mete en la boca del lobo

Obregón decidió entrevistarse nuevamente con Villa, convencerlo de que enviara sus delegados a la Junta y solucionara el conflicto de Sonora. En vano, el mismo Carranza y sus amigos trataron de disuadirlo. Era una temeridad "meterse en la boca del lobo". Villa, llevado de su temperamento podía apresarlo o fusilarlo, pero Obregón tenía una fe ilimitada en su poder de persuación y por lo demás él era el único capaz de conjurar el espectro de la guerra.

El 16 de septiembre Villa y Obregón presenciaron el desfile de la División del Norte desde uno de los balcones del Palacio.

—Mire, compañerito —le decía Villa—, ésos son los muchachos de mi compadre Tomás Urbina. Aquéllos son los del general Rodolfo Fierro y aquellos más los del general Raúl Madero.

Al pasar la artillería, Villa comentó sarcástico:

—Y ésa la manda el más famoso artillero que ha existido en México, el general Felipe Ángeles a quien *si me hace* que conoció usted muy bien en Sonora.

Terminado el desfile, Villa le dijo que el general Raúl Madero lo invitaba a comer en su casa y se disculpó de no asistir por sentirse enfermo pero en realidad, como apunta el capitán Robinson, miembro del Estado Mayor de Obregon, "se trataba de conocer de antemano cuáles eran los propósitos de mi general y hasta dónde llegaba la intención de su visita."

En la casa estaban reunidos Luis Aguirre Benavides, secretario de Villa, el coronel Roque González Garza y los generales Eugenio Aguirre Benavides, hermano de Luis, José Isabel Robles y Raúl Madero. Ellos formaban, si así pudiera decirse, el ala moderadora y culta de la División del Norte y sus opiniones eran opuestas a las de Tomás Urbina, Rodolfo Fierro, Pedro Bracamontes, José Rodríguez y Anacleto Girón que formaban el ala primitiva y expedita de la División. Obregón les habló de concordia. Ellos debían influir para que Villa no se alzara contra Carranza ya dispuesto a realizar la aplazada convención y todos estuvieron de acuerdo en que la paz debía preservarse sobre cualquier consideración, sin dejar de advertir que el distanciamiento se debía al autoritarismo y a las ambiciones personales de Carranza.

Por la noche bailaron en el Teatro de los Héroes —las fiestas alternaban con las situaciones más peligrosas— y ya de madrugada Obregón se retiró a su carro. Había dormido tres horas cuando lo despertó el ruido de un tren que se dirigía, según le informaron, a ciudad Juárez. Obregón, entonces, le ordenó al mayor Julio Madero tomara el tren y desde un lugar seguro le telegrafiara a Calles y a Hill que mientras él se hallara en Chiuhuhua no obedecieran ninguna de sus órdenes.

Al día siguiente Obregón se presentó en la casa de Villa. Apenas entró, Villa se levantó descompuesto y gritó:

—El general Hill está creyendo que conmigo va a jugar. Es usted un traidor a quien voy a pasar por las armas en este momento. A ver —le dijo a su secretario Aguirre Benavides—, telegrafíe usted al general Hill en nombre de Obregón que salga inmediatamente para Casas Grandes. ¿Pasamos ese telegrama? —le preguntó desafiante a Obregón.

—Puede pasarlo, pero mucho me temo que no lo obedezca.

—¿Pero qué clase de generalito es usted que no lo obedecen sus subordinados?

Obregón respondió despectivamente:

—El mayor Madero lleva instrucciones terminantes que yo mismo le di para que no se obedezcan mis órdenes mientras yo no haya salido de la zona que usted domina.

—Ya verá usted cómo de Pancho Villa nadie se burla. Ahora mismo lo voy a quebrar. Pida por teléfono —le dijo a uno de sus ayudantes— veinte hombres de la escolta de Dorados al mando del mayor Cañedo para fusilar a este traidor.

El mayor Cañedo, a quien llamaban más adecuadamente el mayor Cedazo ya que su cuerpo había recibido 18 tiros y odiaba a Obregón por haberlo expulsado del ejército, llegó con los Dorados y se apostó fuera de la quinta.

Obregón dijo empleando su habitual grandilocuencia:

—Desde que puse mi vida al servicio de la Revolución he considerado que será una fortuna para mí perderla.

En el momento en que Villa parecía llevarse la mano a la pistola, entró a la sala Felipe Dussart otro de los expulsados por Obregón del ejército, que se daba los títulos de doctor y general.

Saltaba de alegría bufonescamente y gritaba:

—¡Bravo, bravo mi general! Así se necesita que obre usted.

Villa, convulso, descargó su cólera contra aquel ser "despreciable".

—Largo de aquí bribón, fantoche, o lo corro a patadas.

Tranquilizado un poco volvió a recorrer la sala siguiendo los pasos de Obregón y amenazándolo:

—Ahora lo voy a fusilar.

—A mí personalmente me hace un bien, porque con esa muerte me va a dar una personalidad que no tengo y el único perjudicado en este caso será usted.

La hermosa mujer de Villa, Luz Corral, observaba la escena mediante un juego de espejos que había dispuesto en su recámara, pero no escuchaba las voces. El general Ángeles buscó una oportunidad y acercándose le dijo:

—Señora, el general Villa va a fusilar al general Obregón y a nadie quiere oír. A ver qué hace usted por él.

Luz Corral, cuando Villa se reunió con ella le preguntó:

—¿Qué pasa entre ustedes? Está la quinta rodeada por los Dorados y retiraron la banda que venía a tocar.

—Voy a fusilar a este tal por cual de Obregón —respondió Villa acostado en su cama—. Hoy me ha puesto de parapeto en Sonora y ya me cansé de sus cochinos actos.

—Está muy bien hecho, dado que va de por medio tu honor militar, pero si tú fusilas al general Obregón, mañana toda la prensa extranjera dirá: Francisco Villa mandó fusilar a su compañero y amigo, y sobre todo a su huésped, pues tú sabes que la hospitalidad es sagrada en todas partes del mundo.

Villa guardó silencio. Al rato, levantándose de la cama ordenó disponer el tren de Obregón y le dijo a Luz palmeándole cariñosamente la espalda desnuda:

—Ahora sí, ya todo pasó.

A las 6:30 entró a la sala y le rogó a Obregón se sentara con él en un sofá:

—Francisco Villa no es un traidor —principió diciéndole—, Francisco Villa no mata a hombres indefensos y menos a ti, compañerito, que eres huésped mío. Yo te voy a probar que Pancho Villa es hombre y si Carranza no lo respeta, sabrá cumplir con los deberes de la patria...

Los sollozos le impidieron terminar. Había pasado de la cólera al arrepentimiento y a una emoción que Obregón juzgó fingida, equivocadamente, en sus memorias militares. Algo instintivo le decía que debía aniquilar a ese "perfumado" pero en aquel momento trabajaba en él la idea de la hospitalidad y de sus sagrados derechos.

Un ayudante, anunciando que la cena estaba dispuesta interrumpió sus sollozos. Villa se limpió las lágrimas con su gran paliacate rojo y le dijo a Obregón:

—Vente a cenar, compañerito, ya todo pasó.

Prólogo de la Convención

La Convención de acuerdo con la propuesta de Carranza,

debería integrarse con los gobernadores de los estados —la mayoría le era adicta— y con los generales al mando de tropas o sus representantes, lo que dio origen a interminables trámites e indagaciones a fin de averiguar quién era quién, cuáles eran sus méritos revolucionarios y otorgarle las credenciales respectivas.

En el discurso de apertura, Carranza se mostró intransigente. Acerca de las reformas sociales y políticas que reclamaba el país y no pudo o no quiso tomar Madero, propuso asegurar la libertad municipal, resolver el problema agrario "por medio del reparto de los terrenos nacionales, de los terrenos que el gobierno compre a los grandes propietarios y de los terrenos que se expropien por causa de utilidad pública", limitar las horas de trabajo a los obreros y el pago semanal de su salario en efectivo, levantar un catastro de la propiedad, nulificar todos los contratos, concesiones e igualas anticonstitucionales, reformar los aranceles y la legislación bancaria y darle al matrimonio un carácter civil haciendo que pudiera celebrarse ante notarios públicos.

Las reformas carrancistas, tomadas después de una lucha terrible que causó la muerte de millares de hombres y la ruina económica del país, no convencieron a nadie. Carranza no habló de la devolución de las tierras comunales a los pueblos —razón del zapatismo— y al afirmar que se comprarían tierras a los grandes propietarios, descubrió que no era su propósito repartir los latifundios. Las concesiones a los obreros resultaban insignificantes y sus otras reformas distaban mucho de ser revolucionarias o de primera importancia.

En su discurso advirtió que incluso estas reformas, destinadas a restaurar el orden constitucional, "están a punto de frustrarse por la conducta del general Francisco Villa, Jefe de la División del Norte, que con graves amenazas, que redundarían sólo en perjuicio de la patria me desconoció como Jefe del Primer Ejército Constitucionalista y encargado del Poder Ejecutivo".

Ante la actitud de "un grupo rebelde, una minoría" —afirmó Carranza—, él no podía admitir que trataran de imponer su voluntad a la mayoría de los jefes, la única que está facultada para ordenarme y la sola ante la cual se inclinaría mi obediencia. "Si no he tratado de someter a ese jefe rebelde por la fuerza de las armas —añadió— ha sido porque la prudencia así lo demanda; pero si desgraciadamente llegase el caso de no poder tolerar más una persistente e injustificada rebeldía, debe saber la Nación que el Gobierno Constitucionalista tiene un número mayor de cien mil hombres, artillería, ametralladoras y pertrechos de guerra bastantes para someter al orden a ese jefe rebelde, y cuenta además, y principalmente, con la invencible fuerza de la razón y la justicia que inspiran la opinión de la parte sana de la República para sostener al gobierno."

"Ustedes me confirieron el mando del ejército; ustedes pusieron en mis manos el Poder Ejecutivo de la nación; estos dos depósitos sagrados no los puedo entregar, sin mengua de mi honor, a solicitud de un grupo de jefes descarriados en el cumplimiento de sus deberes y de algunos civiles a quienes nada debe la patria en esta lucha; solamente puedo entregarlo, y lo entrego en este momento, a los jefes aquí reunidos. Espero la inmediata resolución de ustedes, manifestándoles que desde este momento me retiro de la Convención para dejarles toda su libertad, esperando que su decisión la inspirará el supremo bien de la patria."

Carranza no se dignó mencionar en su discurso a Zapata. Lo consideraba un bandido al frente de su chusma y centró el ataque contra Villa y Maytorena. Su gran final de entregar el mando a la Asamblea provocó el efecto deseado. Cabrera, cuando el Primer Jefe se había marchado hizo notar que la Revolución no había triunfado; Oaxaca estaba en poder de Félix Díaz; Sonora, Chihuahua, Coahuila y Durango se hallaba fuera del control del gobierno; Higinio Aguilar vagaba por los valles de México y Tlaxcala sin saber qué hacer; Lucio Blanco tiroteaba a los zapatistas, Veracruz y San Antonio Texas "la ciudad maldita" eran centros de conspiradores. "Contra su patria avanzan Villa y todos los demás que vienen en nombre de la reacción. Hagamos un balance de lo que tenemos a nuestro lado. ¿Qué se hizo el espíritu revolucionario de Francisco Villa, que jamás perdonaba a los que caían en su poder? ¿Qué ha sido del vencedor de Tamaulipas, Lucio Blanco? ¿Qué del brío del general Obregón? ¿Y qué se ha hecho del brío de Cándido Aguilar y de tantos otros? Sin duda creen todos que la Revolución ha triunfado ya, y esto no es verdad."

El general Eduardo Hay dijo que consideraba inoportuna la renuncia de Carranza y proponía tomar una resolución: "Crear o no un nuevo gobierno, designar una junta de guerra que gobierne a la nación o elegir un nuevo Primer Jefe encargado del Poder Ejecutivo."

Ante una sesión que debía prolongarse tediosamente ya que se había registrado para hablar más de la mitad de los delegados, Cabrera dijo que había llegado el tiempo de votar y escribiendo algo en un papel, lo tendió al presidente de la Asamblea exclamando:

—Aquí está mi voto a favor del señor Carranza.

La Asamblea, arrastrada por Cabrera, ratificó sus cargos a Carranza y a la media noche el Primer Jefe se presentó ante una asamblea entusiasmada y juró seguir cumpliendo su deber. Una vez más el Viejo había logrado una victoria.

Horrores de la Guerra Fría

Obregón, al regresar de su aventura en Chihuahua, el 26 de septiembre, tenía la certidumbre de que la guerra era inevitable —según lo dijo al Primer Jefe— y sólo quedaba la esperanza de intentar restarle sus mejores gentes a Villa.

El 27, reunido con numerosos militares, se acordó previo permiso de Carranza, enviar una comisión a Zacatecas "y emprendí mi viaje —escribe Obregón— ese mismo día llegando al siguiente. En Zacatecas estuve conferenciando con Aguirre Benavides, Robles, Natera, Bañuelos y otros jefes."

Los villistas, que habían desconocido la autoridad de Carranza, expresaron sus temores de asistir a una convención dominada por el Primer Jefe proponiendo que cambiara su sede a la ciudad de Aguascalientes, juzgada como un lugar neutral.

Costó mucho trabajo convencer a Carranza, pero debió ceder al deseo de la casi totalidad de los generales, no sin advertirle a Obregón:

—Yo no me opondré a que la Convención se traslade a Aguascalientes, pero tengo la seguridad absoluta de que nada se logrará. Los hombres que están detrás de Villa pondrán todos los medios que estén a su alcance para evitar toda solución pacífica, ya que son los que encabezan la reacción. Yo no quiero bajo ningún concepto ser un obstáculo, pero tampoco entregaré el país en manos de un hombre como Villa, cuya ignorancia y ambiciones siempre serán un peligro.

Ya antes de firmarse el acuerdo, Villa había lanzado un manifiesto en que pedía al pueblo se uniera a la División del Norte y desconociera al Primer Jefe a quien acusaba de seguir una conducta dictatorial. Había rechazado la presidencia interina, se negaba a constituir un gobierno formal, "hacía caso omiso de todo consejo", agravió y humilló a la División del Norte que tan señaladamente contribuyó a la derrota de Huerta, no convocaba a elecciones ni trataba de solucionar el problema de la tierra. El manifiesto terminaba insistiendo en que ninguno de los generales de la División comenzando por Villa aceptarían los cargos de Presidente interino o constitucional de la República.

Unos días antes del traslado de la Convención a la ciudad de Aguascalientes, la tensión era casi insoportable. Maclovio Herrera rebelado contra Villa, lo injuriaba soezmente, Maytorena seguía combatiendo a Hill, Carranza y Villa se recriminaban mutuamente sin dejar de apercibirse a la guerra y en el campamento de Villa se sucedían una serie de hechos que describen las pasiones y los rencores de los victoriosos una vez concluida la matanza.

José Bonales Sandoval, uno de los defensores de Villa durante su proceso en Santiago Tlatelolco, responsable, con otros, del asesinato de Gustavo Madero, ya se había presentado en Chihuahua unos meses atrás proponiéndole a Villa aceptara una alianza con Félix Díaz pues éste gozaba de mucho prestigio en el ejército y podía influir en su rendición. Al regresar Villa de Zacatecas, cuando el Primer Jefe lo acusaba de ser otro Pascual Orozco, manejado por los reaccionarios, Bonales cometió la imprudencia de reiterarle en Jiménez su propuesta.

—¿Cómo se atreve a venir delante de mí con esas embajadas? —le preguntó Villa—. ¿No lee lo que publican los periódicos? ¿No comprende que con sólo venir a visitarme hay pábulo para que mis enemigos me acusen de reaccionario?

Registrado el equipaje y descubiertas algunas "cartas comprometedoras" de Félix Díaz, Villa ordenó se fusilara al agente del "Héroe de la Ciudadela" y a su acompañante el ingeniero Agustín Pérez.

Unos días después se hizo presente en Guadalupe el Gaucho Mújica. Este aventurero argentino, hombre bien plantado, audaz y entrometido, había llegado a México con una compañía de acróbatas. Aquí asesinó en el hotel Iturbide a un tal Carlos Gilberto Schmerb —no era su primer crimen— y fue enviado a Belén de donde logró escapar durante la Decena Trágica sumándose a los rebeldes de la Ciudadela.

Al triunfar el cuartelazo, como se fingiera loco, pasó al manicomio y allí se hizo loquero, es decir guardián de los locos, hasta que la entrada de las tropas constitucionalistas lo libertó. Pancho Villa, a quien interesaban las gentes fuera de lo común, lo comisionó para que facilitara la fuga de los villistas presos en México por órdenes de Carranza.

El agente de Villa, Eduardo Javier Silva, no lo perdió de vista. La amante del Gaucho, la doctora Victoria Lima, "una fabricante de angelitos" —abortadora profesional—, le confió que el argentino se veía a diario con el general Pablo González y con el inspector general de policía Cossío Robelo, quien le había dado una suma importante de dinero. En posesión de estos informes Silva se entrevistó con Villa y le advirtió que se cuidara del Gaucho.

Villa antes de recibirlo mandó llamar al agente de los Estados Unidos, Cartothers, y le dijo:

—Lo he llamado a usted para que presencie cómo se porta el carrancismo conmigo. Quiero que dé fe de ello.

A poco se presentó el Gaucho sonriente tendiéndole la mano. Villa se encendió:

—Usted, hijo de la chingada —gritó descompuesto asestándole un cañonazo en la cabeza que lo bañó en sangre—, ha sido comisionado por los carrancistas para asesinarme. Ya conozco los tratos de usted con Pablo González; miserable, corriente, cobarde, usted vino a sorprenderme. Registren a este desgraciado.

Los Dorados, encontraron una daga, una pistola 38, una credencial de agente confidencial de la inspección de policía y una carta de Pablo González en la que le daba autorización para verlo a cualquier hora, fuera de día o de noche.

—¿Qué significa esto? —preguntó Villa agitando los papeles frente a la cara ensangrentada del Gaucho.

—Mire, mi general, yo sin conocerlo acepté la comisión de asesinar a vos y recibí dinero. Lo confieso. Pero al conocerlo, me convencí que usted es todo un hombre, me recibió usted muy bien y yo me arrepentí de mi compromiso con los carrancistas; al contrario, a vos quiero servirlo hasta de rodillas. Mi general, no me matés. Mandame lo que gustés, yo soy hombre capaz de todo.

—Maten inmediatamente a este traidor.

Cartothers firmó un acta de todo lo ocurrido que se publicó en los periódicos del Norte y de los Estados Unidos. Pablo González habló de calumnias, pero este intento de asesinar por medio de agentes era propio de González, como lo demostraría años más tarde el asesinato de Emiliano Zapata.

Por lo demás, la guerra "se había convertido en una forma de vida" como ocurrió durante una buena parte del siglo XIX. Más de 150 mil hombres abandonaron sus parcelas, sus tierras rentadas o sus pequeños oficios y eran soldados de carrera. La inmensa mayoría no tenía nada que perder y se entregaba a la matanza y a la destrucción con un fatalismo ancestral.

Algunos historiadores sostienen la idea de que Woodrow Wilson fue quien ganó la guerra contra Huerta —antes sostuvieron que el presidente Tart ultimó a Porfirio Díaz—, pero esto no pasa de ser una estupidez. Los Estados Unidos apoyaban al más fuerte o al que según su criterio, casi siempre equivocado, les ofrecía mayores ventajas. Negociaban vendiendo armas o cerrando las fronteras con una frialdad absoluta. Wilson, durante los primeros meses de la contienda despreciaba tanto a Huerta como a los revolucionarios y si finalmente los apoyó de un modo condicional, esto se debió a que ellos demostraron ser los más fuertes.

Lo extraño es que una gran parte de los combatientes federales cogidos de leva y obligados a combatir por la fuerza lucharon con la desesperación y el heroismo de que dieron muestras en Santa María, Santa Rosa, Torreón, Saltillo o Zacatecas. Y éste también era el pueblo, un pueblo acostumbrado siempre a obedecer y a seguir a sus jefes. Los grandes ideales —democracia, constitución— les eran ajenos y sólo experimentaban la necesidad de tener un pedazo de tierra y ser tratados con un poco de dignidad. En este sentido los únicos que luchaban por algo concreto eran los zapatistas. Villa al hacerse de un enorme poder se vio comprometido en un campo político que le era extraño y su instinto popular lo llevó a enfrentarse con un Carranza nada resuelto a emprender las reformas exigidas desde el principio por el ala izquierda de su movimiento.

La Convención de Aguascalientes

El problema esencial —según se planteó durante las juntas informales celebradas antes de inaugurarse la Convención— consistía en hallar una fórmula capaz de unificar a las facciones encabezadas por Carranza y por Villa. Podría ocurrir que el terco Primer Jefe, aferrado al Plan de Guadalupe, siguiera empeñado en no constituir un gobierno provisional o le impusiera a Villa condiciones inadmisibles lo que haría necesario separarlo de sus cargos como la única posibilidad de resolver el conflicto. Sin embargo una simple junta de militares para imponer y hacer respetar medidas de tal magnitud debería estar dotada de una autoridad superior, investida de un carácter soberano y tal investidura tampoco se lograría sin incluir a las fuerzas de Zapata. "¿Acaso la razón y la justicia —argumentaba el coronel Roque González Garza representante de Villa—, la inteligencia, el saber, las buenas acciones y los corazones buenos están nada más entre nosotros? ¿No presuponemos en aquéllos el mismo deseo de redención del pueblo mexicano? Y si esto es verdad ¿cómo es posible que nos erijamos en Convención Soberana sin tener aquí a los representantes de Zapata?"

Hay y Obregón el 14 de octubre, día de la inauguración, apoyaron la propuesta inicial del general Felipe Ángeles de que una delegación saliera al campamento suriano y sin esperar la llegada de los zapatistas, la asamblea por unanimidad se transformó en Convención Soberana, subordinando la autoridad de Carranza y la de los demás jefes militares a su autoridad suprema.

Una bandera de seda, llevada por el general Obregón, se extendió sobre una mesa y el general Antonio I. Villarreal, nombrado presidente, avanzó en medio de un profundo silencio y levantando su brazo derecho, dijo:

—Ante esta bandera, por mi honor de ciudadano armado, protesto cumplir con las decisiones de esta honorable asamblea.

Todos, inclinándose sobre la bandera la firmaron. Algunos la besaron. Muchos lloraron de emoción. Luego Villarreal pronunció su discurso:

"Con este acto hemos logrado, o si no logrado cuando menos hemos hecho un esfuerzo sincero con ello, para unificar al país. Los grupos disidentes ya tendrán un centro que obedecer; los grupos disidentes ya no tendrán pretexto para continuar desgarrando a este infortunado país que por cuatro años se ha cubierto de luto y miseria esperando una libertad que le han prometido con alborozo y que todavía no hemos sabido dársela.

"Vamos a decir a Zapata: Redentor de los labriegos, Apóstol de la emancipación de los campesinos, pero a la vez, hermano que sigues por vereda extraviada en estos momentos de prueba; ven aquí, que aquí hay muchos brazos que quieren abrazar los tuyos; muchos corazones que laten al unísono de los corazones surianos; muchas aspiraciones hermanadas con las aspiraciones tuyas; muchos brazos fuertes que están dispuestos a seguir laborando con energía, porque sea un hecho el término completo de las grandes tiranías y una verdad efectiva la división territorial que haga de cada campesino un hombre libre y un ciudadano feliz.

"Vamos a decirle a Maytorena y a Hill: Ya es tiempo de que la razón se imponga sobre los fogonazos de los fusiles; ya es tiempo de que en las campiñas de Sonora cesen esas luchas que no se basan en principios trascendentales, sino en el deseo de imponerse o tomar el poder; ya es tiempo de decirles: hombres de Sonora, debéis trabajar unidos por devolver a los yaquis y a los mayos las tierras que les quitaron los científicos.

"Y así diremos a Carranza y a Villa: La Revolución no se hizo para que determinado hombre ocupara la Presidencia de la República; la Revolución se hizo para acabar con el hambre de la República Mexicana."

Hablando Villarreal de las esperadas reformas, precisó:

"Debe ser uno de nuestros propósitos principales aniquilar al enemigo, que el enemigo muera de verdad para que quede asegurado el dominio de la patria libertada. Nuestro enemigo es rico, nuestro enemigo es poderoso; ¡hagámoslo pobre!

"La constitución nos prohibe que confisquemos; por eso queremos vivir un poco de tiempo sin la constitución.

"Necesitamos arrebatar al enemigo los fondos de donde ha de surgir la nueva revolución reaccionaria; necesitamos arrebatarle sus propiedades; necesitamos dejarlo en la impotencia, porque ese enemigo sin oro es un enemigo del que podemos burlarnos implacablemente.

"Nuestro enemigo fue el privilegio; el priviliegio sostenido desde el púlpito por las prédicas del clericalismo anticristiano que tenemos en esta época de vicios, asociado también al militarismo de cuartelazos, que hemos visto caer avergonzado, humillado, y que lo hemos visto dispersarse, para que los cuartelazos, sin la orden superior, sin la organización previa, quede completamente incapacitado para volver a enfrentarse al ejército de ciudadanos armados.

"Debemos arrebatar las riquezas a los poderosos y debemos también cumplir con las leyes de Reforma en lo que respecta a los bienes del clero.

"Esta revolución que tiene muy poco de política, que es eminentemente social, que ha sido fomentada, que ha surgido de la gleba dolorida y hambrienta, no habrá terminado, no habrá cumplido su obra hasta que hayan desaparecido los *esclavos* que hasta hace muy poco teníamos en Yucatán y en el Sur, y hasta que hayan desaparecido en nuestros talleres los salarios de hambre y de nuestras ciudades los pordioseros que pueden trabajar y que piden limosna porque no encuentran donde trabajar. Vamos a terminar con el peonaje, vamos a hacer que los salarios suban, que disminuyan las horas de trabajo, que el peón, que el obrero, sean ciudadanos; reconozcámosles el derecho de comer bien, de vestir bien, de vivir en buena casa puesto que ellos, como nosotros, fueron creados no para ser parias, no para que el fuerte estuviera golpeando siempre sobre sus espaldas, sino para vivir una vida de felicidad, una vida de civilización que, de otra manera, ¡maldito el momento en que nacieron!"

Villarreal insistió varias veces que se debía cuidar la organización del naciente ejército, "vigilar los vicios que empiecen a observarse en él", pues el deseo de todos los ciudadanos armados era formar un ejército que asegure las libertades y no el ejército de los cuartelazos, el sostén de las tiranías. Se trataba de trabajar "con todos los impulsos sanos de nuestros corazones para que no se llegue a formar un ejército que quiera gobernar". Advirtió que no serían los caprichos de los caudillos los que han de lanzarnos a la guerra y que era preferible que murieran todos con tal de que se salve el bienestar y la libertad de la patria".

El ejército pretoriano con los privilegiados y el clero formaban una trinidad maldita que habría de ser aniquilada para entrar "de lleno al período constitucional anhelado por todos".

Los aplausos, las aprobaciones más encendidas coreaban las palabras de Villarreal. Eran sinceras. Los soldados habían aniquilado al ejército pretoriano de Porfirio Díaz en una lucha a muerte y trataban de prevenirse contra el nuevo ejército de que ellos formaban parte, sin saber que los próximos 20 años estarían dominados por los caudillos militares y mientras Ángeles salía en busca de los zapatistas a fin de que ellos participaran en la Convención y le otorgaran su plena soberanía, los generales improvisados se embriagaban con delirios de conciliación nacional y recuerdos sentimentales de la lucha pasada.

Eduardo Hay, habiendo oído mencionar a los yaquis, recordó que en 1907, estando en un cuartel, vio a 400 indios, "representación de la pobreza", los cuales esperaban su deportación a las plantaciones de Yucatán. —¿Sabes español? —le preguntó a una hermosa muchacha acompañada de su hijo—. Sí, señor —contestó ella—. ¿Qué es lo que hizo tu marido? —No tengo marido, señor; hace dos años que murió. —Pues tu hermano o tu padre ¿qué han hecho? —No lo sé, señor. —¿Y adónde te llevan? —No sé, señor. —¿Y por qué te llevan? —No sé, señor. Y al ver esa crueldad tan inaudita —terminó Hay—, al ver ese salvajismo de la dictadura, de la tiranía de Porfirio Díaz, me hice revolucionario".

Obregón en la tribuna confesó que ayer era un cadáver moral; hacía muchos días había muerto al observar, cuando entraba victorioso a la ciudad, "la inmensa nube que se levantaba en el Norte; la densa nube 'levantándose en el Sur' y el zig-zag de uno que otro relámpago, que anunciaba por momentos que la tormenta se desencadenaría.

"Hoy señores ya puedo morir físicamente porque he podido justificarme ante la paz del mundo que soy hombre leal, que soy hombre honrado; que no traiciono a Carranza; que no traiciono a Villa; que no traiciono a mi patria y que mi vida será para ella.

"Voy a hacer un poco de historia compañeros —añadió— y os ruego que no olvidéis este relato."

Cierto día, estando en Nayarit, un oficial lo invitó a visitar un campo de batalla, regado de huesos, de cadáveres y sombreros; Obregón fue para rendir homenaje a los muertos, a los hombres ignorados. Allí encontró a un perro, señores, a un "perro casi muerto que guardaba el sombrero y los restos de su amo". Dos días después, otro oficial, "sin darse cuenta del crimen que cometía", se llevó el sombrero y lo tiró a varios kilómetros del campo de batalla. "Al pasar Obregón, acompañado del mayor Julio Madero, encontró al perro que había buscado el sombrero y continuaba allí, montando la guardia por su compañero."

"Os invoco —terminó Obregón entre una tempestad de aplausos— a que siempre que lleguen los momentos solemnes recordemos y digamos: seamos los perros que velemos por nuestros muertos."

Un hombre que no pedía nada para él

El 17 de octubre, sin que la delegación zapatista hubiera llegado, Villa, movilizando una parte de su División se hizo presente y tomó asiento en una de las butacas reservadas a los delegados. El general Villarreal lo invitó a subir al estrado pero Villa se rehusó alegando que ese lugar estaba destinado a personas "de mucha inteligencia y conocimiento". El presidente insistió y a Villa no le quedó otra salida que ocupar un lugar en el foro. Por supuesto se le rogó que hablara a lo que tampoco logró escapar el Centauro del Norte.

—Compañeritos —empezó diciendo—, señores generales y oficiales que supieron estar a la altura del deber para que todos juntos derrocáramos la tiranía del nombrado gobierno de Victoriano Huerta; tocante a nada puedo yo guiarlos ni iluminarlos, pero van a oír palabras de un hombre que llega delante de ustedes con toda la incultura que lo persigue desde la hora de su nacimiento. Y si hay aquí hombres concientes y de saber, que comprendan los deberes para con la patria y los sentimientos para con la humanidad, Francisco Villa no hará que esos hombres se avergüencen de él. Porque yo, señores, no pido nada para mí; yo sólo salí a la lucha en cumplimiento de mis deberes, y no quiero que nada venga en beneficio de mi persona, ni en pago de mis servicios, sino que todo sea para bien del pueblo y en alivio de los pobres. Nomás esto les digo: quiero ver claros los destinos de mi país, porque mucho he sufrido por él y no consiento que otros hombres mexicanos, mis hermanos, sufran lo que yo he sufrido, ni que haya mujeres y niños que sufran lo mucho que yo he visto sufrir por esas montañas y esos campos y esas haciendas. En manos de ustedes está el futuro de la patria, está el destino de todos nosotros los hombres mexicanos; y si eso se pierde, sobre la conciencia de ustedes, que son personas de leyes y de saber, pesará toda la responsabilidad.

Terminó su breve y notable discurso ahogado en sollozos, lo cual después de todo, constituía un espectáculo desusado aún para aquellos hombres a quienes conmovía la retórica de sus compañeros.

Villa era sincero. Lo que nadie, sin embargo podía entender, era la intensidad de sus sentimientos y la velocidad fulgurante con que pasaba de una actitud a otra totalmente contraria. En Villa no había matices. Amaba, odiaba, desconfiaba o peleaba con un frenesí desconocido para los civilizados. Parecía oír los consejos de una personalidad como la de Ángeles o de Madero y en el fondo obedecía a sus instintos exacerbados durante una larga persecución.

Carranza, invitado por una delegación en la que figuraban los generales Chao, Obregón y Castro, se negó a asistir y prefirió escribir una larga nota la cual fue leída el día 29.

La bandera

El 27 de octubre en la mañana llegaron los delegados zapatistas a la ciudad de Aguascalientes. El grupo fuera de 3 o 4 representantes, venía vestido con calzones y camisa de manta, huaraches y enormes sombreros. Su presencia tenía algo de insólito y hacía pensar en el mundo evocado por los delegados de un modo retórico.

Cuando los zapatistas se encaminaron al teatro Morelos, el contraste entre aquellos campesinos y los principales generales se hizo más penoso. Uniformados, cubiertos con abrigos de pieles, finos sombreros tejanos y pañuelos de seda atados al cuello, se hacían conducir en automóvil y ascendían la escalinata del teatro orgullosamente, rodeados de los oficiales de su Estado Mayor.

Primero habló don Paulino Martínez jefe de la delegación suriana. De hecho según dijo, sólo existían dos banderas: la del Plan de Guadalupe que tiene como principal objeto "elevar a un hombre al poder, atropellando la autoridad del pueblo y los derechos indiscutibles de otros grupos revolucionarios y la del Plan de Ayala sintetizado en Tierra y Libertad, tierra y justicia, base de la libertad pública y económica del pueblo mexicano. "No sillones presidenciales —afirmó— para los ambiciosos de mando y de riqueza; no sinecuras para los que empuñaron las armas con deseos de sustituir al verdugo de hoy improvisando nuevos caciques con la punta de sus espadas; no privilegios para determinado grupo social, sino igualdad política y bienestar colectivo para los habitantes de la República; un hogar para cada familia, una torta de pan para cada desheredado de hoy, una luz para cada cerebro en las escuela-granjas que establezca la Revolución después del triunfo, y tierras para todos, porque la extensión del suelo mexicano puede albergar y sustentar cómodamente noventa o cien millones de habitantes."

Se pidió que hablara después Antonio Díaz Soto y Gama, el único intelectual del grupo zapatista. Soto y Gama había pertenecido a la Casa del Obrero Mundial y de un modo o de otro había defendido la causa zapatista. Era un hombre vehemente, famoso por su radicalismo, dotado de un gran valor y naturalmente vio en la Convención la oportunidad de exponer sus doctrinas y de confundir a sus enemigos. A medida que hablaba se iba exaltando. La bandera, puesta a un lado de la tribuna para que el orador en turno se beneficiara con la cercanía de lo sagrado por excelencia, ante el asombro de los delegados, fue objeto, no de su veneración sino de sus blasfemos sarcasmos. "Creo que la firma estampada en este estandarte no es más que el triunfo de la reacción clerical encabezada por Iturbide", dijo estrujándola con una de sus manos mientras se escuchaban voces airadas: "No, no, no se atreva a tocarla", pero Soto y Gama continuó arrogante: "Yo, señores, jamás firmaré sobre esta bandera. Estamos haciendo una gran Revolución que va expresamente contra la mentira histórica y hay que exponer la mentira histórica que está en esta bandera. Lo que se llama nuestra Independencia no fue la independencia del indígena; fue la independencia de la raza criolla y de los herederos de la conquista para seguir infamemente burlando... al oprimido y al indígena". De nuevo, como desoyera los gritos de desaprobación y volviera a estrujar la bandera, esta vez, Eulalio Gutiérrez, le gritó:

—Más respeto a la bandera. ¡Es usted un traidor!

Soto y Gama calló desafiante, cruzándose de brazos.

—Abajo. Abajo de la tribuna. Fuera de aquí, lárguese a la chingada. Yo a este licenciadito me lo echo.

Numerosos militares sacaron las pistolas y los zapatistas, situados en el fondo del escenario, sacaron las suyas para defender a Soto y Gama.

Algunos conocedores del profesionalismo de más de 150 hombres de armas, trataron de abandonar la sala pero el jefe de la guardia se los impidió.

—Somos delegados —imploraban.

—No importa —respondió el capitán ordenando cortar cartucho—, tengo órdenes de no permitir la salida de nadie.

Adentro continuaba el tumulto. A las injurias y a las conminaciones, otras voces reclamaban compostura:

—No, no, déjenlo que hable. Orden, señores, orden. Serenidad compañeros.

El secretario Marciano González agitaba la campana y gritaba:

—La mesa impone el respeto. No faltará quien conteste al señor Soto y Gama, a esos defensores de allende el Bravo que no van al combate y vienen a hablar de libertad y a injuriar la bandera.

—Hagamos silencio, señores, para poder contestar como patriotas. —clamaba el general Hay—. Les suplico que guarden orden... orden...

Santos, el otro secretario, llevándose la bandera lejos de la furia iconoclasta de Soto y Gama, se erigió en su defensor exclamando:

—Retiremos, por nuestro honor, la bandera, y hagan el favor de dejar hablar a los oradores. Yo respondo de esta bandera.

—Nunca creí —pudo decir al fin Soto y Gama...

—Un momento —lo interrumpió el presidente—. Espero del civismo de la asamblea que permita al orador continuar su argumentación. Luego se le contestará; pero que no se dé aquí el espectáculo de que se priva del uso de la palabra a quien desea hacerse oír. Se ha permitido a los comisionados del Sur que vengan a expresar lo que sienten y lo que piensan; hagamos el propósito de oirlos y después quedará la tribuna a disposición de todos los que deseen contestar.

—El ultraje a nuestra bandera no podemos destruirlo con argumentos —exclamó un delegado.

—Yo creo que podríamos entablar una discusión —dijo otro—, pero prefiero que baje el orador y que se acabe todo.

La irritación se fue calmando y Soto y Gama pudo continuar el hilo de su malhadado discurso.

—Señores, es verdaderamente lamentable que esta asamblea no me haya comprendido. He empezado a hablar y he seguido hablando en nombre de México y en nombre de la patria. A lo que me he opuesto es a que ese nombre sagrado, a que ese nombre sagrado de patria y México lo utilicen como una simple farsa para maquinaciones políticas. Los del Sur hemos visto claramente en esas firmas sobre la bandera, el deseo de arrancar, por sorpresa y de antemano, un compromiso quizá contrario a los intereses nacionales, a todos los delegados aquí reunidos...

Lo interrumpieron numerosas voces que gritaban:

—No, no.

—Yo vengo a hablar con toda libertad a que me dan derecho mis ideas y todo el espíritu revolucionario al que yo acudo... En la junta de México, la maniobra política a que me refiero consistió en que Luis Cabrera, cuando ya estaba aceptada la renuncia del señor Carranza —que es el estorbo único para la pacificación, que es el hombre funesto que ha impedido que la Revolución llegue a su fin matando a la reacción—, entonces, Luis Cabrera, con una argucia muy propia de los hombres de bufete, de los hombres de leyes, repentinamente los obligó a dar su voto al señor Carranza, y ya amarrados con esta cuerda, los trae a la Convención, los quiere atar con otra cuerda y esto significa que sigan cometiendo la gran locura que juzgará la patria mexicana; la de poner a un hombre por encima de la Revolución; la de hacer creer que sin Carranza se sacrifica todo; la de hacer creer que el señor Carranza personifica la Revolución; la de hacer creer que sin Carranza no existe la Revolución; la de hacer creer que sin el Plan de Guadalupe se sacrifica a la patria. "Contra eso es contra lo que yo vengo a protestar —añadió—. Se está jugando con la palabra patria; primero la patria fue Díaz; después la patria fue Huerta, actualmente la patria es Carranza".

El radical a lo Kropotkin de cualquier modo hablaba por los indios del sur, por los partidarios del Plan de Ayala y advertía que la Revolución no cesaría si los hombres del Norte no sentían y no hacían suyos los anhelos del pueblo indígena.

Soto y Gama planteaba de este modo lo que habría de

significar la dicotomía desgarradora de la Revolución. De un lado estaban los hombres del Norte, los blancos, con sus farsas, sus mentiras, su falso patriotismo y del otro los del Sur, los indios —el 70 % de la población— sus deseos de tener un poco de tierra, un poco de justicia y de dignidad humana.

Desde luego, el problema no se presentaba sólo como una lucha racial entre hombres del norte y del sur sino como una lucha de clases que posiblemente Soto y Gama era incapaz de analizar, pero sí advertía con claridad que la Revolución daba señales de aburguesamiento y que Carranza representaba esta corriente.

Hasta ese momento, el Plan de Ayala, a pesar de sus debilidades no había sido superado y era natural que los zapatistas trataran de imponerlo a una asamblea soberana compuesta de adeptos al constitucionalismo de Carranza.

Si el discurso de Villarreal representó las buenas intenciones del nuevo ejército formado en la guerra contra Huerta, el de Soto y Gama supuso la intervención directa del pueblo donde según Carranza habrían de elaborarse las reformas sociales y políticas consideradas de urgente necesidad pública, y la sola presencia de los zapatistas —Soto y Gama fue su vocero ocasional—, la de los generales legisladores, árbitros del futuro de la nación, ya señalaban las diferencias entre dos clases que andando el tiempo habrían de imprimirle su sello peculiar a la Revolución mexicana.

La Convención después de verter torrentes de oratoria terminó aprobando "en principio" los principales artículos del Plan de Ayala por una mayoría absoluta aunque Cabrera y Villarreal los hubiera aceptado también "en principio" dos meses antes. "Pero el contexto de la votación —dice Womack— en favor de los mismos le dio una significación enorme. La Convención de Aguascalientes era entonces el gobierno efectivo de México y su adopción de los artículos del Plan de Ayala, aun cuando no fue más que en principio, era el primer compromiso oficial de llevar a cabo una política de bienestar rural de que se tuviese noticia en la historia de la nación." [42]

Antes de derrumbarse la Convención, decretó, con la aprobación de Ángeles y del mismo Obregón, el cese de Carranza a quien se le concedió el título de general de División; el cese de Villa como Jefe de la División del Norte y el nombramiento como Presidente provisional —sólo por 20 días— del general Eulalio Gutiérrez, un hombre bueno pero enteramente desprovisto de energía y de visión política.

Carranza no aceptó el cese de una reunión de militares a la que desde el principio negó su carácter soberano. Sintiéndose víctima de una monstruosa injusticia propuso abandonar sus cargos y salir de México siempre y cuando Villa y Zapata hicieran lo mismo a sabiendas que Zapata había combatido solo, atenido a sus pobres recursos y él carecía de autoridad para formularle una exigencia semejante. Zapata no se dignó contestarle. Villa se mostró de acuerdo y fue más lejos aún, proponiendo en uno de sus arranques característicos que Carranza y él, los elementos de la discordia, deberían ser fusilados simultáneamente.

Carranza lejos de aceptar el disparatado desafío, con diversos pretextos abandonó la peligrosa ciudad de México y poco a poco se fue acercando al puerto de Veracruz con la esperanza de ocuparlo tan pronto como saliera el último soldado norteamericano. Su estrella parecía declinar. Le quedaba un puñado de generales y los restos del gran ejército constitucionalista frente a las fuerzas unificadas de Villa y Zapata. Sin embargo, el Viejo poseía un temple y una tenacidad sólo comparables a su ambición de poder y a su desprecio por el pueblo. Prefería correr los mayores peligros antes de aceptar el Plan de Ayala o llegar a un acuerdo con Villa.

El conflicto planteado no podía ser resuelto sino con la fuerza de las armas. Carranza representaba el ala pequeñoburguesa de la Revolución y los caudillos del Norte y del Sur, las aspiraciones y las exigencias esenciales de una gran masa brutalizada y marginada por largos siglos de servidumbre.

En aquel estallido de una lucha de clases sofocada siempre, Carranza, dueño de maestrías desconocidas para sus enemigos, encabezaba una corriente nacionalista contraria al predominio extranjero mientras que Villa partidario de los norteamericanos, carecía de ideas para convertir a México en una nación. Por su parte Zapata sólo combatía dentro de su provincia porque les fueran devueltos sus ejidos comunales. Ninguno entendía de leyes, de códigos, de mecanismos económicos y se tomaba la justicia por su mano con la "brutalidad casi fisiológica que provoca y cultiva la opresión secular" [43]. Carranza combatía lúcidamente la colonia exterior pero no estaba dispuesto a combatir la colonia interior que de algún modo era la bandera de los caudillos populares y tal vez en esta superposición de contradicciones, radique el drama de la Revolución Mexicana. Se ha reprochado a la Convención de Aguascalientes el error de no saberse atraer al general Obregón, pero el mismo Obregón, mucho más dúctil y comprensivo que Carranza, no logró entenderse con Villa. Era también un "perfumado", y de cualquier modo su genio militar hubiera servido de poco, ya que Villa disponía de Ángeles y llegado el momento del ajuste de cuentas fratricidas sus consejos fueron desoídos. Estaba en la naturaleza de Villa desconfiar de todos y sólo seguir sus propias intuiciones sin rectificarse nunca. La colonia impone sus patrones y estos patrones funcionan destruyendo a sus víctimas en sus mayores victorias. Los mayas a punto de ganar la guerra de castas al iniciarse las lluvias que anunciaban la siembra del sagrado maíz levantaron el cerco y de Mérida a Campeche fueron aniquilados.

Ahora el período de la conciliación había pasado. Los hermanos de la víspera iban a convertirse en sus más crueles enemigos; las batallas contra Huerta darían lugar a las batallas apocalípticas de 1915. Nos han condenado las naciones "civilizadas" a causa de este despliegue de barbarie, pero ellas también por sinrazones o por codicias vergonzosas hicieron que sus honorables burgueses se machacaran los huesos en agujeros pestilentes durante 4 años. Ya lo dijo Fanon en forma inimitable: "El pueblo europeo que tortura es un pueblo degradado, traidor a su historia; el pueblo subdesarrollado que tortura afirma su propia naturaleza, se conduce como pueblo subdesarrollado."

BIBLIOGRAFÍA

1. García Cantú, Gastón: *Las invasiones norteamericanas en México*. ERA. México, 1971.
2. Silva Herzog, Jesús: *Breve historia de la Revolución Mexicana*. FCE. México, 1970.
3. Silva Herzog: *ibid.*
4. Mark, Wasserman: "Oligarquía e intereses extranjeros en Chihuahua durante el Porfiriato." *Historia Mexicana,* 87. El Colegio de México. México, 1973.
5. Wasserman: *Ibid.*
6. Wasserman: *Ibid.*
7. Tablada, José Juan: *La feria de la vida*. Ed. Botas. México, 1937.
8. Tablada: *Ibid.*
9. Tablada: *Ibid.*
10. Pacheco, José Emilio: *Antología del modernismo (1884-1921)*. UNAM. México, 1970.
11. Posada, José Guadalupe: *Ilustrador de la vida*. Editorial Plástica Mexicana. México, 1963.
12. Kaplan, Samuel. *Peleamos contra la injusticia*. Libro-Mex. México, 1960.
13. Roeder, Ralph: *Hacia el México moderno: Porfirio Díaz*. FCE. México, 1973.
14. Flores Magón, Ricardo: *Epistolario y textos*. FCE. México, 1964.
15. Sánchez Azcona, Juan: *La etapa maderista de la Revolución*. BINEHRM. México, 1961.
16. Ross, Stanley: *Francisco I. Madero*. Biografías Gandesa. México, 1959.
17. Sánchez Azcona: *Ibid.*
18. Ross: *Ibid.*
19. Fernández Guell, Rogelio: *Episodios de la Revolución Mexicana*. San José de Costa Rica, 1915.
20. Muñoz, Rafael F.: *Se llevaron el cañón para Bachimba*. Espasa/Calpe. Buenos Aires, 1944.
21. Fernández Guell: *Ibid.*
22. Ulloa, Berta: *La Revolución intervenida (1910-1914)*. Colegio de México. México, 1971.

23. Ulloa: *Ibid.*
24. Ulloa: *Ibid.*
25. Sánchez Azcona: *Ibid.*
26. Vera Estañol, Jorge: *Historia de la Revolución Mexicana, Orígenes y resultados.* Ed. Porrúa, S. A. México, 1967.
27. Prida, Ramón: *De la dictadura a la anarquía.* Ed. Botas. México, 1958.
28. O'Saughnessy, Edith: *A Diplomat's Wife in Mexico.* Harper, Nueva York y Londres, 1916.
29. Urrea, Blas: *La herencia de Carranza.* Imp. Nacional, S. A. México, 1920.
30. Silva Herzog: *Ibid.*
31. Aguilar Camín, Héctor: *La Revolución sonorense (1910-1914).* Manuscrito.
32. Aguilar Camín: *Ibid.*
33. González Martínez, Enrique: *La apacible locura.* Cuadernos Americanos. México, 1961.
34. Puente, Ramón: *La dictadura, la Revolución y sus hombres.* México, 1931.
35. Puente Ramón: *Calles.* Los Ángeles, Cal., 1933.
36. Reed, John: *México insurgente.* Ed. Platina. Buenos Aires, 1958.
37. Ulloa: *Ibid.*
38. Ulloa: *Ibid.*
39. Urrea: *Ibid.*
40. Weber Johnson, William: *México heroico.* Plaza & Janes, S. A. Barcelona, 1970.
41. Cumberland, Charles: *La Revolución Mexicana. Los años constitucionalistas.* FCE. México, 1975.
42. Womack, John, Jr.: *Zapata y la Revolución Mexicana.* Ed. Siglo XXI, S. A. México, 1969.
43. Fanon, Frantz: *Sociología de una Revolución.* ERA. México, 1966.

ÍNDICE

Este libro se terminó de imprimir y encuadernar en el mes de junio de 1992 en los talleres de Encuadernación Progreso, S. A. de C. V., Calz. de San Lorenzo, 202; 09830 México, D. F. Se tiraron 2 000 ejemplares.

Katie, Byron and Stephen Mitchell (2003). *Loving What Is: Four Questions That Can Change Your Life*. New York: Three Rivers Press, a division of the Crown Publishing Group, a division of Random House, Inc.

Kunkel, Benjamin (2005). *Indecision*. New York: Random House, Inc.

Lomborg, Bjørn (2001). *The Skeptical Environmentalist*. Cambridge: Cambridge University Press.

Mandela, Nelson (1995). *A Long Walk to Freedom*. London: Little, Brown & Company.

Dr Rich Miller

Mohr, Barbel (2001). *The Cosmic Ordering Service*. USA: Hampton Roads Publishing.

Montier, James (2005). 'It Doesn't Pay: Materialism and the Pursuit of Happiness', published in the report 'Global Equity Strategy'. London: Dresdner Kleinwort Wasserstein.

Murray, Mark (2007). NBC / *Wall Street Journal* poll summary in 'U.S. Pessimism on Increase', http://www.msnbc.msn.com/id/14044391/.

Rao, Srikumar (2006). *Are You Ready To Succeed? Uncoventional Strategies for Achieving Personal Mastery in Business and Life*. New York: Hyperion Books.

Ricard, Matthieu (2006). *Happiness: A Guide to Developing Life's Most Important Skill*. London: Little, Brown & Company.

Saunders, George (2006).'Ask the Optimist', published in the *New Yorker* and reproduced with permission of George Saunders.

Seligman, Dr Martin E. P. (2002). *Authentic Happiness: Using the New Positive Psychology to Realise Your Potential for Lasting Fulfilment*. London: Nicholas Brealey Publishing.

—— (1990, 1998, 2006). *Learned Optimism: How to Change Your Mind and Your Life*. New York: Vintage Books, a division of Random House, Inc.

Rabbi Nachum Shifren, http://www.surfingrabbi.com.

Mathilda Smith of Poole, Dorset

Solnit, Rebecca (2005). *A Field Guide to Getting Lost*. Edinburgh: Canongate Books Ltd.

Wong, P. T. P. (2007). 'Viktor Frankl: Prophet of Hope for the 21st Century', published in A. Batthyany & J. Levinson (Eds.), *Anthology of Viktor Frankl's Logotherapy*. Phoenix, AZ: Zeig, Tucker & Theisen Inc.

Wright, Robert (2000). *Nonzero*. New York: Vintage Books, a division of Random House, Inc.

The Copenhagen Consensus, *The Times*, *Independent* and BBC News Online

Permissions Acknowledgements

The author would like to thank and acknowledge the following sources:

Borges, Jorge Luis (1962). *Ficciones*. New York: Grove/Atlantic, Inc. Reprinted with permission of Grove/Atlantic, Inc.

Taddy Blecher and CIDA publications

Branson, Richard (2006). *Screw It Let's Do It – Lessons in Life*. London: Virgin Books Ltd.

Darrell Daybre, http://www.thegreatestsecret.com.

Eliot, T. S. (1930). 'Ash Wednesday'. Published in *Collected Poems 1909–1962*. USA: Houghton Mifflin Harcourt Publishing Company and renewed 1958 by T. S. Eliot. Reprinted with permission of Houghton Mifflin Harcourt Publishing Company. Reprinted in the UK with permission of Faber and Faber Ltd.

Epstein, Mikhail (Winter 1999). 'Judaic Spiritual Traditions in the Poetry of Pasternak and Mandel'shtam', published in *Symposium*. Washington, DC: Heldref Publications. Reprinted with permission of the Helen Dwight Reid Educational Foundation.

Frankl, Viktor (1959, 1962, 1984, 1992). *Man's Search for Meaning*. Boston: Beacon Press.

Gawain, Shakti (1977). *Creative Visualization*. USA: New World Library.

Dr Aubrey de Grey, http://www.mfoundation.org/sens.

Hesse, Herman (1927). *Steppenwolf*. Berlin: S. Fischer Verlag A.G. Renewal copyright © 1927 by Herman Hesse. English translation copyright © 1929 by Henry Holt and Company. Revised translation copyright © 1963 by Holt, Rinehart and Winston, Inc. Reprinted with permission of Henry Holt & Company, LLC.

Njorabe, Toyen Fyncountry and Ayatollah Mesbah Yazdi for their time and generosity in answering my questions. Thanks finally to Stephanie and Dan at Canongate for their thorough and perfect finishing, to Nick for his calm and steady hand, and to everyone else along the way who believed that optimism was worth a shot.

Acknowledgements

Thank you to everyone who gave their time and input to this book, and all who shared their wisdom whether it is printed here or not. For making the book possible I owe special thanks to Myrna van der Zee, without whose time and love the book would never be finished. Also thanks to Vicky Shepherd, Malcolm Alexander, Justin and Julia Marozzi, Candida Clark, Robert Norton, Heloise Pilkington, Xanthe Steen, Alex Hickman, Ned Cranborne, Anne Jenkin, Gordon Wise, and everyone whose house and hospitality I enjoyed on my travels – Thorold and Jenny Barker, Seb Doggart, Ruma and Simon, Pavita and Carter, Antoine Briand, Rachmat and Halima Martin, Crispin Jameson and Rachel Peart, Pierre Thaler and family, George Langworthy, my brothers Matthew and Alaric and my sister-in-law Sarah. I give thanks to my father for his patience and good humour and to my mother for her never-ending confidence and belief. Thanks also to Eliza and Lauren for their friendship and support in India, to my friends Rupert Edis and Stephen de Heinrich, and to all those optimists who agreed to talk to me spontaneously, or whose story was too perfect for this imperfect book – in particular to Jonathan Aitken, Diana Witts, Harold Pinter, Wayne Dyer, Caroline Myss, Andrew Solomon, Lynn Grocott, Melissa Moody,

'What about the Jump out of Bed Factor?' he asked. 'Did you find that, at least?'

'The JBF . . .' It hadn't crossed my mind for months. 'Actually, yes. As long as I pay attention to what I eat, avoid coffee, don't drink on an empty stomach, and get enough sleep . . . I usually feel fine.'

'It sounds so simple,' said Dad. 'One wonders what all the fuss was about.'

'One wonders,' I agreed.

'And Zara?' he asked, tentatively.

'Oh, Zara . . .' We passed the shimmering water of a canal. 'She's in Brazil now. She's supposed to come and stay with me over the summer.'

'Are you . . . ?'

'Oh, no . . . oh, definitely not!'

Zara.

'Breaking up with Zara . . .' I started. 'It's hard to explain. That's how I learned, Dad . . . that's how I learned *optimism*. And it's such a relief!'

I looked at the London sky, the cars passing on the High Street. 'I guess I just realised . . . there's always going to be dark and light. We'll always make mistakes. There's *always* going to be bad news. Some things will get better, and some things will get worse. That's OK. It doesn't bother me any more. You just have to keep the plates spinning. Things are OK as they are.'

'We must cultivate our garden,' said my father.

'Yeah,' I said, opening the door to the restaurant.

A menu arrived, together with some worried-looking olives. I picked up a napkin. 'Optimism is a lot of things,' I said. 'The most important thing I've learnt is that none of it matters, at all. Not even a tiny little bit.'

'Aha,' said Dad. 'You've finally figured it out!'

for my book. I'd have to finish it in my spare time. Tomorrow I was starting a new job. The job was for Virgin Unite, the charitable foundation of Richard Branson. Amazingly, it turned out that Branson worked with Taddy Blecher *and* Desmond Tutu on Virgin Unite. Three of my best optimists in the same place. Did I have any idea this would happen? No, I just answered a call from a recruitment agency. It seemed the universe was even more cunning than I had thought.

Meanwhile Barack Obama had just won the Democrat nomination to run for President. A new era was begining, and an old one was coming to an end.

That evening I drove round to my father's new flat. He had moved in with his girlfriend, and the old boxes were finally being unpacked. I waited as he tidied the papers in his study. A warm dusk light fell on his desk.

'So, Dad,' I said, as he put on his coat to go out, 'are you still a pessimist?'

'Oh, yes,' he said, 'I'm afraid your attempt has failed!'

I felt a surge of relief. 'Actually, I'm glad.'

'Having said that,' he said, 'something funny happened to me yesterday. I woke up and wrote out a whole screed of just *the* most negative pessimistic stuff. Then I read it and I thought . . . *This is just crap*!'

I giggled involuntarily.

'And it's not even true!' he said.

'I realised, I don't need this! I deleted it all.'

He rolled his eyes and shook himself. 'And you? Are you still an optimist? I suppose you must be.'

'Hmm!' I thought for a moment. 'Not really. But also 100 per cent. Does that make sense?'

'No.'

He laughed, and I followed him into the street. It was a warm evening.

Epilogue

Summer, 2008.

I was still in bed.

I turned and stared, bleary-eyed, at the radio. The newscaster was tucking into the morning's spread of happy news: an earthquake in Peru, a massacre in Kurdistan . . . 500 dead, 300 missing. His voice became tense as he delivered the next item: '*Russia has resumed long-range bomber patrols over NATO territory. Russian bombers will be able to attack the US at a moment's notice.*'

I felt the shadow of the Cold War cross my bed, darkening the room. It was just like the old days. World War Three could break out at any moment.

I turned on my side and stared at the wall, willing myself to climb out of bed. I had spent more than two years searching for reasons to feel good about the world, and nothing had really changed. People were still behaving like idiots, in spectacularly dangerous ways.

But something had happened.

My legs swung neatly to the floor. My body stretched and lifted itself to the window. I looked at the radio. 'Enough from you!' I switched it off and walked to the kitchen.

Strange, I thought. *I'm out of bed*.

I shaved and ironed a shirt. I looked through the notes

of us coming into contact in wider and wider circles and deciding over time that we are the same; that the other is one of us.'

I sat transfixed.

'If you look at all of human history, that is the story of it.' He gestured into the darkness of the auditorium. 'I wanted to leave you with that thought. I'm pretty sure it's going to be a good twenty-first century, by the way. You've got plenty to be optimistic about. There's a lot of problems, there always have been – but somehow . . .' He gave a boyish smile. '. . . we eventually get it right.'

The lights came on. I whistled softly under my breath. It was so simple. It was all so simple.

human beings on this planet. But we stay fixated on the one tenth of one per cent that makes us different! That's what we obsess about. When actually we're the same.'

His hands rested lightly on the podium. 'It's my sixty-first birthday pretty soon. I don't know how I got to be so old.' The audience laughed politely. 'I was always the youngest in everything I did, and now I'm getting to be this old person. But I tell myself, at least I'm not sixty-five. And I wake up and look at myself in the mirror and I wish my hair wasn't so grey. But at least I'm still alive! We organise our minds to obsess about things that don't amount to a hill of beans.' He paused. 'Like that one tenth of one per cent.'

Clinton raised his eyebrows and sighed. 'Think about it. Think how many of you have things to let go of. It's worth thinking about in your life. I think about it every day. You be free,' he said, shaking his head like a preacher. 'You be free now.'

The talk ended. The audience applauded. The compère stepped up and brightly shook his hand. 'Well, thank you, Mr President, and may I say . . .' Clinton raised a palm. 'One last thing,' he said, 'before I go.' He gazed into the audience. 'People always ask me if I am an optimist . . .'

I felt the click of great spheres moving into place.

'I could draw you an ugly picture about climate change,' he said, 'a world without oil, AIDS. I could give you the worst-case scenario. But just recently, I spent a day in Africa, in the Olduvai range, in the Ngorongoro crater where the first human beings in the world are said to have been born. I was standing there, listening to the birds, looking at the sky, and talking to the Masai – reminding myself that I am 99.9 per cent the same as them – that I'm even 99.9 per cent the same as Nelson Mandela, which I find hard to believe. And I realised that all of human history is the story